障害者と健常者の関係形成の社会学

障害をめぐる教育、福祉、地域社会の再編成と障害のポリティクス

加藤旭人

花伝社

障害者と健常者の関係形成の社会学
——障害をめぐる教育、福祉、地域社会の再編成と障害のポリティクス◆目次

序章　現代における障害をめぐる教育、福祉、地域社会の再編成

1　はじめに

本書の目的は、1990年代以降における教育政策、福祉政策、地域社会の再編成のなかで障害者と健常者の間にどのような関係のあり方が作られてきたのかを、東京都多摩地域を事例として、社会政策と社会運動の相互交渉の過程に注目して明らかにすることである。本書ではとくに、障害を社会政策や社会運動によるさまざまな実践がせめぎあう場として捉え、障害が介入されたり変更されたりする過程を歴史的、政治的な文脈に埋め戻しながら理解する作業を通して、「障害のポリティクス」を明らかにすることを目指す。

障害者の権利保障をめぐるグローバルな取り組みは、ダイバーシティ&インクルージョンという価値観を浸透させ、障害者の権利保障や社会参加を進めることになった。ただし、新自由主義を背景とした社会的格差の拡大は、教育や訓練による労働市場への選択的編入、および選別的な福祉供給を通じて、障害者を含む社会的脆弱性を抱えた集団に対する新たな排除を生み出してもいる。それでは、障害者政策による介入と市民社会による抵抗を通じた新たな「障害のポリティクス」は、いかなる社会構造的な制約、そしてオルタナティブな社会構想を生み出

しているのだろうか。本書は以上の問いを、東京都多摩地域における障害者政策と障害者運動の事例を通じて具体的に掘り下げていく。

1990年代以降、障害者を取り巻く教育政策・福祉政策は大きな変化を経験した。教育領域では、学校週五日制の導入による学校教育領域の縮小、また社会教育から生涯学習体系への移行、特殊教育から特別支援教育体制への転換が起こった。また、福祉領域では、社会福祉基礎構造改革を背景とした福祉改革によって、福祉供給体制は行政による措置から契約による福祉サービスへと転換した。

以上の社会政策におけるマクロな変化を背景としながら、障害者と健常者の関係性もまた変容した。教育領域においては、障害者権利条約において示されたインクルーシブ教育の推進が理念として掲げられ、特別支援教育体制のもとで障害のある子どもが地域社会に参加し共に学ぶことが目指されている。また、福祉領域においては、ケアの社会化が目指され、ケア労働の有償化とともに多様な担い手によるサービス供給が行われるようになった。そして、従来は家族による無償労働によって支えられた在宅生活、またはそれが難しい場合における入所施設への措置による対応が中心であった障害者の生活のあり方は、グループホームを中心とした障害者福祉サービスを利用した地域生活への移行が進められている。

ただし、障害者と健常者の関係のあり方は、こうした社会政策的な介入のみによって規定されるわけでない。そしてまた、こうした社会政策による介入が個別具体的な関係のあり方を一様に決定することは、必ずしも望ましいことでもない。社会政策は、確かに障害者の生活を支えてきた。しかしながら、社会政策は、その生活をしばしば障害者本人の望みとは異なる方向に枠づけることも行ってきた。こうした点をとりわけ強く批判してきたのが、障害をめぐる社会運動の展開である。

障害者、家族、教員、支援者、ボランティアたちは、それぞれの場面において障害者と健常者について望ましい関係のあり方を求めてきた。とくに、障害をめぐる社会運動は、様々な形をとって現れる障害者差別を批判しながら、障害者と健常者の関係性のあり方を問い続けてきた。より具体的には、障害者運動は、教育制度、介助制度、年金制度の確立、アクセシビリティの確保、リプロダクティブ・ライツの保障といった障害者の公的権利の問題に取り組みながら、障害者差別や優生思想の根絶といった社会変革を求めてきた。この意味で、多様なアクターは、障害者と健常者の関係について、その現状を単に受け入れるのみではなく、むしろ望ましいあり方へと変化させようと働きかけてきた。そして、社会政策的な介入もまた、多様なアクターによって要求され、批判され、引き出され、枠づけられながら具体化されてきた。

障害者と健常者の関係性が模索される場は、社会政策による介入とアクターによる主体的な働きかけの両者がせめぎ合う領域として存在している。したがって、障害者と健常者の関係形成を理解するためには、多様なアクターによる個別具体的な実践とそうした実践を取り巻く社会政策の展開とが相互に対立したり、連携したり、また妥協したりする動態的な過程として捉えていくことが必要である。

本書は、この課題に取り組むために、東京都多摩地域における障害をめぐる状況を、３つのレベルに分けることから出発する。第一に、障害者と健常者が関係を形成する実践が展開する相互行為の水準としてのミクロレベル、第二に、こうした個別具体的な関係性が埋め込まれている地域社会の水準であるメゾレベル、そして第三に、個別の活動や地域社会といったミクロおよびメゾ・レベルを規定する社会政策の水準であるマクロレベルである。こうした視点は、後述するように、著者が東京都多摩地域で長年実施してきた調査の結果として用意された。

障害者との関わりを形成する個別の活動も、現実にはつねに地域社会のメゾレベルに規定されている。また、個別の活動や地域社会のあり方もまた、社会政策のマクロな動向によって変化する。したがって、教育政策・福祉政策のマクロな文脈を踏まえつつも、個別の運動が活動を展開する地域社会といったメゾレベルの分析と、個別の団体活動に参加する障害者・家族・支援者・教員・ボランティアといった多様なアクターが関係を結びながら展開する実践のミクロレベルの分析とを、社会構造による規定性とアクターの主体性の双方を視野に収めながら結びつけていく作業が欠かせない。

この課題に取り組むため、本書では、東京都多摩地域の地域社会において障害者と健常者の関係形成に取り組むX会を主要な対象として取り上げる。X会を対象とするのは、X会の活動の展開を歴史的に明らかにすることで、教育・福祉政策の展開が障害者と健常者の関係形成に及ぼす影響と、そうした政策の展開に対して実践が対抗あるいは相補しながら働きかける戦略の双方を捉えることができることにある。より具体的には、以下の2点の分析上の理由による。

第一に、X会の活動の分析上の重要性は、1990年代以降の障害をめぐる教育・福祉・地域社会の再編成に遭遇したその時代性にある。X会の活動は、1990年代以降に展開した新自由主義的な行財政改革を背景に持つ教育政策および福祉政策の展開と関わりながら活動を展開している。具体的には、X会は、学校週五日制の導入という教育政策の変化を契機として1992年に活動を開始し、地域社会において活動を続けるなかで、社会福祉基礎構造改革を背景とした福祉政策の転換に合流しながら新たな活動を展開した。

このように、X会は、教育政策・福祉政策の展開との対抗的あるいは相補的な関係のなかで、その活動を変化させながら実践を長期にわたって継続している。本書では、X会を対象事例として、その活動の展開を社会政策の展開に埋め戻しながら歴史的な経過として把握することで、1990年代以降の教育政策、福祉政策と地域社会が相互交渉するなかで新たな構造が生成する過程を明らかにする。

第二の分析上の重要性は、X会の活動が有している多様なアクターを結びつけるという実践の特徴にある。X会の実践の内部に分け入ってみると、X会の活動が、多様なアクターの間にあるずれや非対称性を調整しながら、障害者と健常者の関係を形成していることがわかる。実際に、X会の活動を通して出会い関わりあう障害者、指導員、家族、支援者、ボランティアといったアクターは、それぞれが社会制度的な付置連関の上で異なる位置におかれている。またX会の活動に対しても異なる利害や動機づけを有してもいる。そのため、こうした多様なアクターを結びつけることは、必ずしも容易なことではない。ただし、X会はこうした困難に直面しつつもなお、多様なアクターを地域社会において結びつける活動を続けてきた。本書は、こうしたX会の個別具体的な活動のありようを検討することで、多様なアクターが障害者と健常者の関係性のあり方に対していかにして働きかけているのかを、明らかにしていく。

X会の有する以上の二つの分析上の特徴を生かしつつ、本書では、障害者と健常者の関係形成が行われる動態的なプロセスについて、アクターの経験というミクロレベルの分析、およびそれを取り巻く地域社会や教育・福祉政策の展開といったメゾレベルの分析を結びつけていく。このことを通して、障害者と健常者の関係形成を、社会政策と社会運動が複合的に作用しながら両者のせめぎ合いのなかで編成されていく動態的なプロセスとして捉え、その具体的なありようを明らかにする。

2　研究の対象

本書は、東京都多摩地域における障害者をめぐる教育政策・福祉政策・地域社会を対象とし、とくにX会およびその関連団体である団体Yを中心的な事例として取り上げる。そして、X会がそれ以前の障害者の教育運動を再編しながら新たな地域活動を立ち上げ、その後の教育・福祉政策の変化との交渉のなかで活動を変化させながら継続し、障害者と健常者の関係性に対して働きかける展開を明らかにしていく。ここでは、本書の中心的な対象事例であるX会について、その活動内容とその歴史的な位置づけを確認しよう。

X会は、東京都多摩地域にあるA市にて活動を行う任意団体であり、障害者の余暇支援を目的として結成された障害者とその家族の団体である。X会は、1992年に東京都立立川養護学校（現在は武蔵台学園）の保護者と教員によって結成された。現在では、教員は活動から離れ、A市の障害児者、家族、支援者、ボランティアが担い手となっている。[1]

X会の活動は、現在の社会制度の上では、「障害者の生涯学習」[2]として位置づけられ、A市生涯学習課から事業委託を受ける形で活動を実施している。X会は、この事業委託を通して事業費を受けとっており、またA市内の公共施設の無償での利用が可能である。

X会の活動は、年間を通して合計20回ほど行われている。現在の活動の中心は、音楽活動とスポーツ活動である。毎月の第二土曜には、市内の公共施設にて40人ほどが集まり音楽活動を行っている。また、第四土曜日には、市内の公共施設にて、30人ほどが集まり、スポーツ活動を行っている。そのほかに、季節ごとの活動として、春にはバーベキューや外出、夏には海水浴などを行っている。毎回の活動への参加は義務ではなく、それぞれの都合に応じた参加がある。参加にあたっては、参加費としてひとり100円を負担し、それがX会の運営資金に充てられる。

X会が結成された社会的背景として、1992年9月12日から実施された学校週五日制の導入をめぐる一連の経緯がある。日米貿易摩擦を背景とした企業労働における週休二日制の導入や、労働組合による教員の労働時間の短縮を目指す運動の展開を背景としながら、文部省（当時）は、学校週五日制を導入することを決定した（日教組学校週五日制研究協力者会議・海老原1991）。その際に、文部省は、1989年12月にA市近隣に存在した東京都立立川養護学校を調査研究協力校の一校として指定し、同校は１９９０年度から１９９１年度まで学校週五日制を導入する試験校としての調査を行った。

学校週五日制の試験的導入に際して、東京都立立川養護学校ＰＴＡは、土曜日授業の廃止によって障害者の公的場所が減少すると考え、学校週五日制に強い反対を表明した。そこで、同校教員とＰＴＡは、学校週五日制にともなって休みとなる土曜日に地域活動を開始することで障害者の活動場所の確保を目指すこととし、さらに地域活動を社会教育制度に位置づけることを求める障害者の余暇活動の公的保障としての運動を展開する。こうして形成された地域活動は、養護学校の学区の市ごとに行われることとなり、そのうちの一つがＸ会である。

学校週五日制が導入されその対応への取り組みが開始されると、活動の場所は学校教育の現場から地域社会へと移され、Ｘ会は、地域住民やボランティアといったアクターと結びつきながら活動を展開していく。さらに、こうした地域社会での取り組みと並行して、東京都教育庁による社会教育事業の予算化といった行政的な対応もまた進められていった。そのなかで、Ｘ会は１９９８年度から２００２年度までの5年間、東京都教育庁による助成を受けることが決定すると、このことを契機として活動をさらに広げ、新たにボランティア組織である団体ＹをＸ会の関連団体として組織する。

こうして生まれた団体Ｙは、当初はフリースペースの運営といった独自の活動を展開する一方で、Ｘ会に対してボランティアを供給するといったＸ会の活動の支援を行うなど、Ｘ会と団体Ｙは相互に連動しながら活動を展開した。さらに、社会福祉基礎構造改革を背景として福祉制度改革が展開すると、団体Yは新たにNPO法人格を取得し、障害福祉サービスを提供する福祉事業体として活動する道を選択することになる。その後、団体Yは2011年に新たに形成された社会福祉法人Zにその事業を引き渡すと実質的な活動をほとんど休止し、2019年3月に解散した。

以上で記した経緯をたどると、X会のルーツは、障害児の教育運動に行き着く。東京都立川養護学校の教員と保護者によって始められたX会の活動の形成とその後の展開は、それ以前において積み重ねられた障害児教育をめぐる運動の展開とその変容を大きな背景としていた。

障害児の教育運動は、それぞれの運動内部の差異はあるものの、大きく分けて発達保障運動と共生教育運動として捉えられる。発達保障運動は、発達保障論をベースとしながら、学校教育から排除されてきた障害児の教育を受ける権利を保障するべきだという立場にたつ。発達保障運動の特徴は、障害児の抱える生活困難の要因を、教育の不足によって発達が阻害されていることに求める点にある。したがって、発達保障運動の目的は、障害児の発達が阻害されている状況を克服することにあり、この課題の具体的な解決方法として養護学校の義務化を目指した。発達保障運動に対して、共生教育運動は必ずしも決まった名称はないが、小国喜弘によれば、「一九七九年の養護学校義務化実施に反対し、障害児を地域の普通学校へと就学させようとした運動」（小国 2019:1）として定義することができる。共生教育運動は、発達保障運動が歓迎する養護学校こそが障害児と健常児の分断を生むと批判し、障害児の地域の普通学校への入学を目指す運動に取り組んだ。

ただし、こうした発達保障運動と共生教育運動といった対抗関係の図式は、１９８０年代以降において変容していくことになる。１９８１年国際障害者年以降、「完全参加と平等」というノーマライゼーションの理念の広がりは、発達保障運動の目指していた養護学校の充実とは相容れず、運動に対して新しい方向性を求めた。さらに、運動組織についても、運動全体を支えていた教職員組合が組織率を低下させ、さらに日本教職員組合の内部分裂と全日本教職員組合の結成といった運動内部の事情もあり、障害児の教育運動は全体としては弱体化した。そして、１９９０年代後半には統合教育の理念が国際社会において主流となっていくなかで、日教組はその運動の理念を、養護学校における障害児教育を批判する統合教育へと変更するなど、発達保障運動と共生教育運動の対立は、かつてほど先鋭的ではなくなっていく。

加えて、以上の障害児の教育運動と重なりながら展開したのが、社会教育の領域における公民館の障害者青年学級の取り組みである（井口・橋田 2016）。１９５３年に制定された青年学級振興法に基づく青年学級は、当初は障害者ではなく、勤労青年を対象として設置されていた。ところが、高度経済成長期に達すると、高等教育への進学率の上昇などを背景として勤労青年を対象とした青年学級は学級数を次第に減少させていた。その一方で、高度成長期以前に知的障害者の主な就職先となっていた家内工業的職場は、経済成長の波に飲み込まれ消失していく。そうしたなかで、知的障害者たちが学校卒業後に在宅生活を余儀なくされる状況が発生していた。こうした状況において、障害者の親たちによって知的障害者のための社会教育の必要性が認識され、知的障害者の親や特殊学級の教員の取り組みによって障害者青年学級が開設されるようになった。

こうした歴史的な背景があるなかで、本書の対象となる東京都においては公民館による障害者青年教室が長い歴史を持つ。東京都における障害者青年学級の展開は23区において開始され、とくに墨田区による日曜青年学級「すみだ教室」の開設(1964年)を端緒として、23区全体に広がっていった。こうした取り組みは、当初は親と特殊学級の教員が中心であったが、1970年半ばから親たちが就労場所をもとめて作業所の設置運動へと舵を切っていくなかで、青年学級は新たな活動を開始することになる。とりわけ、東京都多摩地域における町田市障害者青年学級(1974年)や国立市障害者青年学級(1979年)の取り組みは、それまでの障害者青年学級とは異なる独自の取り組みを模索している。のちに見るように、こうした東京都多摩地域において展開した障害者青年学級の取り組みも、X会に影響を与えている。

3 研究の方法

本書が対象とするのは、X会および団体Yの活動の展開とそれを取り巻く教育政策・福祉政策の展開である。これを明らかにするために、本研究では(1)資料調査、(2)フィールドワーク、(3)聞き取り調査を組み合わせて研究を行った。そこで、本節では本研究が採用したそれぞれの調査方法を記述する。ただし、本研究が採用した調査方法は、調査者の構想する研究設計にしたがって無制約に採用されたものではなく、調査者と対象者との関係性の中から

表　序-1　本書で採用する調査法

調査法	明らかにできること	限界
資料調査	・対象の活動の展開 ・社会構造的な変化	・文書資料以外の現実の看過 ・文書資料の保存状況への依存
フィールドワーク	・活動団体の内部の多様性 ・対象のふるまいや行為	・対象者への広いアクセスの制限 ・個別の対象者の経験の把握
聞き取り調査	・対象者の個別具体的な経験 ・文書資料と異なる対象者の経験	・語られないものの把握 ・言語中心主義による語り手の制約

選び取られたものである。したがって、調査者と対象者の関係性は、本研究の可能性と限界を規定している。この点について、本節の最後に、（4）調査者の立場性を検討する。

本研究は、対象を豊かに描くために、以下の3つの研究方法を採用する。そこで、本研究が採用したそれぞれの調査方法を詳述する前に、各々の調査法が明らかにできることと限界をまとめておこう（表　序-1）。

資料調査は、対象とする団体の活動の展開を明らかにすることができる。とくに、対象団体の発行するミニコミは、対象団体の活動の展開が記録されているほとんど唯一の資料である。また、行政の発行する公的資料は、活動団体のミニコミのみでは明らかにならない社会政策的な変化を把握するために必要であり、対象団体の活動する社会構造的な文脈を把握するために有用である。しかし、文書資料が記録する現実は、実際に起こったことのごく一部である。とくに、対象団体の大きな活動の展開は把握することができても、それぞれの活動における人々の振る舞いや個別の経験は、文書資料のみから把握することは難しく、公的文書からは本研究が対象とする個別の活動は記録に残らない。さらに、文書資料は資料の保存状況に依存し、とくにミニコミは一般には図書館等に保存されることがなく散逸しやすいため、対象者による譲渡を除いては、アーカイブズ機関等によって資料を収集、整理、保存、公開しているという前提条件がクリアされている必要がある。

したがって、以上の文書資料による限界を踏まえると、フィールドワークおよび聞き取り調査といった研究を相補的に用いながら、対象をより豊かに描く必要性がある。そこで、本研究はフィールドワークと聞き取り調査を合わせて用いる。

フィールドワークは、対象団体の活動の内部の多様性を把握するために有用であり、とくに文書資料や個別の聞き取り調査では捉えることが難しい活動の担い手同士の関係のあり方を明らかにすることができる。またこの時に、活動における担い手のふるまいや行為を捉えることで、より厚みを持って実践を明らかにすることができる。ただし、フィールドワークから明らかになる活動団体のリアリティもまた一部である。とくに、調査者が当該の現場でもつ立場性は、一方で対象の内部に深く分け入ることを可能にすると同時に、活動の対象へのアクセスを広く確保することが難しくなる。とくに、当該地域における対象団体の社会的位置、および対象団体内部における担い手の関係等により、より幅広い対象へのアクセスが現実的に制約される場合があり、この点において調査者の立場が重要な意味を持つ。さらに、個別の担い手のより深い経験については、個別の聞き取り調査を用いて補足する必要がある。

聞き取り調査は、対象者の個別具体的な経験を明らかにすることができ、とくに文書資料からは明らかにならない担い手一人一人の活動に対する意味づけや活動だけでないより広い対象者の経験を明らかにすることができる。ただし、聞き取り調査においては語られないものを把握することはできない。具体的には、対象者が言葉にできないあるいはしたくない経験、あるいは活動の展開の上では重要であったとしても対象者がはっきりと記憶していないこと等、さまざまな場合がある。さらに、聞き取り調査が言語を用いた調査である以上、とくに言語によって表出されない経験については把握することはできない。この点は、文書資料やフィールドワークによって一部を補うことができる。

（1）資料調査

本書では、文書資料を用いながら、X会およびX会の活動の展開と、これらを取り巻く教育政策・福祉政策の展開を再構成する。ここでは、本書で用いる資料を（a）対象団体関係の資料、（b）東京都立立川養護学校関係の資料、（c）東京都関連資料に分けた上で、それぞれの概要と収集方法を説明しよう。

（a）対象団体関係の資料

・関係団体発行のたより
・関係団体の会議議事録
・関係団体が地方自治体および東京都議会へ提出した要望書および請願

X会および団体Yは、毎月の活動予定や報告が記載されたたよりを発行しており、そこから活動の一部を知ることができる。ただし、多くの市民活動がそうであるように、体系的な資料保存がなされているわけではなく、またその他の記録が必ずしもあるわけではない。そのような状況のなかで、本書では、活動に関わった教員や支援者を通して、個人が所有している資料を可能な限り収集した。

団体Yの資料の一部については、市民アーカイブ多摩および法政大学大原社会問題研究所環境アーカイブズに収蔵されているものを利用した。団体Yは1998年に結成されると、毎月たよりを発行しており、その一部が東京都立多摩社会教育会館市民活動サービスコーナーに所蔵されていた。その後、2002年3月の市民活動サービスコーナー廃止に伴い団体Yのミニコミを含む同事業が所蔵していた資料は廃棄される可能性があったが、市民による資料保存運動を経て、現在では法政大学大原社会問題研究所環境アーカイブズに移管され利用可能となっている（資料群名：東京都立多摩社会教育会館旧市民活動サービスコーナー所蔵資料）。また、同事業廃止後に発行された団体Yの資料の一部は、市民アーカイブ多摩に収集されている。なお、団体Yの資料と合わせて、X会の資料の一部が保存されていた。

なお、地方自治体に保存されている資料については、以下の通りである。A市において、行政に提出された要望書は永年保存の取り扱いであったため、A市教育委員会に対して情報公開制度に基づく情報の開示を請求し、X会の提出した要望書（要望書の提出者は個人情報のため非公開）とその回答書を入手することができた。ただし、その他の行政組織の内部文書について、２０２０年10月時点では入手することができなかった。また、関係団体の請願については、東京都議会図書館において議事録を閲覧し、入手した。

（b）東京都立立川養護学校関係の資料

・養護学校が発行した報告書

・教員が執筆した論文

X会が形成されるきっかけとなった東京都立立川養護学校学校の実践について、学校週五日制導入の試験校となったその内容については、報告書が東京都教育委員会発行の資料としてまとめられている。また、その実践に関わった教員は、学校週五日制の問題点を提起するために、各種雑誌に論文を執筆している。具体的には、日本教職員組合機関誌『教育評論』、全国障害者問題研究会（全障研）機関誌『みんなのねがい』、全日本特殊教育連盟機関誌『発達の遅れと教育』、社会教育関係誌『月刊社会教育』などである。本書では、学校週五日制の展開における東京都立立川養護学校の実践を明らかにするために、これらの資料を用いた。

（c）東京都関連資料

・東京都教育委員会の発行した報告書

・東京都議会議事録
・東京都福祉保健局による福祉計画

東京都立立川養護学校による一連の取り組みは公的制度と結びついているために、東京都教育委員会が、その事業報告として発行した報告書が残されている。また、教員と保護者の運動は、東京都の社会教育事業の廃止に反対するために東京都議会へ請願書を提出しており、その内容が文教委員会にて議論されている。さらに、東京都福祉保健局は、社会福祉基礎構造改革を背景とした東京の福祉改革を推進するために、福祉計画を発表している。本書では、こうした資料を用いながら、東京都の政策の変化を把握していく。

（2）X会へのフィールドワーク

筆者は、本書の目的であるX会の活動に関わるアクターの経験やその実践の性質を明らかにするために、フィールドワークを行なった。フィールドワークは、X会の活動をアクターの主観的な意味づけから把握することで、組織内部の多様性に目を配りながら、アクター同士の関係形成のあり方を明らかにするために有用である。

フィールドワークは、2014年10月から開始し、2020年8月まで行った。筆者は、ボランティアまた介助者としてX会の活動に参加しながら、参与観察を行った。具体的には、定例会議に参加しながらX会の活動の運営を担うとともに、音楽活動やスポーツ活動に参加する障害者の介助者として、また音楽活動の運営を担うボランティアとしてX会に関わっている。こうしたボランティアおよび介助者としての関わりは、X会の活動の論理を、アクターの経験とともに重層的に把握するために必須の作業となる。なお、筆者が本書の基となる論文執筆のためにX会に参加していることは、筆者から会の代表者に対して説明済みである。また、個人情報の取扱いについては、本書の使用に同意を得られたデータのみを使用し、記述に際しては匿名化を行っている。

(3) 聞き取り調査

本書で使用する聞き取り調査によって得られたデータは、表の通りである(表 序-2参照)。聞き取り調査を行った目的は、以下の2点である。

第一に、X会の活動の展開を記述するにあたって、資料調査によって得られたデータを補完するためである。資料調査で記述したように、X会および団体Yに関わる資料が限られていること、こうした資料の記述のみでは把握することのできないX会および団体Yの活動の展開について明らかにするためには、聞き取り調査は必須である。

本書が対象とする1990年代以降においてX会の活動に関わった保護者、教員、地域住民、支援者、行政職員は、必ずしも全員が存命ではなく、また全員がX会と現在まで関わりを持っているわけではない。こうしたアクターへは、X会のフィールドワークを通して形成したネットワークおよび資料調査から得られた情報をもとにアクセスした。そのため本書で使用する聞

表　序-2　聞き取り調査対象者一覧

対象者	聞き取り時年齢区分	ジェンダー	職業・属性	聞き取り年月日
X 会指導員	50 代	男性	介助者	2015年4月30日
障害児の母親	50 代	女性	専業主婦	2015年7月27日
X 会指導員	50 代	女性	自営業	2015年10月25日
障害児の母親	50 代	女性	自営業	2017年1月30日
X 会ボランティア	20 代	女性	学生	2018年8月6日
元立川養護学校教員	70 代	男性	元教員	2018年9月6日
元普通校 PTA および元 X 会・団体 Y ボランティア	60 代	女性	A 市市議会議員	2019年12月19日
元立川養護学校保護者および X 会・団体 Y の中心的な担い手	60 代	女性	社会福祉法人 Z 職員	2020年7月13日
元団体 Y 代表、福祉専門職	60 代	男性	福祉専門職	2020年8月29日

き取りの対象は、結果的に当時のX会および団体Yの活動において中心的な役割を果たしたアクターに限定されている。聞き取り調査では、そうした運動の展開について、資料調査では明らかにされない側面について補足するために行う。

第二に、参与観察によるフィールドワークによって得られたデータを補完し、X会の活動を参加するアクターの経験に定位しながら記述するためである。X会の実践を理解するためには、活動にアクターの経験を理解することが欠かせない。そのため、X会に関わる母親、指導員、ボランティアに対して、X会の活動に関わるようになった経緯および活動の経験を明らかにするために、聞き取り調査を行った。

(4) 調査者の立場性

以上で記述した通り、本研究は対象をより豊かに描くために3つの研究方法を組み合わせることを選択した。しかし、こうした調査方法を組み合わせることで対象団体のもつ性質を全て明らかにすることはできない。この点については、対象者と調査者の関係性、とくに調査者の立場性の問題として議論が深められてきた。そこでこの点について、団体Xと筆者の関係の経緯を記述する形で触れておきたい。

筆者は、健常者男性のボランティア・介助者として研究対象と関わってきた。この意味で、筆者の立場性は、支援者／研究者という言葉が最もふさわしい。支援者という言葉を選択するのは、介助だけでないより広くアクティヴィズムの担い手であることを指す。また、支援者が研究者よりも前にあるのは、以下で記述する通り筆者が研究に取り組む以前に支援者としての関わりを持っている経験があり、研究抜きの支援はあり得るが、支援抜きでの研究はあり得ないと考えるからである。言い換えると、支援者であることは研究者であることの前提であるが、支援者であるために研究者である必要は必ずしもない。

筆者が最初に団体Xと関わりを持ったのは、大学院入学以前に同じ大学に通う知り合いに誘われて2013年2月に社会福祉法人Zの運営するグループホームの介助者となったのがきっかけであった。介助者として働くうちに、X会の活動の中心であり社会福祉法人Zにも深く関わる障害児の母親と出会い、X会の活動へ参加するように言われたのが最初であった。ただし、この時点ではX会の活動に深く関わることはなく、X会の活動に参加する障害者本人の介助者として活動に参加している状態である。

こうした介助者としての経験を積みつつも、本格的にX会のフィールドワークとして関わったのは、2014年10月からである。対象との出会いから本格的なフィールドワークをはじめるまでおよそ1年間半の間があるのは、大きくは次の2つの理由がある。第一に、障害者の置かれた状況への関心が深まるために、介助者としての一定の経験が必要であったことである。とくに、筆者は障害当事者あるいは障害者家族ではないこともあり、介助を通じて障害者本人、介助者、ボランティア、家族といった人々と出会い経験を共有することが、対象に関わる前提として必要であった。第二に、障害者支援へのフィールドワークを行うことへのためらいがあったためである。とくに、障害者支援というセンシティブな場における調査者と対象者の関係のあり方について、どのように考えることができるのかはっきりとした方針が持てなかった。

こうした条件においてなお筆者がフィールドワークを行うことにしたのは、対象団体の活動の目的が、「しょうがいのある人たちが地域で楽しく過ごすために活動の機会を設ける。ともに育み合う仲間として、多くの地域の人々と交流できる活動を行う。」（X会2018年4月配布リーフレット「会則」より）ことにある。X会は、こうした目的を掲げるために、ボランティアや介助者といった活動に参加する人を求めている。実際に、筆者はX会で活動を行う母親から活動の手伝いを求められ、X会の音楽活動への手伝いをきっかけに、X会の活動に意義を見出し、支援者として活動に関わり始めた。この意味で、筆者に期待されたのは活動を共にする支援者としての役割である。ただし、より詳しくは第4章で述べる通り、X会の「しょうがいのある人たちが地域で楽しく過ごす」こと、そして「ともに育み合う仲間」という言葉があいまいさを含んでいるのは、X会にどのような活動の意義を求めるかがそれぞれの個人に委ねられていることがある。そのため、筆者は支援者としてだけでなく、研究者としても活動に関わることを求め、また研究者という役割は、障害者の地域生活を支える仲間である限りにおいて認められた。この意味で、支援者／研究者という筆者の立場性は、フィールドから要請されたものであり、かつ筆者が選んだものである。

支援者／研究者としてフィールドと関わることは、フィールドワークの可能性と限界を確定する。こうした支援者／研究者という立場性が可能にする最大の利点は、障害者と健常者の関係のあり方を、行為者の視点から把握することができる点である。とくに、障害者と健常者の関係のあり方が動態的に作り変えられていく過程は、行為者の意味世界に寄り添うミクロ的視点抜きでは理解が困難である。しかしながら、支援者／研究者という視点は、あくまでも障害者と健常者の関係性の水準に焦点化することができるものの、より個別具体的な障害者本人の経験について明らかにすることは難しい。とくに、親密圏における障害当事者の経験は明らかにすることが難しく、また対象者と筆者の経験についても本書では必要な範囲にとどめ直接記述することはしなかった。なお、この点は、ミニコミに描かれた記述から部分的に明らかにすることができるが、やはりミニコミの書き手（支援者）による判断が介在していることから、必ずしもこうした限界の全てが解消されるわけではない。

さらに、調査者は支援者／研究者としての立場をもちつつも、個人の生はそうしたカテゴリーのみに規定されるわけでない。個別具体的の存在である個人としての調査者は、実際には障害の有無だけでなく、社会経済的階級／階層、ジェンダー／セクシュアリティ、人種、エスニシティ、ナショナリティ、といった多様なカテゴリーの交差性のなかに位置する。こうしたなかでとくに障害者と健常者の関係のあり方を考える上で重要なのが、ジェンダー／セクシュアリティである。とくにジェンダー／セクシュアリティは、障害者の歴史において大きな影響を持ってきた[3]。同様に、障害者支援のフィールドワークの過程においては、ジェンダー／セクシュアリティが大きな影響を持つ。個別の経験を一般化して語ることは難しいが、たとえば女性調査者がジェンダー／セクシュアリティを意識せざるを得なかった現場での経験（三井2021:281-295）と比較すると、少なくとも筆者自身と対象団体との関わりにおいてはジェンダー／セクシュアリティの課題が顕在化しにくかったことは明確である。また、当該フィールドにおいては同性介助の原則を採用しており、集団で関わる場以外において筆者は男性障害者の支援に関わる時間が相対的に多かった。そのため、とくに女性障害者の経験については触れることが難しい。また、男性女性の性別二元論とは異なる非規範的な性の経験についても、本研究からは論じることができない。この意味で、筆者の立場性は、フィールドワークにおけるセクシュアリティへの接近という点で、以上のような一定の偏りおよび限界を持つものである。[4]

4 本書の構成

本書の構成は以下の通りである。

第1章では、先行研究の課題を指摘した上で、本書の理論的な視座と本書の分析課題を設定する。ここでは、障害の社会学的研究を本書の先行研究として検討した上で、その研究の理論的な課題を明らかにする。この課題に取り組むために、本書では、障害学において提起された障害の社会モデルと、それに対する近年の理論的な批判を踏まえた上で、障害をめぐる関係論的な視座を提起する。さらに、本書の対象に即した課題設定を行うために、社会政策と社会運動の連関を捉える視点の重要性を指摘する。本書は、こうした理論的な設定と課題を設定したうえで、以下に続く本論を展開する。

第2章および第3章では、東京都多摩地域における障害者をめぐる教育政策・福祉政策・地域活動の展開過程について、とくに学校週五日制の導入、地域活動の定着、市民活動の形成、福祉事業化に着目しながら明らかにする。

第2章では、学校週五日制の導入を契機とした東京都立立川養護学校における保護者と教員による地域活動の取り組みの過程を明らかにする。学校週五日制は、1986年第二次臨時教育審議会第二次答申において生涯教育への移行とともに言及され、全国あわせて68校による研究を経て1992年9月から導入されることが決まった。立川養護学校は、全国で唯一の精神薄弱校として指定されていたが、そのなかで学校週五日制の導入は、PTAの強い反対運動に直面する。教員は、学校週五日制の導入は認めつつも、保護者による反対に直面するなかで、次第に保護者への共感を示すようになる。こうして教員と保護者は、土曜日休業施行時に地域活動を始めることにし、さらに社会教育行政への働きかけを行った。本章では、学校週五日制の導入から地域活動の形成にいたるまでのプロセスを明らかにしながら、なぜ保護者、教員といった多様なアクターによる取り組みが地域活動の形成へと至り、また社会教育行政へと位置づけられたのかを考察する。

第3章では、学校週五日制導入への対応として形成された地域活動が地域社会に定着していくプロセスについて、市民活動の形成および福祉事業化に着目しながら明らかにしていく。1992年9月12日の学校週五日制施行とともに活動を開始したX会は、地域社会のアクターに活動の協力を求めながら働きかけるなかで、PTAやボランティアと結びつき、東京都教育庁による助成金の獲得を契機として、新たに市民団体を形成するに至る。さらに、団体Yは、社会福祉基礎構造改革による制度変更を受けて、NPO法人格を取得し福祉事業化することになる。本章では、こうしたX会および団体Yの活動の展開を明らかにしながら、X会がいかにして団体Yを生み出したのか、また団体Yがいかにして福祉制度と結びついたのか、さらにこうした展開過程はどのような帰結をもたらしたのかを考察する。

第4章および第5章では、こうした東京都多摩地域における障害者をめぐる教育政策・福祉政策・地域活動の展開がもたらした状況において、障害者をめぐる多様なアクターがどのように関係を形成しているのかを、個別具体的な実践に定位しながら、明らかにしていく。

第4章では、X会の組織がその内部に多様性を確保することを可能にする仕組みを探究するために、障害者、家族、指導員、支援者、ボランティアといった多様なアクターがどのようにしてX会の活動において共同性を形成しているのかを、それぞれのアクターがX会の活動をいかにして意味づけたのかに着目しながら、明らかにする。X会に参加するアクターは、X会の活動の理念を踏まえつつも、自身の経験および他の参加者との関わりに基づきながら活動を解釈することで、X会の活動に意義を見出している。では、そうした解釈は、どのようにして形成されているのか。本章では、X会に関わるアクターの経験を個別具体的に明らかにすることで、X会内部におけるアクターの複数性と、それぞれのアクターの経験がもつ多様性を明らかにする。

第5章では、X会の活動に参加するアクターがどのような関係を形成しているのかを、X会の障害者の音楽活動を対象として明らかにする。音楽活動は、X会の活動の中心的な位置を占めており、音楽活動の場を分析することでX会が目指す関係形成のあり方を明らかにすることができる。本章では、岡原（1990=2012）が述べる「できる／できない」をめぐる非対称性がいかにして経験されているのかに着目しながら、その場の時空間において、障害者と健常者が状況依存的なコミュニケーションを通して関係を作り上げる過程を明らかにする。

終章では、本論の要約として、東京都多摩地域における障害者をめぐる教育政策・福祉政策・地域活動の展開過程をまとめた上で、本書の結論として当初の課題に即してその含意や理論上の意義について論じる。最後に今後に残された課題を指摘する。

第1章　障害者と健常者の関係形成をめぐる理論的視座

1　はじめに

本章の目的は、本書全体の理論的視座を設定し、研究課題を示すことである。そのために、本章は以下の構成をとる。はじめに、本書が対象とする1990年代以降の教育・福祉政策の変化を確認する（2節）。次に、障害者と健常者の関係形成を障害の社会学的研究がどのように捉えてきたのかを確認し、先行研究の課題を指摘する（3節）。そして、先行研究の課題を解決するための理論的な視座を設定し（4節）、本書における分析課題を示す（5節）。

2　研究の背景

障害をめぐる教育政策および福祉政策の展開について、本書が対象とする1990年代以降の展開に焦点を当てながら、確認しよう。

はじめに、1990年代以降の教育領域において起こった変化を、3点にまとめよう。

第一に、教育における政治的対立の変化である。広田照幸によれば、1980年代半ば以降、政治的対立の構造が「二極構造」から「三極構造」へと変化する（広田2009）。ここでいう二極構造とは、「自民党と文部省と財界とが足並みを揃えて教育政策を策定し、それに対して、革新政党・教職員組合と労働運動・市民運動が、政策反対や独自の教育運動を展開して対峙する、という構造」（広田2009:16）である。言い換えると、保守対革新のせめぎ合いが、戦後日本の教育をめぐる政治的対立の大きな対立軸であった。

こうした対立構造が大きく変化するのが、1980年代半ば以降のことである。この変化は、保守派内部における分裂と、革新勢力の退潮としてまとめることができる。前者は、保守派内部に新自由主義的な勢力が登場し、1990年代に次第に支持者を増加させたことである。とくに、中曽根政権下において1984年に設置された臨時教育審議会は、その端緒として位置づけられる。後者は、革新政党およびラディカルな社会運動の退潮であり、とりわけ日教組の分裂と対決姿勢から協調路線への変化がその象徴である。以上の両勢力の変化を通じて、公教育をめぐる政治的対立軸は「旧来の保守、新自由主義的保守、左翼の社民・リベラルという、三つの勢力が対立する構造」（広田2009:18）へと変化していく。そして、新自由主義的な改革論が、かつての保守対革新の対立と妥協のもとで作られてきた教育システムを改変しようとし、二つの旧勢力がそれに対抗するというのが主たる対立軸となった。

第二に、生涯教育への転換とともに起こる社会教育領域の縮小である。社会教育領域は、戦後民主化運動を経て高度成長期を迎えて以降は一貫して衰退しているものの（津田2013）、とくに1980年代半ば以降の行財政改革を背景とした社会教育領域の縮小は、決定的であった。

とりわけ本書にとって重要であるのは、１９９９年における青年学級振興法の廃止にみられる法的位置づけの転換である。この時点において、戦後民主化を目的とした社会教育の振興とともに制定された青年学級が制度的な位置づけを失った。また同時期、こうした国家における社会教育の位置づけの変化と行財政改革を背景として、東京都による独自事業として行われていた法律的な位置づけを持たない社会教育事業は、多くが統廃合されることになる。そのため、こうした社会教育行政の変化は、東京都および市町村の社会教育事業のあり方にも多くの影響を与えていくこととなった（梶野 2016）。

第三に、特殊教育から特別支援教育への転換である。２００２年に学校教育法施行令が改正される以前、障害のある子どもは例外なく盲・聾・養護学校に就学することと規定されていた。２００２年学校教育法施行令の一部が改正されると、盲・聾・養護学校への就学基準に該当する者であっても、小学校または中学校において適切な教育を受けることができる特別な事情があると認められる者（認定就学者）は、小中学校に就学させることが可能となった。また、就学先決定時に専門家の意見も聴取することが定められた（認定就学者制度）。２００６年の教育基本法の改正によって障害者の権利が明記され、２００６年の学校教育法等の一部改正においてこれまでの盲・聾・養護学校に代わり特別支援学校の制度が創設された。さらに、これに伴う２００６年の学校教育施行令の改正により、障害のある子どもの就学先決定時に保護者からの意見聴取が義務づけられた。また、２０１３年の学校教育法施行令改正において就学先決定のしくみの変更が行われ、市町村教育委員会が、本人・保護者に情報提供をした上で、本人・

保護者の意見を最大限尊重しながら教育委員会、学校等が合意形成をすることが原則となった（認定特別支援学校就学者制度）。

ただし、こうした教育政策の展開をインクルージョンの進展としてのみ捉えることには、一定の留保が必要である（小国 2019:320-321）。具体的な課題は、国連では障害の有無のみではなくエスニシティ、ジェンダー、社会的階層などにかかわらずその多様性が尊重されることを掲げているものの[5]、文部科学省のインクルーシブ教育の対象となるのは障害の問題に限定されている点にある。さらに、普通学校・普通学級のシステム自体の変革はなされているわけではなく、実際に全児童生徒数が減少しているにもかかわらず特別支援学校の在籍児童生徒は増加するなど（小笠 2019）、依然として学ぶ場が分けられている点にも注意が必要である。

本書では、以上の教育政策の変化が引き起こした障害者と健常者の関係再編の過程を、とくに政策的変化に対する地域社会による自発的な対応に着目し、障害者をめぐる実践の展開をX会という事例を通じて具体的に明らかにしていく。この一連の過程の起点となった学校週五日制の導入の展開は、戦後から継続する教育業界における政治的対立が、保守対革新の二極構造から三極構造への変化とする過程と関連しながら進められてきた。こうした変化は、それに関わる教育現場のアクターに対して不均等な形で一定の影響を与えていく。そして、こうした変化に鋭く反応したのが、本書が対象とする東京都立立川養護学校の保護者、教員、社会教育関係者であった。さらに、学校週五日制の導入に対応する地域社会の取り組みとして出発したX会は、その時に利用できる社会制度であった社会教育制度と結びつきながら、活動を展開していく。しかしながら、2000年代になると行財政改革を背景とする事業再編に伴い、社会教育との強い結びつきを失っていく。本書では、学校週五日制の導入として具体化する構造変動を背景とした教育政策の変化に遭遇したアクターがどのように対応したのか、また新たな構造を生み出すなかでどのような役割を果たしたのかを明らかにしていく。

こうした教育領域における変化がもたらした政策的空洞を部分的に引き受けることになったのが、福祉領域における新しい政策の展開である。そこで、1990年代以降における福祉領域の変化を確認しておくことにしよう。教育領域における変化が進展する一方で、福祉領域においても介護保険制度の導入、そして社会福祉基礎構造改革を受けた障害者自立支援法および総合支援法の成立を通じて、新自由主義的な影響の下における政策の再編成があった。この変化について、以下の3点を指摘しておこう。

第一に、福祉供給体制が措置制度から契約制度へと転換した。従来の措置制度の下では、社会福祉制度による支援を受ける主体は、行政による一方的な配分（＝措置）を受ける存在として位置づけられていた。したがって、措置制度の課題は、行政庁の職員による一面的な判断に基づいており、結果的にサービスが画一化すること、また当事者の意向が尊重されにくいことにあった。これに対して新しい契約制度の下では、支援の受け手はサービスの供給主体と契約を結ぶ消費者として位置づけられる。こうした契約関係の導入は、利用者による自らの必要性に基づく必要なサービスの判断、および利用者によるサービス提供主体への評価を通じて、利用者の意向が反映されやすい制度へと転換することをねらいとしている。

第二に、措置制度から契約制度への移行にともない、利用者による多様なサービスの選択を実質的に可能とするために、多様なサービス供給主体が登場した。従来の措置制度の下では、行政による措置、または行政による委託を受けた社会福祉法人が福祉事業の担い手であった。そのため、こうした状況下では、支援が画一化されやすい点、さらに利用者が自らの望む福祉事業を選択できない等の課題が存在していた。しかし、新たな契約制度のもとでは、介護が労働化されるとともに、従来の社会福祉法人とは異なる多様なサービス供給主体が登場した。とりわけ、新たなサービス供給主体の担い手として、福祉NPOや社会的企業などのサードセクターのアクターが注目されるようになったのは大きな変化であった（安立2008、米澤2017）。これらを通して、ジェンダー格差および介護労働の労働環境をめぐる大きな限界をはらみつつも、主として家族領域に任されていたケアの社会化が促進された。

第三に、個人や家族といった親密圏および市民社会といった公共圏への新たな介入の様式が登場した。措置制度から契約制度への移行は、必ずしも無条件に利用者の意向を反映するわけでもなければ、多様な供給主体による自由な活動が許されていたわけでもない。具体的には、自立支援を通した障害者の労働主体化およびケア労働を念頭に置いた外国人労働者の選択的受け入れなど、従来において労働外におかれていた人々の労働領域への編入がある（岩舘2011）。また、労働へと編入されない人々に対しては、個人の行動や生活習慣への介入によるセルフ・マネージメントによる健康管理を介して福祉サービスの需要の低減（重田2003）が図られる。さらに国家は、新たな福祉サービスの担い手に対する評価制度を導入することで、他のセクターを一定のコントロール下に置く（原田 2011）。この意味で、措置制度から契約制度への移行は、必ずしも利用者や事業者の自由を拡大するのみではなく、別の形の管理を呼び込む契機ともなった両義的なものであるといえる。

本書にとって重要なことは、教育領域の政策的変化に対する地域社会の対応としてはじまったX会の活動が、結果的にこうした福祉領域の政策的な変化と結びつきながら、新たな構造を生成させる際に一定の役割を果たした点である。当初は教育領域における政策的変化への対応から出発したX会は、学校教育の現場から離れ次第に地域社会において活動を展開していくなかで、次の課題へと対応する過程で新たに団体Yを関連する組織として形成する。さらに、こうした活動を継続していくなかで、団体Yは自らの抱える課題を解決するために、福祉事業化の道を選択する。本書は、地域社会における構造化の過程とその帰結を、社会政策の変化の側面とX会および団体Yの活動の側面を合わせて明らかにしていく。

以上で明らかにした通り、本書は、こうした教育・福祉領域におけるマクロな変化のなかでいかにして障害者と健常者の関係が形成されるのかを、X会の活動の展開に即して明らかにしていく。では、こうした障害者と健常者の関係性を、先行研究はいかにして捉えてきたのだろうか。

3　障害の社会学的研究

本書の目的は、複数の実践や制度のせめぎ合いのなかで、障害者と健常者の関係性がいかにして形成されるのかを明らかにすることである。では、この課題に取り組む本書は、障害の社会学的研究の系譜においてどのような位置を占めているのか。本書の独自の意義を示すためにも、ここでは、障害の社会学的研究の展開を確認した上で、本書の位置づけを明らかにしよう。

障害に関わる研究は、障害者福祉および特殊教育開始以来の歴史をもつ。その多くは、障害者の発達やその生活状況を対象とし、それらを教育や福祉による働きかけによって改善することを目的としていた。しかしそうした見方は、障害者を教育や福祉の受け手という受動的な対象としてのみ捉えた上でその主体性を捨象してしまう点、さらにそうした障害者の問題を教育や福祉の充足による生活の保障による解決を前提とするあまり、教育や福祉の持つ抑圧性を捉えられなかった点に限界を抱えていた。

そうしたなか、重度身体障害者によって行われた自立生活運動を対象として、障害の社会学的研究の新しい展開が具体的な形をとりはじめた。その端緒となった安積純子らによる研究は、障害者を福祉の対象として捉える性質を持つ社会福祉学を論敵としながら、障害者当事者の生活史／施設論／介助関係／脱家族論／介助システム論／障害者運動史といった現在にいたる論点を提出した（安積他 1990=2012）。自立生活運動を対象とした研究は、運動当事者による記録やルポルタージュも含めて、さらに議論が蓄積されており、それぞれの各論点について個別に研究が進んでいる（全国自立生活センター協議会 2001、山下 2008、深田 2013）。

しかしながら、これらの障害の社会学的研究に対しては、以下の二つの批判が提起されてきた。第一の批判は、障害者運動を一面的に捉えることに対する批判である。こうした批判は、運動の多様性を踏まえながらその可能性と限界についてより精緻に議論する方向へと研究を進めた（3-1）。第二の批判は、自立生活運動に関わる重度身体障害者を対象とした従来の研究の視座が、それとは異なる障害者の差別経験を不可視化していることに対する批判である。こうした批判は、社会運動と関わることの相対的に少なかった軽度の障害者に焦点を当て、従来の研究においては不可視化されてきた対象やテーマを探究する研究として展開した（3-2）。以下、それぞれについて、さらに論点を掘り下げていこう。

3-1　障害者運動研究の批判的継承

第一の批判を受けた従来の研究は、障害者運動を一面的に捉える傾向に対して、障害者運動の多様性を踏まえながら、障害者運動の可能性と限界をより広い視点から明らかにすることを目指した。こうした研究潮流は、理論研究と実証研究の双方を含むが、総じて障害者運動研究を批判的に継承することを目的としている。

障害者運動の批判的考察として重要な研究に、倉本智明の研究がある（倉本 1999）。倉本は、障害者運動における「平等派」と「差異派」を取り上げ、それぞれ運動の戦略を明らかにするなかで、運動の可能性と困難さを論じている。

倉本の論旨をもう少し丁寧に確認しよう。「平等派」とは、障害者運動を「社会的障壁の除去により障害者／健常者という差異が消滅し、差別のない社会が実現するとみなす」（倉本1999:220）主流派障害者運動である。具体的には、CIL（The Center for Independent Living＝自立生活センター）やDPI（Disabled Peoples' International）を指し、協調・対案・提案といった運動のスタイルを特徴とする。他方で「差異派」とは、障害者と健常者の差異にこだわる障害者運動である。「差異派」は、「平等派」とは異なり障害者と健常者の差異がなお残り続けると想定した上で、差異の解消を求めるのではなく、むしろ差異を積極的に利用することで社会変革を目指す点に特徴がある。具体的には、青い芝の会等を指し、告発・対抗・要求といった運動スタイルを特徴とする。

倉本は、後者の「差異派」の運動戦略に注目し、とくに青い芝の会を取り上げる。そして、「平等派」が採用する社会的障壁の除去によって障害者と健常者の非対称性を解消する戦略の限界を指摘した上で、「差異派」による対抗的な運動のもつ可能性を評価する。青い芝の会が目指したのは「『内なる健全者幻想』から解き放たれ、肯定的な自己像を取り戻す」（倉本1999:228）ことであり、そのための戦略とは、「脳性マヒ者の身体とその行為にポジティブな意味を与えてくれるもう一つの文化を、彼ら／彼女らのコミュニティに創造」（倉本1999:228）することで、「個のレベルでは抗しきれない巨大な力に対し、いまひとつの求心点を新たに設け、その重力圏に飛び込むことで対抗していこう」（倉本 1999:228）とするものである。

ただし倉本はこうして「差異派」のもつ可能性を評価しつつも、その運動の帰結に目を向けるとき、その困難さも見据えなければならないと指摘する。倉本によれば、青い芝の会は、「新たに構築されるべき文化の拠りどころ」（倉本 1999:228）を欠き、また当時の時代状況とも相まって、「本来の目的である創造よりも対抗それ自体を優先させてしまうという陥穽におちいってしまった」（倉本 1999:228）と述べる。このような倉本による障害者運動のもつ対抗と創造の両義的な側面への評価は、障害者運動のもつ可能性への考察をより深めていくために重要な視点であるといえる。

障害者運動の可能性と限界を把握し直そうという倉本の問題意識は、星加良司による障害の社会モデルを理論的に捉える議論と通底している（星加 2007）。星加は、ディスアビリティを「制度的位相」と「非制度的位相」へと概念的に区分した上で、その両者の重なりとして捉える。すなわち、星加によればディスアビリティとは、「制度的位相と非制度的位相との関連における不利益の多重的な生成メカニズムによって産出されていく」（星加 2007:244-5）ものである。この場合、「制度的位相」は、「公的な制度や構造のように、明示化ないし固定化されたルールを介して与えられる制度的位相」（星加 2007:97）と定義され、「非制度的位相」は、「内面化した規範や他者の眼差しを通じて意識的・無意識的に生成されるような、自己抑制によって帰結する非制度的位相」（星加 2007:97）として概念化されている。星加による以上の作業は、障害者の被る不利益をより精緻に捉えることを可能とする点で有用である。

星加は、こうしたディスアビリティの概念に依拠することによって、その解消戦略を理論的に把握していく。すなわち、ディスアビリティが制度的位相と非制度的位相の連関を通じて生成されるものである以上、制度的位相における解消戦略だけでなく、非制度的位相における解消戦略もまた重要さを持つことになる。ここで星加は非制度的位相におけるディスアビリティの解消戦略として、ミクロな社会関係における「社会的価値」の組み換え（星加 2007:298）をあげる。それは、「マクロな社会構造の規定性に対して脆く、崩れやすい」（星加 2007:310）ものではあるが、「局所的に『社会的価値』が再編成され、そのことによって不利益の経験の一部が解消・緩和されたり、そうした解消に向けた働きかけが駆動されたりする可能性があることもまた事実」（星加 2007:310）である。

ここで注意が必要なのは、非制度的位相におけるディスアビリティの解消戦略が、制度的位相におけるディスアビリティ戦略に対して従属的な位置づけを与えられているように読める点である。一方で星加の議論は、先行研究では必ずしも十分に評価されていなかった非制度的位相におけるディスアビリティの解消戦略の重要性を、制度的位相におけるディスアビリティ解消戦略と関わらせながら理論的に把握した点において評価することができる。ただし、非制度的位相におけるディスアビリティの解消戦略のもつ重要性をより精緻に把握するという課題は、依然として残されている。とくに、障害者運動が障害者の公的領域へのアクセスと公的権利の獲得を優先し障害者の私的領域といった非制度的な領域を軽視してきたという評価を踏まえると（飯野 2020）、星加による非制度的位相におけるディスアビリティの解消戦略に対する視座は、障害者運動のもつ限界と可能性をより精緻に把握するためにさらに洗練されるべきものであると考えられる。

そこで、以上の星加の指摘の重要性を踏まえつつも、倉本の議論に立ち返ってみたい。先に述べた通り倉本は、ディスアビリティを解消する対抗的な運動の困難として、「対抗それ自体を優先させてしまうという陥穽」（倉本 1999:228）を指摘した。この意味を星加の理論的な作業と合わせて考えるならば、倉本の主張は、「新たに構築されるべき文化の拠りどころ」（倉本 1999:228）を欠いたディスアビリティの解消戦略が抱える危うさに関する問題提起として受け取ることができる。星加は、制度的位相におけるディスアビリティ解消戦略を重要視するあまり、非制度的位相におけるディスアビリティの解消戦略に対して従属的な位置づけを与えていた。だが、倉本の議論に立ち返るならば、非制度位相的におけるディスアビリティ解消戦略が「新たに構築されるべき文化の拠りどころ」（倉本 1999:228）を生み出すのであれば、制度的位相における解消戦略に劣らずなお重要である。

これらの議論が提示する課題は、制度的位相におけるディスアビリティの解消戦略のみに注目するのではなく、制度的位相におけるディスアビリティの解消戦略と、非制度的位相におけるディスアビリティの解消戦略の重層的なありようを捉えていくことの重要性である。本書ではこうした問題意識から、非制度的位相におけるディスアビリティの解消戦略を積極的に評価した上で、制度的位相および非制度的位相の双方の重層的な関係に着目しながら、ディスアビリティの解消戦略が可能になる基盤について考察を行い、障害者運動のもつ可能性をより豊かに把握していくことを目指す。

3-2 ライフストーリー研究による障害者運動研究への批判

第二の批判は、これまでの研究では対象とならなかった重度身体障害者以外の障害者の経験を明らかにする研究によって提起された。これらの研究は主に、従来の研究において中心的な対象であった重度身体障害者や障害者運動からは捉えることのできない領域を明らかにするために、多様な障害をもつ個人に焦点を当てる。この新しい研究潮流の特徴は、ひとりひとりの個別具体的な経験に徹底してこだわることで、集合的な取り組みによっては可視化されにくい差別経験を具体的に捉えることにある。新しい研究潮流はこの作業を通じて、従来の研究において障害概念が一面的に捉えられていたことを批判しながら、個人の経験する生きづらさを分厚く描く（秋風 2013、西倉 2009、矢吹 2017）。

この研究の出発点は、軽度障害者の生きづらさが、身体障害を中心とする機能制約の軽重によって評価されるために、十分に把握されていないことに対する批判にある。軽度障害者のライフストーリー研究は、こうした社会状況において軽度障害者が孤立しがちであること、さらに身体の機能制約を中心とする評価を強いられることによって軽度障害者が抱える生きづらさの経験が低く見積もられる点を批判したことに大きな重要性がある。

こうした研究が現れた背景には、社会構築主義を背景とした質的社会調査の方法論であるライフストーリー論（桜井 2002）の登場がある。差別研究に出発点を持つライフストーリー論は、軽度障害者の生きられた経験を個別の障害カテゴリーに還元せずに探究する社会調査を実施する方法論的な基盤となることで、障害をめぐる経験的研究の進展を大きく後押しした。ライフストーリー研究の成果は、個々人の生き方を丁寧に描くことで、従来の障害者運動、あるいは単一的な障害者像では見落とされがちであった問題経験、さらに制度的な変革のみではない差別に対する対処のありようを捉えることが可能となった点にある。ライフストーリー研究の意義は、ミクロな視座から当事者の経験を描き出すことにあり、とくに障害当事者の経験を従来の研究では難しかった多様性を踏まえて描いたことにある。本書でも以上の問題意識を継承し、活動場面や担い手のミクロ分析を通じて、X会という活動組織を単一的に表象するのではなく、組織内部における複数性を捉えることを目指す。

しかしながらこれらの研究は、差別を生き抜く個人の戦略を描くなかで、その個人の経験を支える集合的な営みや、差別を規定する社会構造をうまく捉えられないことに課題を抱えている。確かに、社会構造へ強く対抗する障害者・障害者運動からは捉えることのできない領域を個人の経験に焦点を当てることで明らかにするのは重要である。しかし、こうした視座はその反面で、社会運動に代表される集合的な営み、そして障害者を抑圧する社会構造と個別の経験の接点を設定することの困難を抱え込んでしまう。それでは、こうした課題にいかにして取り組むことができるだろうか。

3-3　障害の社会学的研究の理論的課題

こうした二つの先行研究群の成果と課題を踏まえた上で、本書は次の方向性を目指す。すなわち、あくまでもアクターの複数性が表出されるミクロな場面に定位しながらも、同時に、そうした複数のアクターによるミクロな実践が社会制度と多様な関わりを示す点を視野に収めながら、構造の変化と行為者の実践を結びつけていく。

こうした方向性を目指す本書にとって重要な先行研究のひとつが、要田洋江の研究である（要田 1999）。ここでは、こうした課題により早い時期に取り組んだ要田の研究を批判的に参照しながら、さらに本書の課題の考察を深めよう。

要田は、家父長制資本主義という視点から、日常生活世界における障害児とその家族に対する差別の経験を描き出し、さらにそうした差別を支える社会制度の分析を行った。要田は、障害者家族に注目することで、障害児の親が「差別される対象であると同時に差別する主体であるという両義的存在」（要田 1999:36）であることを見出す。そして、家族が障害者差別を生み出す国家および社会のエージェントである側面と、そうした差別の変革主体ともなりえる側面の両義的な位置づけにあることが、障害者家族の置かれた家父長制資本主義というマクロな構造がもつ規定性とともに明らかにされる。こうした要田の試みは、本書の方向性に照らし合わせると、ミクロな場面における差別と社会構造を切り離さずに描こうとする試みの先行事例として高く評価することができる。

しかしながら要田の研究は、障害者家族の捉え方が構造決定論的であることに課題を抱えている。要田の障害者家族の捉え方では、家族が障害者差別を経験する点については描かれているものの、そうした差別を変革していく動態的な側面が十分に捉えられているとは言い難い。こうした課題の要因は、経験的な調査の不足というよりも、要田の用いる理論的な設定にあると考えられる。あらかじめ家父長制資本主義という理論的な設定を行うことは、その構造による抑圧によって差別される存在として障害児／親を描き出す傾向を呼び込む危険性がある。そのため、差別されながらも差別を変えていくという動態的なプロセスを十分に対象化することができず、結果として構造決定論に陥ってしまう傾向があることは否めない[6]。

要田自身も指摘するように、ミクロな差別とマクロな社会構造の連関を論じるひとつの方法として、両者をつなぐメゾ領域に焦点を当てることが有用である。実際に要田は、その可能性を自助グループなどの市民社会のネットワークに求めた。ただし、要田自身はその後、考察をさらに展開することはなかった。この点を踏まえるならば、要田の研究の示す課題は、実証的な水準というよりも、理論的な水準にあるものと評価できる。そのため重要なことは、要田の研究を単に実証的な水準における課題として受け取るのではなく、ミクロな差別とマクロな社会構造の連関に関する分析視点についての理論的課題を提起した仕事として批判的に継承することである。それでは、こうした理論的な課題にどのようにして取り組むことができるだろうか。次節で障害をめぐる理論を考察する。

4　分析の視点——ミクロとマクロをつなぐために

こうした先行研究の成果を踏まえるならば、本書の課題は、アクターの複数性が表出されるミクロな場面をしっかりと視野に収めながらも、同時に、そうした複数のアクターによるミクロな実践が社会制度と多様な関わりを示す点を捉えることにある。それでは、こうした理論的な課題に取り組むための視座にはどのようなものがあるだろうか。ここでは、さらに障害の理論的な理解へと立ち返り、本書に即した課題設定を行うための理論を探究しよう。

4-1　障害の社会モデルの批判的検討と障害の政治／関係モデル——障害のポリティクス

障害をめぐる個人の経験と社会構造の接続に関する理論的課題を考察するにあたって、どのような理論的な視座が有用だろうか。この点を明らかにするために、障害というものの理論的な理解を深めることを目指し、一度、障害学の理論的成果を振り返ってみることにしよう。

障害学は、社会における障害に対する一面的な認識を批判する障害者運動の実践と深い関係を持ちながら、障害を理論的に把握する視座を探究してきた。こうした障害学の取り組みは、障害という現象を社会理論として定式化する作業を経て、障害の社会モデルという視点を生み出した。障害の社会モデルは、身体的機能の制約であるインペアメント（損傷）と障害者の経験する社会的障壁であるディスアビリティ（障害）をまず区別する。その上で、インペアメントがディスアビリティに結びつくとは限らないことを確認する。さらに、それにもかかわらず、もしインペアメントがディスアビリティに結びついている場合には、両者を結びつける何らかの社会的要因が存在すると捉える。障害の社会モデルが障害の認識転換に果たした意義は、ディスアビリティの成立根拠を、障害をもった個人ではなく、個人にディスアビリティを課す社会に求め、それを問題視する点にある。

　こうした理論化の背景には、障害学が障害の個人モデル／医学モデルと呼ぶ認識に対する障害学および障害者運動による批判的な視点が存在する。障害の個人モデル／医学モデルとは、障害者の抱える不利益の要因を、障害をもった個人の能力や機能によって引き起こされる問題として捉える視点である。こうした観点からは、障害者の抱える困難の解消方法として、障害をもった個人に対する治療やリハビリテーションによる医療的な働きかけが要請されることとなる。

　障害の社会モデルによれば、こうした障害の個人モデル／医療モデルの見方は、障害を個人の要因に帰属させること、またその解消を医療による治療に求めることで、結果として障害を正常性から逸脱および医学的な欠陥であるという規範を生み出す。したがって、障害の社会モデルからは、障害の個人モデル／医学モデルは批判されるべきものとして捉えられることになる。障害の社会モデルの意義は、障害の個人モデル／医療モデルの前提とする障害者本人への働きかけや個人的努力とは異なり、差別を生む社会を変革することによる障害をめぐる不利益の解消の方向性を示す点にある。

ただし、障害の社会モデルは障害に対する認識を大きく転換する成果をもたらした一方で、その誕生の当初から障害学内外における批判にさらされてきた。その中心的な論点は、障害の社会モデルが十分に障害者の経験を捉えられていないという批判である（Morris 1991、Coker1999、Crow1996）。とりわけ、障害の社会モデルがもつインペアメントとディスアビリティの二項対立的な理論設定がインペアメントの経験を把握することを妨げるという指摘は、障害の社会モデルの中心的な理論設定を問題にする点において重要な指摘である。

こうした批判に対して、障害学において二つの異なる反応があった。第一に、障害の社会モデルがもつインペアメントとディスアビリティの区分を曖昧にすることは、障害の医学モデルの拒否を困難にし、政治運動が優先すべき課題を不明確にしてしまうとして、障害の社会モデルの重要性を改めて強調する立場がある（Barnes 1998=2004:125）。第二に、現象学やポスト構造主義理論によって障害の社会モデルを拡張しながら、障害学の多元化を目指すより柔軟な方向性があった（Hughes and Paterson 1997、Shakespeare1994、Shakespeare and Watson 1997）。こうした障害の社会モデルをめぐる論争は決着をみることがないが、近年の障害の社会モデルに対する理論的評価に引き継がれている重要な論点を提出したといってよい（川越・川島・星加 2013、榊原 2016、堀 2014、飯野 2020、飯野・星加・西倉 2022）。

障害の社会モデルを中心とする従来の障害学を批判的に継承する動向は、英米圏を中心に2000年代にひとつのまとまった動向として形づくられ、「障害者の生きられた経験に固有の政治、厳格な唯物論の観点からは理論化することの難しい障害者のエイジェンシーを制約しうる複合的な社会文化的な諸要素」(Meekosha and Shuttleworth 2009:65) に焦点を当てる批判的障害学 (Critical Disability Studies) と呼ばれる研究潮流が登場した。批判的障害学は、批判理論に由来する「批判的」という言葉を掲げる通り、従来の障害学との緊張関係に大きな特徴をもつ。批判的障害学は、従来の障害学のもつ人権をベースとしたリベラルな枠組み、および障害の社会モデルの限界を指摘し、従来の障害学がどのような障害を排除しまた特権化していたのかを批判する。ただし、批判的障害学は「障害学」であるように、あくまでも障害学を捨て去るのではない。グッドレイによれば、「批判的障害学は、障害学の基本的な視座に依拠する一方で、ポストコロニアル理論、クィア理論、フェミニスト理論と結びついた新しく変革的なアジェンダを統合することを支持する人々が位置する領域」(Goodley 2016:190-191) である。とくに、フェミニズム理論と障害学との接続を試みるフェミニスト障害学、およびクィア理論による障害学への批判的な取り組みであるクリップ理論は、こうした動向の中心を占める重要な研究潮流である。

こうした動向のうちとくに本書にとって重要なものは、障害の社会モデルによる問題提起、そして障害の社会モデルに対する批判の双方を批判的に継承するアリソン・ケイファーの取り組みである (Kafer 2013)。ケイファーは、障害の社会モデルに代わり、障害の政治/関係モデル (political/relational model of disability) という視座を提出する。そのねらいは、障害の社会モデルを障害をめぐる複雑な経験へと開くこと、またこのことを通して障害を異なる仕方で想像することにある。そこでまず、ケイファーによる障害の社会モデルに対する批判を確認しよう。

第一に、ケイファーは、障害の社会モデルが前提とする障害への医学的介入の拒否を退ける。障害の政治/関係モデルは、障害への医学的介入を拒否する障害の社会モデルとは異なり、障害への医学的介入を直ちに拒否することはしない。しかし同時に、障害への医学的介入は決して自明なものではなく、身体的な差異に対する医学による表象、診断、治療が規範を構成するイデオロギーと深く結びついていると考える。ここでケイファーのねらいは、障害の医療モデルを拒否しつつ――障害を脱政治化するという意味において医学モデルはすでに政治的である――、障害者の複雑な経験――たとえば、慢性的な痛みの治癒を望みながら同時に障害者としてアイデンティティを持ちたい、障害者とともにありたいという望み――を認識する可能性を開くことにある。

第二に、ケイファーは、障害の社会モデルがもつインペアメントとディスアビリティの二項対立的な理解がもたらす限界を批判する。ケイファーがここで示す論点は、以下の3点である。1点目は、インペアメントを身体的機能の制約とみなし社会的障壁としてのディスアビリティと区分することで、インペアメントを社会的なコンテクストから切り離してしまうことである。すなわち、なにがインペアメントとされるかは、社会的なコンテクストに依存している。2点目は、障害の社会モデルが痛みや疲労といったインペアメントの生きられた経験を看過することである。このことはケイファーにとって、その帰結として医学的介入や治癒を望む障害者を周縁化することにつながり、したがって障害をめぐる集合的な営みの可能性を縮減する点において問題含みである。3点目は、障害や健常身体性といった概念が、インペアメントを伴う人だけでなく全ての人に影響する過程の把握を困難にすることである。ここでは、老化への不安、平均よりも身長が低い子どもへの「治療」といった事例や、さらに障害者の友人、家族もまた健常主義的な態度や障壁に影響されることなどが挙げられる。

第三に、ケイファーは障害の社会モデルが前提とする「障害者(disabled)」と「非障害者(nondisabled)」という固定化された図式を批判する。とりわけケイファーは、米国の障害者運動がさまざまな差異を捨象してきたと捉えた上で、「障害者(disabled)」と「非障害者(nondisabled)」の対立的な理解がその要因であると考える。ただし、ケイファーが慎重に述べるように、こうした二項対立を解体することは、差異をまとめ上げることによって達成されるわけではなく、むしろ異なった身体および精神がどのようにして異なって取り扱われるかにより注意を払う必要がある。

ケイファーがここで障害の政治／関係モデルを提示する際に「政治」と表現するのは、障害を「政治」的な文脈に埋め戻すことの必要性である。ここで「政治」には、シャンタル・ムフが述べるように特定の制度、ないしは特定の社会領域に限定されるものではなく、言説やイデオロギーといった幅広く人々の存在的条件を決定づけるものが含意されている。ケイファーのねらいは、障害の脱政治化を拒否することだけでなく、アクティヴィストによる取り組みを通じた変更可能性を開き、障害を集合的な再想像による変革に開かれた地点として捉えるためである。したがって、障害の政治／関係モデルは、障害を歴史的、政治的な文脈に位置づけることで、「批評され、争われ、変形される、実践と連合の配置」（Kafer 2013:9）として捉える。こうしてケイファーは「政治」を強調することで、障害に付与された自明な想定を批判し、障害を異なった意味へ開こうとする。

したがって、障害の政治／関係モデルのねらいは、従来の社会モデルでは捉えきれない、障害が置かれた歴史的あるいは政治的な文脈を、その動態とともに捉えようとすることにある。たとえば、どのような障害をめぐる状況が社会政策的な介入となるのか。その介入の方法や効果はどのようなものなのか。あるいは社会政策による介入に対して、障害者運動がいかにして対抗するのか、しないのか。こうした点は、たぶんに政治的である。こうした点を踏まえて、障害の政治／関係モデルは、障害という現象が具現化される場面を関係論的に捉えることで、インペアメント（損傷）とディスアビリティ（障害）を固定的な二項対立の構図として理解することをいったん退ける。その上で、障害の生産や変更を、「政治」を含めた多様な社会関係のもとでせめぎあうものとして把握していく。

本書が目指すのは、複数の実践や制度が絡み合う同じ構図の下であっても、ある時は障害が可視化されたり、逆にある時は不可視化されたりすること、またそうした複数の実践や制度が織り成す力学に対するX会の活動が、ある時は対抗して作用したり、またある時は逆に補完として作用したりするといった状況依存的で動態的なプロセスを明らかにすることである。したがって、本書にとってケイファーが提起する関係論的な視座は有用であると考えられる。

それでは、ケイファーの政治／関係モデルを通してどのような障害者と健常者の関係形成に関する社会学的分析が可能だろうか。本書が目指すのは、障害者と健常者の関係形成のあり方を、社会構造の変化と行為者の実践を結びつけながら動態的に明らかにすることである。こうした分析のためには、社会構造と行為者を結びつける概念である権力について、いま一度考える必要がある。

そこで本書は、ミシェル・フーコーの権力論（Foucault 1976=1986）を参照し、ケイファーの障害の政治／関係モデルの関係主義的な含意を補うことで、障害の政治／関係モデルを援用する。フーコーの権力論を参照するのは、ケイファーの関係論的な視座とも親和的でありつつ、複数の実践における権力作用の二項対立的な図式に収まらない複雑な働きをより豊かに捉えることを可能とするからである。

フーコーによれば、権力とはそれが働く領域に内在する無数の力関係である。言い換えると、権力とは、状況を構成すると同時に、権力それ自体がその領域の構成要素であるようなものである。すなわち、「権力という語によってまず理解すべきだと思われるのは、無数の力関係であり、それらが行使される領域に内在的で、かつそれらの組織の構成要素であるようなもの」（Foucault 1976=1986:119）である。

こうしたフーコーの見方によれば、ある特定の状況における社会関係に内在する権力作用は、必ずしも法による主権権力、資本主義的な経済的権力による抑圧としてのみは捉えられない。さらに、権力とは、ある社会制度や社会構造に還元されるものでもなければ、ある特定の人が有している特権でもない。「権力とは、一つの制度でもなく、一つの構造でもない。ある種の人々が持っているある種の力でもない。それは特定の社会において、錯綜した戦略的状況に与えられる名称」(Foucault 1976=1986:120) である。

こうした性質を持つ権力は、単に行為者のふるまいを制限する単純なものではない。権力とは、ある主体を形成したり、あるふるまいを引き出しつつそのあり方や領域を限定するといった多様な効果を持つものである。すなわち、「監視し、見張り、不意をつき、罰するだけのものであるなら、おそらく権力は軽々と容易に解体されるであろう。しかし、権力は人々をそそのかし刺激し生産するのである。権力は単に耳と眼ではない。それは動かし語らせるのである」(Foucault 1977=2006:230)。

フーコーの視座を障害の政治/関係モデルに援用することで、ある特定の状況において働く複雑な権力作用の諸相を捉える視座が開かれる。そこで本書は、ケイファーの障害の政治/関係モデルとフーコー権力論の含意を踏まえ、障害を歴史的、政治的な文脈に位置づけながら、障害が「批評され、争われ、変形される、実践と連合の配置」(Kafer 2013:9) を明らかにするという理論的な視座を用いる。とくに本書では、この理論的な視座を「障害のポリティクス」と呼び、障害をさまざまな実践のせめぎあいの場として捉え、障害が介入されたり変更されたりする歴史的、政治的な文脈に埋め戻しながら理解する作業を通して、「障害のポリティクス」を明らかにすることを課題とする。

以上を踏まえて、本書では、東京都多摩地域における障害をめぐる教育政策、福祉政策、地域社会の再編成における障害者と健常者の関係形成のありようを、X会を交点とした障害をめぐる多様な実践による働きかけとして読み解くことに取り組む。こうした作業を通して、障害者と健常者の関係形成のあり方をその構造的な規定性とアクターの主体性との動態的な連関とともに把握するとともに、障害のポリティクスを明らかにする。

4-2　社会政策と社会運動をめぐる「中範囲の理論」
——社会制御システムという視点

以上の障害学の理論を踏まえつつも、さらに本書に即して課題を具体的に把握するためには、より対象との関連の高い、中範囲の理論を設定する必要がある。この点について、本書では、舩橋晴俊が社会学における理論的対象として形成した「社会制御システム」の概念からそのエッセンスを取り入れることにしたい。環境問題研究に長く従事してきた舩橋は、「社会制御システム」という考え方を、地域開発の現場に働く多様な力関係を理論化するという文脈で深めた。その分析的なねらいは、地域開発によって引き起こされる環境問題を、単なる社会運動のみの分析でもなく、また行政機構のみの分析でもなく、生活者から計画の策定者にいたるまでの多様な主体間の利害や価値の競合する重層的な過程として把握することにある。

本書は、障害の政治／関係モデルのもつ理論的な含意を重視した上で、舩橋の理論をそのままの形で援用するのではなく、本書の対象を動態的なプロセスとして把握するための分析的視点へと深めていく。障害のポリティクスを明らかにすることを目的とする本書にとって、舩橋の理論のもつミクロ領域とマクロ領域を横断しながら対象を重層的に把握する分析の視点は、理論的枠組みの考察に有用である。以下では、「社会制御システム」の理論的な含意を踏まえた上で、それを本書に即した形で生かすための作業へと取り組む。

はじめに、舩橋の「社会制御システム」について確認しよう。舩橋によれば、「社会制御システム」とは、「社会計画」[7]と「社会運動」[8]の相互作用の総体である。「社会制御システム」は、市場との対抗性をもちながら、市場のもつ限界を補い、また市場を批判し更生する機能を持つ。すなわち、「市場の失敗」を政策的介入によって克服するのが「社会計画」であり、「社会計画」がもつ「政府の失敗」を批判し更生するのが「社会運動」である。[9]

本書にとって、社会計画と社会運動の両義的な関係性を捉える舩橋の視点は、有効である。なぜなら、本書で把握しようとするのは、学校週五日制の導入という長期的な見通しをもつ政策が養護学校という学校教育の現場へもたらす影響と、その影響に対する保護者と教職員による集合的な対応という局面における、社会政策と社会運動の対抗的でありかつ相補的な関係性である。1990年代における新自由主義的な行財政改革を背景に持つ教育政策・福祉政策領域における変化は、X会という独自の地域活動を引き起こす。X会の活動は、学校週五日制の導入を契機とした障害児の公的な場の獲得およびノーマライゼーションの実現を通じた公的権利の獲得という点で、社会運動としての性格を強く持っていた。しかしX会の活動は同時に、社会政策による対応を部分的に代行しまた両者の決定的な対立を回避することを通して政策の実施を可能とした点において、計画・政策側の意図とも結果として共振する面を有していた。

この意味で、全体の動向は、ちょうど舩橋が扱おうとした社会計画と社会運動の両義的な関係性という特質をもっていた。したがって、本書においては、社会計画と社会運動の考察をそれぞれ個別に行うのでなく、双方の関係性をその対抗性および相補性を含めて同時に捉える必要があり、この考察を可能とする点に「社会制御システム」の視座の有用性がある。

ただし舩橋の理論は、社会計画と社会運動の相互作用という視点を提起するものの、その社会計画と社会運動の把握に仕方については、課題もある。舩橋の理論は、社会計画と社会運動の対抗性という前提のもとで両者をリジッドな機能をもつものとして規定するために、両者の対抗的かつ相補する関係については明解に論じることができるものの、それ以外のより複雑な関係については把握することが難しい。とりわけ、本書の対象とする1990年代以降の新自由主義的な政策動向のなかでは、多様なアクターの主体的な取り組みを動員するような、より複雑な統治と抵抗の関係が出現している(渋谷 2003、仁平 2015)。そのため、こうしたより複雑な関係を捉えていく必要性を踏まえるならば、舩橋による社会計画と社会運動の関係性を対抗と相補性という枠組みのみによって捉えることには限界もあるだろう。

以上の点について明らかにするには、社会計画と社会運動の相互作用という視点は引き継ぎつつも、その関係を読み解くにあたっては、フーコー権力論を踏まえ障害の政治/関係デルの視座を援用することが有用である。この視座によれば、権力とは、ある制度や構造やアクターの所有物ではない。むしろ、そういった諸々の実践や制度が複雑に絡み合う関係に内在するものであり、そうした具体的な諸力を関係的に捉える点にこの視座のもつ有用性がある。多様なアクターの実践および社会制度のせめぎ合いの効果として「社会計画」および「社会運動」が立ち上がること、そしてこうした「社会計画」と「社会運動」がさらに多様なアクターの実践に影響を与えていくこと、本書の理論的な関心はここにある。

したがって、本書は障害の関係／政治モデルに立ちその関係主義的な視座を引き継ぎながら、船橋の「社会制御システム」を中範囲の理論として設定する。本書に即して用いれば、それは船橋の設定したような演繹的・機能主義的な理論というよりも、特定の状況におけるそれぞれの関係を描く関係主義的な視点に基づき、対象から帰納的に導き出された仮設命題群として中範囲の理論となる。すなわち、市場・社会計画・社会運動の対抗性と相補性について、あらかじめあるシステムや領域をリジッドに設定し、このことを前提とした上でそれぞれの領域およびその領域間の関係性が形成されるという見方はとらない。むしろ本書は、市場・社会計画・社会運動を、それぞれの対象とするイシューおよびや社会経済的条件によって、すなわち「特定の社会において、錯綜した戦略的状況」（Foucault 1976=1986:120）において、歴史的に変化しながら絶え間なく再編成される動態的な連関として捉えていく。

5　本書の分析課題

本書では、以上の分析の視点を踏まえ、多様なアクターによる実践と教育政策・福祉政策の展開の相互交渉の過程に着目しながら、障害者と健常者の関係形成が行われる動態的なプロセスを明らかにする。このために、本書では、X会を中心的な対象としながら、アクターの経験というミクロレベルの分析と、それを取り巻く教育政策・福祉政策といったマクロな動向に規定される地域社会というメゾレベルの分析を結びつけながら考察を進めていく。この作業を通して、障害者と健常者の関係形成に関わる多様なアクターが、地域社会といったメゾレベル、および教育政策・福祉政策といったマクロレベルにおける社会構造との間で、ときに対抗的ときに相補的な効果を結果的に出現させること、それと同時に、広義の社会的制御がアクターの自発的な取り組みを基盤として多元的に作動しうることを、一つの仮説として検証していきたい。本書は、以上の点を明らかにするために、以下の関連する二つの課題に取り組む。

分析課題①：1990年代以降における新自由主義的な行財政改革を背景にもつ教育政策と福祉政策、およびそれとの共変動としての社会運動の対立、連携、妥協といった相互交渉の展開は、障害者と健常者の関係形成にかかわるどのような構造的な制約と可能性をもたらしたのか。

分析課題②：こうした社会政策と社会運動の展開の帰結としてもたらされた構造的な制約と可能性は、障害者と健常者の関係のあり方をどのように再編成したのか。とりわけ、関係性のあり方を枠づけようとする構造的な力学と、個々の社会的な文脈における関係のありようのせめぎあいのなかで、どのような障害者と健常者の関係性が創出されているのか。

分析課題①について、本書では、多様なアクターの実践が教育政策・福祉政策の展開とどのような関係を切り結んでいたのかを明らかにする。このために、X会の形成過程および活動の展開のプロセスを、それぞれのアクターの視点と教育政策・福祉政策の変化の相互交渉に着目しながら、メゾレベル分析を行う。

X会は、養護学校における学校週五日制の導入という形で現象した社会変動を端緒としながら、保護者や教員といった多様なアクターの相互の結びつきのなかから結果として形成された。では、多様なアクターはなぜ結びつくことができたのか。また、なぜそうしたアクターの結びつきは地域活動の形成へと帰結したのか（第2章）。

以上の経緯から形成されたX会は、活動の場を学校から地域社会へと移してゆく。そのなかで、学校では出会うことのなかった地域住民やボランティアといった異なるアクターと新たに関係を切り結ぶ。さらに教育政策・福祉政策の新たな展開に合わせて活動の形態を柔軟に変化させ、自らの望む社会のありようを構想し形を与えようとした。では、X会の活動の場が学校から地域社会に移すプロセスにおいて、なぜX会は地域社会へと活動の場を移すことができたのか。そのプロセスにおいて、多様なアクターはいかにして結びついたのか。またこうしたアクターとの結びつきは、どのような特性を活動にもたらしたのか。そのプロセスにおいて教育政策・福祉政策の変化はどのような役割を果たしたのか（第3章）。

分析課題②について、多様なアクターによる実践と教育政策・福祉政策の変化の相互交渉の展開は、構造的な制約および可能性として帰結し、障害者と健常者の関係のあり方をある一定の方向へと枠づけようと働きかけていく。ただし、こうした構造的な力学が障害者と健常者の関係のあり方を一様に決定するわけではない。というのも、障害者と健常者の関係性をある一定の望ましさの基準をもとに枠づけようとする構造的な力学は、常に個々の社会的な文脈における実践を通して作動するからである。そのため、障害者と健常者の関係形成のあり方は、構造的な力学と個々の社会的場面における実践との絶えざるせめぎあいとして存在している。では、関係性のあり方を枠づけようとする構造的な力学と、個々の社会的な文脈における関係のありようのせめぎあいのなかで、どのような障害者と健常者の関係性が創出されているのか。このことを、X会の活動のミクロ分析から明らかにする。

X会の活動は、障害者・家族・指導員・支援者・ボランティアといった多様なアクターが集まることで成立している。本来ならば、それぞれは個別のアクターであり、必ずしも結びつくわけではない。では、なぜ多様なアクターは、X会の活動を介して結びつくことができたのか。X会が組織内部に多様性なアクターによる参与を確保するしくみはどのようなものなのか（第4章）。

さらに、こうしたX会の活動を介して結びついた多様なアクターは、X会の活動において、障害者と健常者の非対称性を乗り越えながら、それぞれの生活における関係のあり方とは異なる関係性を形成しようとする。それでは、そのような関係のあり方はどのようなものだろうか。また、それはX会のどのような実践から生み出されるのか。X会の音楽活動に着目しながら、多様なアクターによる関係性の創出過程を明らかにする（第5章）。

以上の二つの分析課題に取り組むことで、本論全体として、障害者と健常者の関係形成が行われる動態的なプロセスについて、アクターの経験というミクロレベルの分析、およびそれを取り巻く地域社会や教育福祉政策の展開といったメゾレベルの分析を結びつけ、社会政策および社会運動が複合的に作用しながら、両者のせめぎ合いのなかで関係性が編成される点を明らかにすることを目指す（終章）。

第2章　東京都多摩地域における学校週五日制の導入と地域活動の展開

——1990年代における東京都立立川養護学校の実践

1　はじめに

第2章および第3章を通して、1990年代以降における新自由主義的な行財政改革を背景にもつ教育政策・福祉政策およびそれとの共変動としての社会運動の対立、連携、妥協といった相互交渉の展開が、障害者と健常者の関係形成にかかわるどのような構造的な制約と可能性をもたらしたのかを明らかにする。

本章の目的は、1990年代の障害をめぐる教育政策の変化と地域社会による対応について、東京都立立川養護学校（以下、本章では立川養護学校とする）で行われた取り組みを対象として、東京都多摩地域における養護学校への学校週五日制の導入とその対応をめぐる一連の過程を明らかにすることである。本章では、とくに立川養護学校における保護者と教員の取り組み、学校週五日制の導入に対する地域活動の取り組み、そして東京都社会教育行政の対応に注目する。

学校週五日制の導入にあたって、立川養護学校は、1989年11月から1991年度の3年間、文部省（当時）の調査研究協力校（全国68校）のひとつに指定された。そこでは、障害児の置かれた社会状況をめぐって教員や保護者が議論をしながら、地域活動を開始するという実践があった。

知的障害者の活動についての研究は、知的障害者に関わるそれぞれの団体に注目しながら、その取り組みの内容を明らかにしてきた。具体的には、手をつなぐ親の会などの自助グループ（津田 2006）、障害者青年教室（井口・橋田 2016）、日本教職員組合（澤田 2003・2007・2008・2010）について蓄積がある。また、近年では養護学校（堀 2016）についても蓄積がある。本章では、これらの研究動向を引き継ぎながら、養護学校に着目してその活動の展開を明らかにするものである。

このような研究動向において、本章の意義は、１９９０年代における障害児の教育をめぐる状況について、東京都における養護学校の取り組みに着目しながら明らかにすることにある。１９９０年代前半は、養護学校義務化や国際障害者年を背景とした障害児教育の変化と、学校週五日制という形をとって現れる新たな社会変動のなかで、多様なアクターが相互交渉を通じてそれまでの関係性を再編成する時期であった。本章は、立川養護学校の取り組みを対象として、１９９０年代において、障害児、保護者、教員、行政機構といった多様なアクターが学校週五日制の導入という出来事をめぐって、相互の関係性を再編していく動態的なプロセスを明らかにする。

以上の課題に取り組むために、本章は、次のような構成を取る。以下では、対象と方法について述べた後（2節）、学校週五日制導入以前の社会的背景を確認する（3節）。続いて、立川養護学校の取り組みを対象として、学校週五日制に対する保護者および教員の反応を明らかにする（4節）。さらに、学校週五日制の導入への対応について、保護者と教員による地域活動の取り組み、および東京都社会教育行政の展開を明らかにする（5節）。最後に、本章をまとめる（6節）。

2 対象と方法

本章の中心的な対象である立川養護学校は、1967年、小学部3学級、中学部3学級、高等部2学級、合計86名の児童生徒をもった精神薄弱養護学校として開校した。東京都においては、青島養護学校（1957年青鳥中学校から改称）、王子養護学校（1965年）、八王子養護学校（1966年）に続く都立4番目の精神薄弱養護学校であり、その開校は、精神薄弱養護学校の設置推進を背景としている（東京都教育委員会 1977）。また、同校のPTAも1967年に創立されている。その後、立川市から府中市への校舎の移転に伴い2004年から都立武蔵台養護学校と校名を変更し、さらに特別支援教育体制への移行とともに2007年から武蔵台特別支援学校、2012年から学校改編（都立久留米特別支援学校府中分教室の移管）に伴い知的障害教育部門（本校）と病弱教育部門（東京都立小児総合医療センター内の分教室）を併置する都立武蔵台学園となり、現在に至る。

本章で取り上げる学校週五日制の導入と、立川養護学校は深い関わりをもつ。学校週五日制の導入にあたって、文部省（当時）は、学校週五日制の教育現場への影響を明らかにするために、１９８９年度から「社会の変化に対応した新しい学校運営等に関する調査研究」の一環として学校週五日制の調査研究に着手した。具体的には、１９８９年の8月に、「社会の変化に対応した新しい学校運営等に関する調査研究協力者会議」を発足させるとともに、同年の12月には、検討に必要な実証的な資料を得るため、９都県に所在する68校の学校を調査研究協力校として指定し、１９９０年度から月1回または月２回の学校週五日制を試行して実践的な研究を行ってきた。その調査研究協力校のうち、精神薄弱校の養護学校として選ばれたのが、立川養護学校であった。なお、全国68校の調査研究協力校のうち、養護学校など特殊学校は６校で、そのうち精神薄弱校は立川養護学校のみであった。

立川養護学校の児童・生徒および教職員数について、調査研究協力校となった１９９１年度の教員数と児童生徒数は表2-1および表2-2の通りである。重要な点は、立川養護学校が、当時の状況において「大規模学校」（金沢 1991:64）であったことである。なお、児童生徒は、近隣8市より通学しており、とくに児童福祉施設「滝乃川学園」より22名の高等部の生徒が通学していることが特徴である。また、学校へ通う児童生徒の通学のためのスクールバスが3台運行していた（立川養護学校 1992:4）。

本章の目的を達成するために、筆者は、資料調査とインタビュー調査を行った。本章では、資料調査によって収集されたデータを中心的に用いるが、事実の補足や資料の文脈を補うためにインタビュー調査の聞き取り結果を一部使用する。

表2－1　児童生徒数

学部		小学部	中学部	高等部	合計
学級数		11（3）	10（3）	18（2）	39（8）
生徒数	一般	38	35	117	190
	重複	6	9	9	24
	計	44	44	126	214

※（）内は重複学級

表2－2　教職員数

校長	教頭	養護教諭	教諭			嘱託員	事務	栄養士	主事		合計
			小	中	高				用務	給食	
1	1	2	19	18	42	1	6	1	3	4	98

資料調査については、業界誌および行政資料を渉猟した。日本教職員組合の教員の見解については、日本教職員組合機関誌『教育評論』を使用し、全日本教職員組合の教員の見解については、全国障害者問題研究会（全障研）機関誌『みんなのねがい』、および全日本特殊教育連盟機関誌『発達の遅れと教育』を使用する。また、社会教育行政の展開を明らかにするために、社会教育関係誌『月刊社会教育』、東京都教育庁の発行した報告書、東京都教育庁および東京都立多摩社会教育会館発行の資料を用いる。

ただし、立川養護学校の事例は学校週五日制の導入の調査研究協力校として唯一の精神薄弱校だったこともあり、以上の雑誌に限らず多様な媒体において当時の養護学校の教員が立川養護学校の事例を紹介しているため、立川養護学校の事例を扱ったその他の資料についても、必要に応じて収集した。また合わせて、新聞についても全国紙を渉猟し、立川養護学校および学校週五日制に関連するものを収集した。

資料調査と並行して、立川養護学校の元教員に対するインタビュー調査を行った。インタビュー調査の目的は、以上の資料からは明らかにならない事実を補足することである。

3 学校週五日制の導入の背景

立川養護学校は、学校週五日制の導入にあたって、1989年11月から1991年度の3年間、文部省の調査研究協力校（全国68校）のひとつに指定された。本節では、立川養護学校の取り組みを明らかにする際の前提として、学校週五日制の導入をめぐる教育政策の展開と、1980年代における立川養護学校において障害児の置かれた状況を確認しておこう。

3-1 学校週五日制の導入をめぐる教育政策の展開

学校週五日制の導入をめぐってどのような教育政策の展開があったのだろうか。ここでは、主に北川邦一の研究（北川 1992）に依拠しながら、学校週五日制の導入の経緯を記述する。

はじめに確認しておかなければならないことは、学校週五日制の導入が、必ずしも中央省庁のみによる教育政策として展開したわけではないことである。実際に、1980年代における中央省庁における本格的な導入をめぐる政策展開が起こる以前に、教職員組合は学校週五日制の導入に向けた取り組みを行なっていた。

日教組は、１９７３年第43回定期大会（前橋市）において、学校週五日制を実施する方針を提起した。その方針は、「教員の労働時間短縮・週休二日制欲求から出発するものであったが、教育論としては、①子ども・青年のゆとりの実現、②子どもと青年の学習権保障、③自主性・創造性の育成、体力育成等を課題として掲げ、④広範な父母、国民の一致した教育欲求に基づくことを要件」（北川 1992:2）としている。また、文部省も国家公務員の週休二日制の実施が予測される中で、学校週五日制の検討を行っていた。ただし、この時点では自民党文教部会が反対の姿勢を示すなど、学校週五日制が実現することはなかった。

学校週五日制の導入に結びつく政府方針が出されるのは、臨時教育審議会（84年8月–87年8月）においてである。とりわけ、本格的な政府方針が提出されたのは、１９８６年４月23日の臨教審第二次答申であり、ここに生涯学習体系への移行と学校週五日制への移行が言及された。以後の審議会や答申では、第二次臨時教育審議会における議論が、学校週五日制の根拠として引用されるようになる。ただし、日教組の提起した子ども・青年のゆとりの実現や学習権保障という意図はここでは明確ではない。むしろ、週休二日制という社会的な動向を背景としながら、家庭や地域の活性化を目指すものであった。さらに、学校週五日制の実施の方法についても、具体的には言及されていない。

もっとも臨時教育審議会は、教育制度改革に関して直接の成果をあげたとは言い難い。とくに、その方針の実現をめぐって文部省の抵抗が強かったことに加えて、その課題が初等中等教育の改革にあったことも大きかった。ただし、教育改革の手段としての規制緩和や民営化などに代表される自由化論がその主張の中核をなしていたのは、重要な変化であった（大嶽 1994）。

こうした政府の方針の転換のなかで、文部省もまた学校週五日制の導入に向けた取り組みを進めていく。文部省の諮問機関である教育課程審議会（当時）は、1985年9月に文部省から諮問を受けると、学校週五日制についても重視して審議を行った。教育課程審議会は、その審議の当初において、学校週五日制の導入を1992年新教育課程の実施とともに月2回土曜日を休業日とする方針を固めていた。教育課程審議会は、1986年10月20日の中間まとめ「教育課程の基準の改善に関する基本方向について」において、子どもの教育という観点から見た学校週五日制の積極的な意義として、①学校教育や子どもの生活の社会情勢、とくに週休二日制を含む国民生活との調和、②子どもの生活のゆとりの醸成、③家庭における親子の触れ合い、④地域における種々の活動による望ましい人間関係の形成を指摘している。

ただし、学校週五日制の導入の決定以前の段階において、これからの政策的な取り組みは、必ずしも国民による支持を得ていたわけではなく、この点は学校週五日制の導入のあり方に対して一定の影響を与えることになる。総理府が86年に実施した「学校教育と週休二日制に関する世論調査」によって、国民の大多数6割以上（ただし幼稚園では5割強）が学校週五日制に反対であることが判明すると、自民党文教関係幹部が従来の学校週五日制反対の立場を再び明確化した。こうしたなかで、教育課程審議会は、総理府の調査結果を踏まえた上で、87年12月24日の答申では当初の方針を軟化させ、学校週休二日制については漸進的な導入とし、また実施にあたって調査研究を進めることとした。

教育課程審議会の答申を経て、文部省は、１９８８年２月25日に「青少年の学校外活動に関する調査研究協力者会議」を、次いで１９８８年７月25日に「教員の週休２日制・学校週５日制に関する省内連絡会議」を設置する。そして、１９８９年８月29日に「社会の変化に対応した新しい学校運営に関する調査研究協力者会議」を発足させ、さらに１９８９年12月に「社会の変化に対応した新しい学校運営等に関する調査研究協力校実施要項」を定めると、学校週五日制の導入にあたっての調査研究を指定校において行う運びとなる。こうして立川養護学校における調査研究が始まることとなった。

学校週五日制の導入をめぐる調査研究が行われるなか、自民党文教部会は１９９１年８月６日に「学校５日制に関する小委員会」の初会合を開き学校週五日制の検討を進め、92年度中に公務員の完全週休五日制実施する政府全体の動きに促されると、当初は反対を掲げていた学校週五日制の導入に応じるようになった。そして、１９９２年２月20日文部省「社会の変化に対応した新しい学校運営に関する調査研究協力者会議」は最終報告書「社会の変化に対応した新しい学校運営等の在り方について（審議まとめ）」を公表し、それに沿った形で１９９２年３月23日「学校教育法施行規則の一部を改正する省令」（文部省令第４号）が交付され、１９９２年９月１日から第二土曜日の休業日の実施がされることとなった。その後は、段階的な実施となり、１９９５年から第二土曜日に加えて第四土曜日が休業日となり、さらに２００２年には毎週土曜日が休みとなり完全な週五日制の実施となった。[10]

以上で明らかにした通り、学校週五日制の導入をめぐる教育政策の展開過程は、日教組、文部省、自民党といった必ずしも一致しなかったアクターが、１９８０年代において立場を揃えていく過程であった。１９７０年代前半において、日教組は教員の労働時間の短縮という出発点から、また文部省は公務員の週休二日制の将来的な実施を見据えながら、学校週五日制に取り組もうとしていた。しかし、この時点においては、自民党文教部会が反対するという構図を取っており、実現は難しかった。その後１９８０年代になると、臨時教育審議会が発足したことを契機に、学校週五日制の実施が現実味を帯びるようになった。もっとも学校週五日制の導入をめぐるアクターは強い一致を当初から示していたわけではなく、とくに国民および自民党文教部は必ずしも、賛成を示していなかった。しかしながら、こうした点は、調査研究の実施、および政策の漸進的導入を条件することなどを通したアクター間の関係調整を経て解消され、最終的には自民党文教部も応じる形となり、学校週五日制が実施されることとなった。

さらに、学校週五日制の導入は、基本的には週休二日制の実施という労働問題に端を発して推進された側面をもつ（樋口 2015）。そのため、その導入をめぐる過程において学校週五日制の内実が、学校教育の現場の視点から捉えられていたとは言い難い。のちに述べるように、この点に鋭く反応したのが、立川養護学校の保護者であった。とりわけ、以上の一連の展開において、障害児の置かれた状況が考慮されていたとは言い難い。この意味で、立川養護学校の保護者および教員による学校週五日制の導入に対する反対の表明は、こうした学校週五日制をめぐる政策過程の展開のあり方にも起因していた。

3-2　学校週五日制の導入以前における障害児の置かれた教育状況

それでは、学校週五日制の導入が政策的に進められる時期において、障害児は教育においてどのような状況に置かれていたのだろうか。立川養護学校における保護者と教員による取り組みを理解するために、ここでは学校週五日制の導入以前に障害児の置かれた教育状況を簡単に確認しておこう。

はじめに、障害児の教育における教育状況について、全体の動向を確認しておこう。原田玄機によれば、戦後日本における知的障害児教育の処遇の歴史的推移は、精神薄弱児教育の在籍率[11]、就学免除者、就学猶予者、養護学校在籍児童生徒、特殊学級在籍児童生徒数の変化を基準として、以下の3つの時期に区分することができる（原田 2019）。

第一は、1973年ころまでの「全体の増加と特殊学級への分離の時期」（原田 2019:58）である。1970年代初頭までは特殊学級の在籍児が急激に増加し、これにともなって精神薄弱児教育の在籍率も急激に増加する。ただし、特殊学級の在籍者数の伸びに比べて、就学免除・猶予の人数の減少は緩やかだった。また、養護学校義務化以前のこの段階において、養護学校の在籍者は、就学免除・猶予と比較しても圧倒的に少ない状況である。

第二は、1973年ころから1990年ころまでの「全体の減少と養護学校義務化の時期」（原田 2019:59）である。全体の動向としては、精神薄弱児教育の在籍率は減少していく。そのなかで、1970年代に養護学校在籍者数が大幅に増加し80年代も増加傾向が続く。そして、就学猶予・免除者が1970年代からに大幅に減少していく。他方で、これまで増加してきた特殊学級の在籍者数は減少に転じることになった。

第三は、1990年代以降であり、「特殊学級も養護学校在籍者も増加する時期」（原田2019:59）である。精神薄弱児教育の在籍率は、1991年度および1992年度に底をついたのちに再度上昇し、2006年度の時点で一貫して上昇を続けている。また、在籍者数については、養護学校は1994年度に最低となり、また特殊学級は1996年度に最低となっているが、その後は一貫して上昇し続けている。

こうした全体の動向を踏まえると、学校週五日制が導入される時期は、第二期「全体の減少と養護学校義務化の時期」と第三期「特殊学級も養護学校在籍者も増加する時期」の転換点に位置していたことがわかる。学校週五日制の導入をめぐる教育政策の変化の中心的な部分は、1980年代半ば以降に進行していた。その一方でそうした政策形成の背後では、障害児の教育をめぐる状況は、養護学校在籍生徒児童が増加するとともに、精神薄弱児教育の在籍率は減少を続けており、学校週五日制の実施される1992年において精神薄弱児教育の在籍率は底をついた。ただし、その後は精神薄弱児教育の在籍率は上昇を続けていくこととなり、養護学校および特殊学級の在籍者も一貫して上昇し続ける局面に移行する。もっとも、前節で明らかにした通り、学校週五日制の導入がこうした障害児教育の変化を踏まえていたとは言い難く、両者は直接的な影響関係を持ってはいなかった。ただし、学校週五日制の導入の時期が、結果として障害児教育の変化と重なっていたことに、当該時期の持つ重要性があった。

それでは、こうした全体の動向のなかで、学校週五日制の調査研究協力校となった立川養護学校の教育現場はどのような状況だったのだろうか。立川養護学校は、養護学校義務化以前の1967年という東京都では比較的早い時期に設立されたという独自の歴史的経緯がありつつも、その後は養護学校義務化をめぐる全体の動向の影響を受けていた。

まず、児童生徒数について簡単に確認しておこう。立川養護学校は、東京都において4校目に設置された精神薄弱校という歴史的経緯があるため、1979年における養護学校義務化より前の時点において、一定の人数が在籍していた。1973年に、東京都教育委員会は就学希望者の全員就学を表明し、文部省もまた養護学校義務化の政令予告通知を出すと、翌1974年度には小12、中6、高6の計24学級の合計202名が在籍することとなり、1973年度の179名より大幅に増加する。さらに、養護学校義務化1979年時においてすでに、小学部10、中学部7、高等部10学級の合計27学級214名が在籍している。こうした状況に加えて、1980年代は、養護学校義務化および障害児の高等部進学の流れの影響を受け、在籍児童生徒数が従来と比べて大幅に増加してく時期であった。とくに、1984年に高等部に重度重複学級が1学級認定されると児童生徒数は234人となり、前年1983年の208名から人数が大幅に増えた。1986年時には、小学部10、中学部10、高等部12学級の合計32学級254名となり、人数はピークを迎えた（東京都立立川養護学校1990）。

こうした児童生徒数の推移は、学校教育現場における施設の過密化として現象することとなる。

1980年代は、養護学校の施設の不十分さが指摘され、とくに学校の過密化が社会問題化していた。立川養護学校は、東京都における障害児の養護学校の高等部への進学が高まりとともに、その施設の過密化が深刻な学校の例として全国紙において紹介されている（『朝日新聞』1986年4月6日朝刊）。

養護学校がパンク状態　働き口狭まり、高等部へ進学熱　東京

知恵遅れの生徒に門を開いている養護学校高等部への進学熱が高まり、東京では、教室不足でパンク状態になるところが続出、七日からの新学期を前に間仕切りで教室を増やすなど急場しのぎに大わらわだ。こんな詰め込みでは、国際障害者年のうたい文句の「ゆきとどいた教育」にはほど遠い、と現場の教師らが訴えているが、用地不足などで校舎増はままならず、解決はずっと先になりそうだ。

東京の都立養護学校は三八校。うち今春新設の二校も含む二〇校の高等部で知恵遅れの子どもを受け入れている。対象は、義務教育を終えた一五歳以上の生徒。選抜制を取る例が多い他県と違い、希望者は全員入学できる。都全体で昨年六九〇人を数えた入学者が、今年は予測よりずっと多い八一〇人になった。過去最高。どの学校も、教育効果を考えて一クラス一五人の小編成なので、たちまち教室が足りなくなった。

昨年より一クラス分の生徒が増える中野養護学校（中野区）では、同じ校舎にある小学部の一室を防音壁で仕切り、半分を高等部の教室にあてる。

やはり一クラス増の立川養護学校（立川市）は、もっと深刻。同居の小、中学部の子どもも増えて学校全体が手狭になり、春休み中の突貫工事で、校長室、小学部音楽室など四室を普通教室に改造した。校長先生は、広さが半分以下の、日当たりもよくない控室へ引っ越し。しわ寄せを受けた各室が納まる二階建てプレハブ校舎を急いで秋までにつくることになった。

これまでも各養護学校は児童、生徒の増加のたびに図書、理科、言語訓練室などを普通教室に転用してしのいできたが、今春さらに転用が加わり、こうした特別教室が都内全体で四九教室も欠ける結果となった。

高等部への入学者が急増した背景には、知恵遅れの生徒の働き口が中小企業の省力化などで一層、狭まっていることがある。「親の側にも、社会の荒波にさらす前に、ハンディの分だけ長く、教育の場にわが子を置いておきたいとの気持ちが強い」と、経験四〇年近い養護学校長は話していた。

養護学校高等部には来年以降も入学者が増え続ける見通し。しかし、六五年までに新しい養護学校を三校つくるという都教委の計画は、用地難などで足踏みしている。現場の先生からは「介助にすごく手のかかる子から勉強がある程度できる子まで一緒に教えるので、学級人数は少ない方がいい。それなのに、東京は、国の基準より六人多い一クラス一五人のまま。ギュウ詰めで、不測の事故が起きないかといつも心配です」との声もあがっている。

（『朝日新聞』1986年4月6日朝刊、傍線は引用者による）

障害児教育の全体の動向を背景とした養護学校における児童生徒数の増加に対して、個別の現場では、そうした状況に対する施設が十分に整備されていなかった。こうしたひずみは、東京都立立川養護学校の教育現場において施設の過密化という形をとって現象し、ひとりひとりの教員や障害児に対して負担を与える状況が発生していた。とりわけ、この記事が記載された1986年度は、立川養護学校において児童生徒数が最も多かった年度である。学校週五日制が導入されようとしたのは、こうした障害児をめぐる厳しい教育現場の状況に対してであった。

立川養護学校は、こうした状況に置かれながら、文部省による学校週五日制導入の調査研究協力校としての実践を行うこととなる。それでは、学校週五日制の導入を、保護者や教員はどのように受け止めたのだろうか。

4 学校週五日制に対する保護者および教員の反応

学校週五日制の調査研究協力校であった立川養護学校では、保護者と教員が協力しながら地域活動へ取り組むことになった。では、なぜそのような取り組みが生まれたのか。本節では、保護者および教員が学校週五日制をどのようにして受け止めたのかを明らかにし、さらにそうした反応の帰結を明らかにしよう。

4-1 保護者の反応——PTAによる学校週五日制に対する強い反対

立川養護学校の保護者は、学校週五日制をどのようにして受け止めたのだろうか。ここでは、はじめに保護者の学校週五日制に対する賛否の全体像を、立川養護学校の実施したアンケートを参照して明らかにする。次に、保護者のなかで積極的な取り組みを行ったPTAの主張について、要望書等を参照しながら明らかにする。

(1) 保護者の全体としての賛否

立川養護学校に在籍していた児童生徒の保護者は、学校週五日制をどのようにして受け止めたのか。この点を明らかにするために、ここでは、立川養護学校によるアンケートを参照しよう。立川養護学校が学校週五日制の研究成果をまとめた報告書『社会の変化に対応した新しい学校運営等に関する調査研究（学校週5日制研究報告書）』（東京都立立川養護学校 1992）には、立川養護学校の行った保護者に対する2回のアンケート（第1回1990年5月16日、第2回12月14日実施）の結果と、東京都心身障害者学校PTA連合会が実施した学校週五日制に対するアンケートのうち立川養護学校の保護者の意向の集計結果が記載されている。学校内で行われたアンケートとあって、必ずしも精緻なデータとはなっていないが、ここから保護者の全体の動向をうかがうことができる。ここでは、学校週五日制についての賛否が直接聞かれている立川養

表2-3　第2回アンケートの回答数と回収率（立川養護学校 1992:18）

学部	回答者	配布	回収率
小学部	37	44	84.10%
中学部	37	44	84.10%
高等部	98	139	70.50%
合計	172	227	75.80%

表2-4　「⑤その他学校週五日制についての意見」への回答（立川養護学校 1992:19）

	小学部	中学部	高等部	全体
賛成	11%	11%	5%	8%
条件付賛成	30%	14%	11%	16%
反対	3%	3%	8%	6%

※この割合は、回答者 172 人のうちの割合である。
※回答の数値は、％の値のみの記載であり、実数値は記載されていなかった。

護学校が実施した第2回アンケートを参照しよう（表2-3、表2-4）。

以上のアンケートは、正確さに欠けるものではあるものの、「賛成」、「条件付賛成」、「反対」の意見の割合や分布やその内容を知ることができる。ここでは、以下の点を指摘しておこう。

第一に、「賛成」および「条件付賛成」が割合として多く、「反対」は少数であった。全体の傾向を見てみると、「賛成」8％および「条件付賛成」16％を合計する24％が学校週五日制に概ね賛成であるのに対して、「反対」はわずか6％であった。ただし注意すべきなのは、ここで「条件付賛成」として紹介された意見には、「行政にも働きかけが必要」、「常に母親のみが負担とならないように真剣に考えていきたい」、「平日の授業時間を延ばしてほしい」といった主張が存在し、実際には「条件付賛成」が学校週五日制に対する批判的なニュアンスを多分に含んでいることである。このため、少なくとも学校週五日制の導入に対する「賛成」が多数であったとも言い難い。

第二に、学部ごとに違いを見てみると、小学部・中学部において「条件付賛成」がやや中学部が少ない点を除いて、違いはない。重要なのは、小学部・中学部に比べ、高等部において「賛成」・「条件付賛成」の割合が低く、むしろ「反対」の割合が高いことである。その実数は定かではないが、高等部の人数は、小学部・中学部の合計よりも多く、立川養護学校全体のおよそ60%を占めるため、その影響力は大きかったと思われる。なお、この点について、当時の立川養護学校の教員は、「身体も大きくなって外につれだすことが母親の力だけでは難しい状況は、やはり高校生に多いのだ」（川口1992:52）と述べ、保護者のケアの負担が学校週五日制の賛否と関連する可能性を指摘している。

第三に、しかしながら、回答の割合を全体としてみると、むしろ「賛成」、「条件付賛成」、「反対」といった特定の項目に回答しなかった層が圧倒的に多いことがわかる。報告書には、「その他」「無回答」といった項目が記載されていないため正確な数値は不明なものの、表に記載された以外の％を仮に「その他・無回答」と考えると、小学校53％、中学部72％、高等部76％、全体70％が「その他・無回答」となる。

全体70％が「その他・無回答」である要因を特定することは難しい。ただし、学校週五日制が導入される経緯を踏まえて、一つの解釈の可能性を示唆することはできるだろう。これまで述べた通り、学校週五日制の導入に向けた政府による本格的な取り組みは1986年の臨教審第二次答申まで現れず、その後はすぐに1989年11月の調査研究となり、1990年に本アンケートの実施となる。そのため、多くの保護者にとって、学校週五日制の具体的な形は必ずしも明確ではなかったというのが実情だろう。以上の点を踏まえると、「その他・無回答」の多さは、ほとんどの保護者が態度を決めかねていることを示していると考えることができる。

以上で明らかにした通り、保護者の学校週五日制に対する反応は、必ずしも一枚岩ではなかった。「賛成」および「条件付賛成」は「反対」を大きく上回るものの、「条件付賛成」に含まれる学校週五日制に対する批判的なニュアンスを考慮すると、「賛成」が多数派であったとも言い難い。その内訳も一様ではなく、小学部・中学部に比べ、高等部において「賛成」・「条件付賛成」の割合が低く、「反対」の割合が高いことがわかった。ただし、「その他・無回答」が全体で70％を占めるなど、保護者自身が態度を決めかねているというのが最も大きな潮流だったことが推察される。

(2) ＰＴＡによる反対

以上で確認したように、学校週五日制に対する保護者の反応は必ずしも一枚岩ではなかった。しかしながら、保護者の一部は学校週五日制の問題点を鋭く捉え、反対を早い時期から表明していた。とりわけその中心がＰＴＡであった。

では、ＰＴＡはどのような反対をしていたのだろうか。その主張について、ＰＴＡが提出した要望書を中心に、他の資料も合わせて参照しながら、明らかにしよう。

立川養護学校ＰＴＡが学校週五日制について文部省および東京都教育委員会へ提出した要望書（川口 1992a:56）がある。この「要望書」は、学校週五日制の実施にあたって、「試行に協力してきた保護者の立場から障害児が抱える諸問題」（川口 1992:56）を述べたものである。要望書は全体を通して、学校五日制という制度改革が、障害児の置かれた実情に即していないことを指摘しながら、学校週五日制による公的な教育の削減に反対を示している。

この要望書にあるＰＴＡの主張について、以下の特徴を指摘しておこう。

第一に、学校週五日制の導入が障害児の置かれた状況にそぐわないという批判的な視点である。学校週五日制は、労働問題を背景として政策課題となり、その目的として子どものゆとりの醸成、家庭における親子の触れ合い、地域社会における活動の充実を掲げていた。こうした学校週五日制の趣旨に対して、ＰＴＡの提出した要望書は障害児の置かれた状況を具体的にあげながら、鋭く批判している。

要望書では、とくに障害児およびその保護者の生活困難が述べられている。ひとつには、障害児は「母子密着」の生活を送っており、「現在でも下校時刻が早く、年長の子ども達は時間を持て余しているのが現状」である。さらに、学校週五日制の導入による地域社会における活動の充実については、要望書では「地域活動もままならず（場所・人等）地域からはじき出されている状態」と述べられており、その結果、保護者の負担がさらに増し、障害児の自立が促されなくなることを訴えている。こうして保護者は、障害児を育てているその生活感覚から、

東京都立立川養護学校 PTA「学校五日制に関する要望書」(川口 1992:56)

学校五日制に関する要望書

都立立川養護学校 PTA

私達の子供が在籍する立川養護学校は、文部省の「学校週五日制研究指定校」の指定を受けて三年目になりました。休業日試行の状況については学校からの報告書等でご存知の事と思いますので、私達は試行に協力してきた保護者の立場から障害児が抱える諸問題について聞いて頂きたいと思います。

私達はこの「学校五日制」の発端は労働問題であると把握しています。しかし私達は障害を持つ親の子の立場から、この子供達にとっての学校の役割という面から考えていきたいのです。学校五日制来年度実施が、非公式ながら発表されて居りますが、私達は、この教育制度が大きく変わろうとしている時に関わる当事者として、発言権を与えられた者としての責任を重く感じています。今、この時こそ私達の子供の実態・実情を訴え、行政に正しくとらえて頂き「学校五日制」の実施にあたっては、障害児に対しての特別の配慮・対策をお願い致します。

＊地域活動・学校開放各々学校の先生方の協力を得て、継続して試行してきましたが、場所・施設の確保のみでなく「人」の確保が最も必要で難しい事を実感しました。親の力中心では、個々の負担が重すぎて、長続きさせるのは困難です。
＊学校しか行く所の無い子が現実として数多く存在しているのです。学ぶ・遊ぶ・その他生活の全ての部分を学校で体験しています。地域活動もままならず(場所・人等)地域から弾き出されている状態では学校しか社会性を学ぶ場がありません。
＊現在でも下校時間が早く、年長の子供達は時間を持て余しているのが現状です。
＊障害児の多くは常に母子密着の状態の生活を余儀なくされています。休日が増えるとこの度合いは益々大きくなります。このことは、母親の負担が増すとともに、子供の自立が促されないことになります。
＊共働き家庭での子供への対応。
＊父親不在の家庭(母子家庭・単身赴任・父親の職場が五日制でない等)では負担は全て母一人にかかってしまいます。

休業日の試行を通して、公的な教育が削られることに対しては現在以上の公的なものが準備されていない状態で「学校五日制」を受け入れることは出来ないと確信致しました。

公的なシステムを作り、制度改革のしわ寄せが弱者にかかることの無いように養護学校には手厚いご配慮を切にお願い申し上げます。

学校週五日制を実施する際の積極的な意義が障害児の場合については当てはまらないと批判的に捉えているといえる。

　第二に、学校週五日制が、学校教育という障害児の生活を支える重要な公的な社会制度の削減として捉えられている点である。要望書は、障害児に対して学校教育がもつ重要性を強調する内容となっている。具体的には、「学校しか行く所の無い子が現実として数多く存在」すること、また「学ぶ・遊ぶ・その他生活の全ての部分を学校で体験」している現状を指摘する。その上で、要望書は、学校週五日制の導入を通じて公的に保障された重要な場が削減されることに対して批判をしている。

　要望書が指摘する障害児にとっての学校教育の重要性を理解するためには、立川養護学校ＰＴＡが障害児全員就学運動に積極的に関わっていた背景を踏まえる必要がある。教員は、調査研究協力校にあたった際の説明を保護者に行った際に、ＰＴＡに関わる保護者からあがった声を、以下のように紹介している。


　いままでは週六日あった学校が、五日に減らされるということは、教育機会の削減であって、障害児全員就学からの後退だ！（平井 1992a:32）

　学校週五日制の導入は、単なる公的な資源の削減、あるいは障害児の生活困難といった現実だけが問題なのではない。それは、ＰＴＡに関わる保護者にとって、障害児に保障されていなかった権利を獲得した障害児全員就学運動の成果を奪われることをも意味していた。したがって要望書の内容を理解するためには、学校という公的空間のもつ生活上の重要性と歴史的な意義の双方を合わせて踏まえておく必要がある。

以上で明らかにしたように、立川養護学校のＰＴＡは学校週五日制に対する強い反対を表明していた。保護者全体の動向としては、学校週五日制の導入に反対である保護者は必ずしも多数派でなかった。しかしながら、学校週五日制が障害児の生活の実情に即していないこと、さらに養護学校の学校という公的空間のもつ生活上の重要性と歴史的な意義が、ＰＴＡを学校週五日制の導入に対する強い反対へと導いていった。

4−2 教員の反応――学校週五日制の容認と保護者への共感のはざまで

それでは、立川養護学校の教員は、学校週五日制をいかにして受け止めたのだろうか。また、ＰＴＡの学校週五日制に対する要求に対してどのような反応を示したのか。ここでは教員による学校週五日制への基本的な認識と、保護者の批判に対する反応を明らかにする。

(1) 学校週五日制の容認

全体像をうかがうことは難しいが、少なくとも学校週五日制をめぐる教員の姿勢もまた一枚岩とは言い難かった。文部省による調査研究協力校の実験についての教員の反応は、「積極的

賛成　身体的にも精神的にも休みが欲しい」、「条件付賛成　学校開放だけでなく地域で指導する体制を」、「積極的反対　現状では家庭以外に子供が安心して過ごせる場がない」といった意見の相違があった（春口 1992c:41）。

こうした教員内部の相違もありながらも、立川養護学校は、学校週五日制の調査研究協力校の指定を受けることになった。学校週五日制に対する立川養護学校の立場について、当時の立川養護学校校長は次のように述べている。

学校週五日制の問題はさけて通れない時代の課題であり、この際はひらき直って、積極的に対応策を検討すべき時期に来ていると考えている。（金沢 1992:21）

学校週五日制に対する強い反対を示していたPTAとは異なり、教員は、学校週五日制を日本社会における週休二日制の動向から提起された不可避の潮流として捉え容認している。その上で、教員は、文部省主導という色合いの濃い調査研究協力校をあえて積極的に受け入れることで、「地域に生きる障害児が、それぞれの地域で理解され、受け入れられる場を作り出すチャンスとしてとらえ、これを機会に大いに発言をしていく」（金沢 1992:22）方向を目指して、学校週五日制の試行を行った。

（2）保護者への共感

以上のように教員は、概ね学校週五日制を容認していた。ただし、教員はＰＴＡを中心とする学校週五日制への強い反対にさらされてもいた。こうした状況において、教員は学校週五日制に対する保護者の反対をどのようにして受け止めたのだろうか。

立川養護学校の一部の教員は、学校週五日制を容認しながらも、保護者の立場に共感を示しながら、学校週五日制を引き受ける方途を模索するようになる。とくに、日本教職員組合に所属していた教員、および全日本教職員組合に関わっていた教員が、母親に共感を示した上で、地域活動への取り組みを積極的に推進していくことになる。

日本教職員組合に所属するある教員は、保護者の学校週五日制への反対に対して、地域社会からの疎外という点に関して共感を示し、これまでの自らの運動の課題の延長線上の問題として学校週五日制の課題へと取り組んでいった。

立川養護に在籍している子どもの母親の「子どもにとって、一番近いはずの地域が、じつは一番遠い存在になっているんです」という発言は、グサリと私たちの胸をうつ。「障害」をもっている子どもたちが、現実の地域社会に生きつづけることを前提にするならば、彼らをとりまいている差別的事実は、その地域に住む人びとの、日常的なぶつかりあいのなかでしか解決する場はありえないと考え、「どの子も学区域の学校へ」と主張しつづけてきた前任校（八王子養護）時代、子どもたちと地域とのかかわりを模索してきた私たちであるが、強制異動で転勤を強いられ、学校総体としての活動を、新しい場所で根づかせるまでにはなっていない。(川口 1992:50)

以上のように、この教員は、前任校であった東京都立八王子養護学校[12]において、障害児と地域社会の課題に取り組んでいた。この教員が述べるように、障害児の多くは、自分自身が居住する地域社会にある学校に通うのではなく、バスや電車で地域社会とは離れた養護学校に通っていた。そのため自らの所属する地域社会から疎外されている状況があった。こうした経験は、地域社会での疎外を語る立川養護学校の母親への共感への基盤となり、学校週五日制という局面においても、地域社会において障害児が生きる場を作ることに取り組む必要性を訴える。

ただし、教員と保護者が一致して学校週五日制の課題に取り組んだというわけではない。実際には、教員と保護者の間には、ずれもまた存在していた。とりわけ、教員の立場からは、保護者の学校週五日制に対する反対は、日本教職員組合が運動として取り組んできた教育改革の重要性への不理解として捉えられた。

保護者との話しあいも、養護学校の保護者として、問題をえぐりだしていくために、学校と協力してとりくむことが確認され、具体的な試行に入った。しかし、この段階での保護者の意識は学校週五日制は労働・経済界の労働時間短縮に伴なう条件整備の一環として要請されているという感が強く、けっして、肥大化している学校教育の役割を見直し、学

校・家庭および地域の教育力の適切なバランスを図る契機としてとらえようとするものではなかった。（川口 1992:51）

もっとも、保護者が学校週五日制に反対する理由は、母親の負担と子どもの自立という生活課題が主だったため、日本教職員組合の運動と目標を共有しないことも無理のないことだった。また、ＰＴＡの保護者は障害児全員就学を肯定的に捉えていたこともあり、この点は、この教員が持っていた八王子養護学校における共生教育運動の経験とは異なる点もあったと推測される。

次に、全日本教職員組合に所属していた別の教員の事例を見てみよう。この教員は、保護者による学校週五日制の反対に対して、自身が取り組んできた障害児全員就学運動の論理を見出し、保護者に対して共感を示している。

「家族との触れ合いの時間を増やす、などというが、障害児は今でも触れ合いどころか、母子一体の状態なのです。家庭では時間を持て余し、放っておけば常同行動。学校だけが人間関係や経験を広げ、活動を保障される場なのです」という意見は、本校保護者の少なくない声であった。

私たちも、こういう意見には正直まともに反論できなかった。なぜなら、わたしたち障害児教育関係者は、上の意見と同じ論理で、障害児の就学運動を進めてきたのだったから

である。（平井 1992b:80）

さらに、こうした保護者の反対は、教員によってノーマライゼーションという理念的な次元における取り組むべき課題へと積極的に位置づけられていく。この教員は、就学運動の成果と国際障害者年の意義を確認した上で、学校週五日制の課題を障害児の地域社会における学習機会および社会参加の保障として位置づけている。

障害児教育発展の歴史的経過を辿ると、障害児全員就学の実現によりそれまで教育の対象外とされてきた子どもたちにも学校教育を保障されるまでにはなってきている。しかし、それはいまだ学校という限られた場での学習保障だけにすぎない。これからの課題は、地域のなかに学習し、生活する場を拡大していくことにある。という認識を私たちがもっているからである。それは、国際障害者年がめざした「完全参加と平等」＝ノーマライゼイションへのひとつの接近だと思うからである。（平井 1992b:82）

学校週五日制に反対した保護者は、必ずしも教員と同じくノーマライゼーションを掲げていたわけではない。保護者による学校週五日制に対する反対は、就学運動の成果を踏まえたものではあるものの、どちらかといえば自らの置かれた個別具体的で切実な生活困難に端を発していた。この意味で、教員と保護者の学校週五日制に対する立場は、容認と反対という違いだけではなく、学校週五日制を現実的な課題として捉えるのか、あるいは思想的な課題として捉えるのかといった認識の水準の違いも含まれていた。

また、別のある教員は、教員自身が障害児を通して母親と関わっていた経験からも、保護者に対して共感を寄せている。

「子どもたちはどうする?」週休二日制の実現を期待する心のかたすみで私たちが共通に感じた痛みである。長期休業中や放課後の過ごし方に頭を悩まし、悪戦苦闘している母親たちの実態を知っているだけにその思いは消すことのできない課題として私たち教員の胸に根を下ろした。(春口 1992b:38)

保護者と教員という異なる立場であれ、学校週五日制の導入に際して、長期休業や放課後の過ごし方をめぐって悪戦苦闘する母親の姿は、教員に対して、「子どもたちはどうする?」という「共通の痛み」をもたらす。こうして、学校教育の現場において障害児の課題を共有していた経験は、教員が保護者への共感を示す基盤ともなっていた。

立川養護学校の教員は、学校週五日制の導入を容認しつつも、学校週五日制の導入に反対する保護者による批判にもさらされていた。しかし、両者はただ対立していたわけではなく、教員が保護者に対して一定の共感を示していくようになる。ここで重要なことは、保護者と教員が、異なった立場を取りつつも学校週五日制の実施に伴う課題を緩やかに共有していたことである。[13]それぞれの教員が保護者へ共感を寄せる理由は様々であり、また保護者と教員の間には学校週五日制の受け止め方をめぐるずれもあった。そのなかで教員は、養護学校と地域社会の関係のあり方の問題として、障害児全員就学運動やノーマライゼーションという課題として、教育現場における母親たちとの経験の共有を基盤とした「共通の痛み」として、保護者へ共感を示していく。

4-3 地域活動の形成

ここまで、学校週五日制の導入に対して、保護者と教員が対立やずれを含みながら立場を共有してくプロセスを明らかにしてきた。さらにこうした保護者の学校週五日制の導入に対する反対の声と、教員による学校週五日制の容認と保護者への共感は、立川養護学校における地域活動の実施へと結びついていく。それでは、立川養護学校における地域活動の取り組みとは、どのようなものであったのだろうか。立川養護学校における調査研究協力校としての取り組みを明らかにしていこう。

最初に、立川養護学校における学校週五日制をめぐる取り組みについて確認しよう（表2-5を参照）。立川養護学校が学校週五日制の導入の調査研究協力校に指定されたのは、1989年11月から1992年3月までである。初年度である89年11月から90年3月は、次年度以降の研究の予備期間として、主に体制づくりに重きが置かれ、学校内組織の確立やPTAとの協力関係が確認された。

1990年度は、学校開放活動を中心とした活動が行われた。具体的には、第二土曜日の休業日が年に10回施行された。そのうち、7回にわたって学校開放が計画され、人数が少なかった1回を除いて実施された。学校開放は、PTAが主催し、教員はそれに協力しながら、リトミックやスポーツ、調理などの活動を行った。また、自宅対応（5月12日および2月9日）とした日は、教員が全員出勤し討議を行った。さらに、3月9日に三市（立川、国立、国分寺）においてはじめて地域活動を実施し、この実践が地域活動の最初の実践となる。なお、教員は、10回の休業日試行の2回の全体討論を除いた8回について分担し、ひとり1～2回は職免として参加し、他は研修とした。

1991年度は、本格的な地域活動の取り組みが始まった。具体的には、年に14回施行された。第二土曜日には5市（立川、国立、国分寺、府中、日野）で地域活動が合計9回にわたって行われ、第四土曜日に学校の施設開放が合計5回にわたって行われた。地域活動の実施にあたっては、教員は、三ヶ月に1回の活動参加となった。内容は室内レクリエーションであり社会福祉協議会よりボランティアが派遣された。傷害保険として児童生徒および教員に対して、民間の任意保険が適用され、その費用はPTAが負担した。また、スクールバスは学校活動ではないとの理由によって廃止され、多くの場合は保護者の付き添いが必要とされた。そのため、家族の同伴が必要だったことから、重度の障害を持つ子どもの参加が少なく、むしろ教育熱心な親が子どもを参加させていることが多かった（春口 1992c、1995）。

表2−5　東京都立立川養護学校による学校週五日制の試行内容

年度	活動の中心	施行の内容
1年目 (1989年11月～1990年3月)	組織づくり	・PTA組織に学校五日制特別委員会を置く。 ・校務分掌として、学校五日制委員会を置く。 ・合同の委員会で協議しながら試行を進める。
2年目 (1990年度)	学校開放活動を中心	・月1回第二土曜日に実施。年10回実施。 ・主催・企画はPTA学校週五日制特別委員会。 ・教員は輪番でボランティア参加(年2～3回) ・活動内容は、リトミック、調理、スポーツ等。
3年目 (1991年度)	地域活動を中心	・月2回、第二土曜日と第四土曜日に実施。年14回実施。5市に分かれて、地域活動実施。 ・企画を教員が行う。準備、運営は共同で行う。 ・全教員が5市に分かれて、月別の当番を決める。 ・活動内容は、地域の公民館等公共施設を使っての調理、工作、野外活動（市内めぐり、動物園、博物館見学等）等々。

(春口1992bをもとに筆者作成)

以上のように、立川養護学校の保護者と教員は、学校週五日制の導入をめぐり、自主的に地域活動を組織することで、学校週五日制の導入の対応を進めていった。それでは、学校週五日制の対応をめぐって、なぜ地域活動という対応が選ばれたのだろうか。以下の3点を指摘しておこう。

第一に、当初行っていた学校開放活動は、保護者および教員から以下の二つの問題点が指摘された。一つには、学校開放活動への参加者が一割強と少ないことであり、活動を続けるなかで企画側に疲労感が残り継続が難しくなった点である。とりわけ、学区が広範に渡るため遠方から参加することは難しく、さらに保護者の同伴が必要な児童生徒にとって、学校開放はあまり現実的ではなかった。二つめは、学校開放活動が地域社会の現状を変えていくこととつながらない点である。学校開放は、活動の場所を養護学校に限定してしまうため、地域社会や社会を変えていくことに結びつかないばかりか、むしろ地域行政の対応の遅らせる危険性があると捉えられた。こうした試行の取り組みを踏まえて、学校開放ではなく、各地域における地域活動の必要性が認識された（春口1992c）。

第二に、地域社会において障害児が生活する場が不十分であるという地域社会の状況があった。そして、そのなかでは既存の資源を活用するというよりも、むしろ地域活動を通して障害児の生活の場を自ら作り上げる必要性があった。当時の立川養護学校に在籍する児童生徒が在籍するうちの6市（立川市、国立市、国分寺市、日野市、小平市、府中市）の状況について、学校週五日制の調査研究協力校として調査にあたった結果について、次のような記述がある。

社会教育関係では、青年教室（各市）及びこどもクラブ、福祉関係では、通所訓練事業（すみれの家、いろりん、いもっこ、あすなろ、E.T.、あゆみ訓練センター）があり、有料の教室が学習塾、スイミングなどあります。この中で高等部の生徒が利用できるのは青年教室と通所訓練事業です。小、中学生が利用できるのはこどもクラブです。青年教室はボランティア不足でどの市も充分な対応ができていません。通所訓練事業は、定員がありますので誰もが利用できる訳ではありません。こどもクラブは、全くのボランティア依存ですから運営が不安定です。公的な場としては学童クラブや児童館などがありますが職員体制の不十分さなど条件整備が出来ていないため殆ど利用されていません。一応学校外活動としてあげてみましたが学校週5日制に対応できる場として期待できる状態ではありません。

（東京都立立川養護学校学校週5日制地域研究会 1990:5）

この記述が示すように、社会教育においては、青年教室および「こどもクラブ」は、基本的にボランティア不足であり、十分な対応ができない。また、福祉関係では事業所の数が6箇所と少ないことに加えて、定員制があり人数に限りとメンバーシップが発生するために、必ずしも利用しやすいものではなかったことがわかる。学童や児童館などそのほかの公的な場についても、およそ職員体制が不十分であり、状況は同様であった。そのため、地域社会に障害児を受け入れる素地はなく、自ら地域活動を組織する必要があった。

第三に、保護者および教員内部の利害の調整という側面があった。前述の通り、学校週五日制をめぐる障害児の公的場所を確保するという保護者の切実な要望に応える必要がある方で、立川養護学校の教員は学校週五日制の導入については一枚岩ではなく、同時に教員の休みを確保する必要もあった。そうしたなかで、地域活動という対応方法をとることで、学校週五日制の導入に関わる障害児の対応を行いながらも、教員は3回に1回の活動参加とすることで、教員の休みを確保するという現実的な側面があった（2018年9月6日東京都立立川養護学校元教員への聞き取りより）。

以上で明らかにしたように、立川養護学校では1989年度の組織づくりを含めた準備と1

990年度の学校開放を得たのちに、1991年において5市（立川、国立、国分寺、府中、日野）において地域活動が始められた。そこでは、教員が企画しながらPTAが主催するという形をとっていた。また、地域活動を始めた背景には、学校開放の抱えていた限界、障害児が利用することができる地域社会における資源が限られているという当時の地域社会の状況、そして保護者と教員内部の利害調整という側面があった。

5　学校五日制の導入に対する社会教育行政による対応

以上のように、立川養護学校では学校週五日制に対する反対を契機として地域活動がはじまった。ここで重要な点は、単に自主的に地域活動が形成されたことではなく、そうした活動が東京都教育庁による社会教育行政という公的制度と結びついていくことにある。学校で始まった地域活動は、次第に学校を離れ活動の場を地域社会に移すと、行政に要望を出すことで公的資源を獲得し、さらに地域社会のボランティアと出会いながら活動を発展させていく。

それでは、立川養護学校の地域活動は、なぜ社会教育行政と結びつくことができたのか。また、そうした東京都の社会教育行政はどのように展開したのか。さらに、地域活動は学校週五日制の導入後どのように展開したのだろうか。以下、それぞれ明らかにしていこう。

5-1　地域活動と社会教育との結びつき

立川養護学校の保護者と教員による自主的な取り組みとしての地域活動は、教員を中心とした働きかけによって社会教育制度へと結びつくことになる。学校週五日制を契機とした地域活動の取り組みは、なぜ社会教育としての位置づけを求めたのか。

当時の立川養護学校の教員は、地域活動を積極的に社会教育制度へと位置づけていくための働きかけを行なっていた。当時の教員は、「学校週五日制の趣旨が地域の教育力拡充にあるのなら、当然行政もその方向で具体的施策を検討すべきである」（春口 1992b:19）と考え、自主的な取り組みにとどまらず、行政による公的な対応を求めていった。

こうした社会教育行政による対応を求める理由は、以下の2点があった。

第一に、行政の積極的な援助による活動の継続のためである。調査研究協力校としての試行を通して、公共施設の使用、指導員の配置、傷害保険、ボランティアの確保、事務連絡に必要な経費などの活動を支えるための資源が必要であることを具体的に確認していた。さらに、こうした地域活動は、調査研究協力校としての試行期間中は教員84名の協力があって可能であったが、試行が終わった時に活動の中心が学校から保護者へと移っていく際には、公的支援はとりわけ重要であった。

第二に、教員による運動の戦略がある。学校週五日制の趣旨が地域社会の充実を掲げていたことから、その趣旨に合うような地域活動の取り組みならば、行政の支援を引き出しやすいというねらいがあった。この点は、東京都による社会教育行政による反応を引き出していくことにつながっていく（2018年9月6日東京都立立川養護学校元教員への聞き取りより）。

では、地方自治体の社会教育関係者は、こうした教員の働きかけをどのように受け止めたのか。東京都多摩地域のある地方自治体職員は、以下のように述べている。

いずれにしても、この間の「学校週五日制」をめぐる動きの中では、親や教師の活動は障害者だけが集まる場所だけではなく、市民が普通に利用している施設を積極的に使った活動となっている。（中略）社会資源を出来る限り使いながら、一ヵ所に閉じ込めないで障害を持つ児童、生徒の社会活動の機会を広げ、地域社会の中で、人と交わりながら生きていく。単なる「受け皿」議論から一歩進んだそんな活動が、現在進められようとしている。

今まで社会教育における障害を持つ市民への学習、余暇、文化活動、中でも知的障害者を対象とした障害者青年学級の活動は、墨田区をはじめとして「障害を持つ青年の学校後の行き場を保障する活動」に始まり、三〇年近くを経て「地域での自立」や「余暇時間の充実」などへと広がってきた。そのような中で、「学習」の場であるとともに、障害を持つ人と持たない人の「出会いと交流」をセットしていくのが社会教育の仕事ではないだろうか。（兼松 1994:67）

ここでは、社会教育が、学校週五日制を契機とした地域活動の展開を積極的に引き受けるべきであることが提示されている。その要点は次の2点にある。

第一に、地域活動の展開が、「障害者だけが集まる場所」にとどまらず、「市民が普通に利用している施設を積極的に使った活動」を目指している点である。こうした社会活動の広がりを支えること自体が、社会教育が取り組むべき課題であることが指摘されている。

第二に、学校週五日制をめぐる取り組みと、それまでの東京都における社会教育の取り組みの連続性である。とりわけ、東京都における社会教育は、障害者青年学級の取り組みを中心として、知的障害者の生活と学習を実際に支えてきた。そのため、学校週五日制の導入をめぐる障害児の課題は、社会教育のこれまでの取り組みの延長線上に位置づけられた。

いわば、社会教育に関わる地方自治体職員は、障害者の学習が積み重ねられた歴史を背景にあることを踏まえた上で、立川養護学校の取り組みが障害児と健常者の出会いを作り出す点を評価し、その取り組みが社会教育の伝統に位置づくこととして捉えている。

もっとも、なぜ学校週五日制を契機とした地域活動の取り組みが社会教育としての位置づけを求めたのかという問いに答えるためには、社会教育という制度との接点のみを見るだけでは不十分である。というのも、障害児の学びや生活の課題に社会教育が取り組んでいたとしても、この課題に取り組んでいるのは必ずしも社会教育だけではないからだ。

とくに、こうした課題に取り組んでいる領域として、社会福祉領域があげられる。学校週五日制の導入をめぐる対応について、障害児の生活問題への対応および地域活動に必要な公的支援が必要なのであるなら、社会教育ではなく、社会福祉を活用する方策もあったはずである。したがって、なぜ地域活動が社会教育と結びついたのかに答えるためには、なぜ社会福祉ではなかったのかという問いにも答えなくてはならない。

それでは、なぜこれらの活動が社会福祉として位置づけられなかったか。この点については、以下の2点を指摘しておこう。

第一に、学校週五日制の導入をめぐる教員の思想的な背景がある。学校週五日制への対応に積極的に取り組んだある教員は、その課題について以下のように述べている。

> 私たちが福祉ではなく社会教育の充実に課題を絞ったのは、成長・発達をこそ保障したいと考えたからである。だれもが地域生活においても等しく成長・発達する権利があるはずであり、社会教育においても差別されてはならない。(春口 1992b:19)

ここで述べられているように、教員は、社会教育の充実を通して、障害児の発達を保障するという見方をとっており、そのためには福祉ではなく教育による取り組みが必要であると考えていた。ここでは、この教員が有している発達保障論の考え方が表明されている。先述した通り、学校週五日制をめぐる地域活動には、障害児の教育運動に関わっていた教員が多く関わって行ったため、地域活動の実施においても障害児をめぐる教育運動の思想が引き継がれていた。

第二に、以上の思想的な背景とは別に、社会福祉において利用可能な資源が少なかったという現実的な理由がある。立川養護学校の周囲には、福祉事業がそもそも少なかったことに加えて、「これらの事業所は、会員制（定員制）であり、受け入れられる人数に制約があるとともに、社会教育以上に、活動場所及び指導員の確保に苦労している現状」（平井 1992a:38）があった。そのため、実現可能性という点においても社会福祉は選択されなかった。

以上で明らかにしたように、立川養護学校の保護者と教員によって取り組まれた地域活動は、社会教育事業として位置づけられた。その背景には、行政による公的対応を求める教員の取り組みがあった。また社会教育に関わる職員は、社会教育において行われてきた障害者青年学級を踏まえ、立川養護学校による地域活動の取り組みを従来の社会教育実践の延長線上に位置づけ、社会教育が学校週五日制の課題を引き受けるべきであると考えた。さらに、当時の状況においては、障害児の発達を保障するという障害児の教育運動の理念および福祉事業の利用可能性という観点から、社会福祉とは結びつかなかった。

5-2 東京都教育庁による事業化

では、学校週五日制をめぐる地域活動の取り組みの一方で、そうした取り組みは、東京都の教育政策においてどのように位置づけられたのだろうか。以下、確認していこう。

学校週五日制が導入される1992年から東京都教育庁は「心身に障害のある児童・生徒の

学校外活動事業」を事業化する。平成7年度について、都立盲・ろう・養護学校31校において実施されていた（東京都教育庁生涯学習部社会教育課 1996）。

この事業について、東京都に制度化を求めた運動側は、「参加者四人に対し一人の指導員を配置し、一回一〇〇〇〇円の報償費を支払うという基準を設けた」（春口 2001:117）点を評価しつつも、以下の問題点を指摘する。

この事業は、「都立盲ろう養護学校に在籍する者で保育に欠ける者を対象とする」とその要項に明記されているように、いわゆる「受け皿」としての事業であり、しかも都立盲ろう養護学校に在籍する者に限定し、同じ都民でありながら障害児学級に在籍する者は対象としていないという問題点を含んでいました。（春口 2001:117）

こうした課題を踏まえて、東京都は1994年から新たに「心身に障害のある児童・生徒の地域活動促進事業」を事業化する。この事業は、市区町村が実施する心身に障害のある児童・生徒を対象とした学校週五日制対応事業に対して、東京都がその事業経費の2分の1を補助するもので、平成7年度7市において実施されている。当初は、3年間の補助であったものの、市区町村からの要望もあり1996年度から5年間の補助とされることになった（東京都教育庁生涯学習部社会教育課 1996）。

しかしながら、「心身に障害のある児童・生徒の地域活動促進事業」は、その補助期間が限られていることが課題であった。そのため、学校五日制活動「多摩ネットワーク」は、補助期間の延長を求めて、東京都議会へ請願を提出している。請願については、都議議会文教委員会で審議され保留とされたものの、請願者は1925人、紹介議員[14]も保守から革新まで集めており、広く要望があったことを示している。その後、「地域活動促進事業」は、東京都によって一定の成果を得たとして、2000年度の新規受付を最後に2004年度には終了した（東京都教育庁生涯学習スポーツ部社会教育課 2005）。

地域活動を担ってきた教員は、東京都における地域活動促進事業による取り組みを総括して、以下のように評価している。

> しかし、この取組は東京都の中でも広がっていきませんでした。その大きな原因の一つが、「地域活動」を担うボランティアが確保できないことにありました。障害児のための「地域活動」を起こし、これを継続、発展させていくためにはこれを支える「ボランティア」を養成し続けなければなりません。「ボランティア」の宿命として、常に変動していくことを前提に考える必要があります。とくに若いボランティアの場合、その変動は激しく、1、2年単位で変わります。長期にあてに出来ないとしたら、常に新しいボランティアを発掘し、養成していくシステムを持つ必要があります。（春口 2003:34）

この地域活動の担い手による地域活動促進事業に対する評価の特徴は、以下の2点である。

学校五日制活動多摩ネットワーク「心身に障害のある児童・生徒の地域活動促進事業の補助金の継続に関する請願」（1999年7月9日）

<table>
<tr><td colspan="4">心身に障害のある児童・生徒の地域活動促進事業の補助金の継続に関する請願
（１１第　４５号）　文教委員会　付託</td></tr>
<tr><td>受理年月日</td><td>平成11年7年9日（ママ）</td><td>郵便番号</td><td>○○○-○○○○</td></tr>
<tr><td>請願者</td><td colspan="3">立川市○○町○丁目○-○
学校五日制活動「多摩ネットワーク」
代表　○○ ○○ 他　1,925人</td></tr>
<tr><td>紹介議員</td><td colspan="3">古賀　俊昭君　大西由紀子君　小林　正則君　萩谷　勝彦君</td></tr>
<tr><td>要旨</td><td colspan="3">心身に障害のある児童・生徒が、地域での活動を今後も活発に続けていけるよう、地域活動促進事業の補助金を５年で打ち切ることなく継続していただきたい。
理　由
1　学校週五日制は、平成４年９月から月１回、７年４月から月２回の実施となった。この目的は、児童・生徒が、自由時間を家庭や地域社会において主体的・自発的に活用していくことにあると思う。しかし、心身に障害のある子どもたち（児童・生徒）は、休業日となる土曜日に地域に出て活動するというよりも、むしろ家に閉じこもりがちな生活をせざるを得ないのが実状となっている。
2　これを少しでも解決するために、学校週五日制の導入を機に、保護者たちが学校や障害の種別を越えて、都内各地で自主的なグループをつくり活動を始めている。この地域での活動の中から、自然発生的に11市にわたる学校五日制活動「多摩ネットワーク」という連絡会もできている。
3　国の通知（平成４年３月23日付文部省初等中等教育局長・生涯学習局長「学校週五日制の実施について」）でも、心身に障害のある児童・生徒たちが地域社会の場において、地域の人々との交流を積極的に進めていけるよう行政が特段の配慮をすべきである、と指摘されている。
4　各地域で行われているこの活動では、自発的意思に基づいたボランティアも育ってきている。このことは、今後の地域社会における実践的なボランティア活動、ひいては福祉の活動が展開されていく芽を育てるという意味でも、重要な活動であると考える。
5　ここまでの活動が活発に行えるようになったのも、東京都及び市区町村の地域活動促進事業の補助金が、大きな支えの一つであった。しかし、この補助金は受けつけて５年で打切りと聞いている。実際に、多摩ネットワークの中で、12年度の打切りを言われたところもある。</td></tr>
</table>

第一に、地域活動の担い手は、東京都による評価とは異なり、地域活動が十分に広がっていなかったと評価していることである。2002年時の実施状況は、多摩地域において10市(立川市、国分寺市、国立市、三鷹市、府中市、調布市、小金井市、小平市、武蔵野市、稲城市)となっているが(全国知的障害養護学校長会 2003)、この広がりを十分だとは捉えていない。とりわけ、学校週五日制が全国規模で実施される以上、その地域活動の取り組みもまた全国規模であるべきという目標を掲げていた運動の立場からすれば[15]、東京都内においても広がっていかなったことは、不本意な結果として受け止められるのも当然のことである。

第二に、しかしながら、東京都と運動側で評価の違いはありながらも、ボランティアの育成の必要性については共通の見解を持っている。とりわけ、地域活動の担い手は、活動が広がらなかった要因を活動資金よりもボランティア不足として捉えている。

こうしたなかで、東京都は、地域活動促進事業を最後に、事業への助成は区市町村の役目であるとして事業を終了し、平成13年度から「障害のある児童・生徒の地域活動のための指導者養成モデル講座」を開始した。

5-3 X会の形成

以上のような東京都による単独事業の展開のなかで、それぞれの地域における活動はどのように展開したのだろうか。ここでは、本書の中心的な対象であるX会の展開を跡づけてみよう。

X会は、1992年9月12日土曜日（学校週五日制実施初日）に活動を開始している。この時X会は、東京都教育庁による「心身に障害のある児童・生徒の学校外活動事業」の助成を立川養護学校を通して受け取っている。

さらに翌1993年8月6日、X会は、行政による公的支援を求めて、A市教育委員会へ要望書を提出した。この要望書の特徴を、立川養護学校PTAによる要望書と比較しながらまとめておこう。

第一に、X会の要望書が、立川養護学校PTAによる要望書と同様に、学校週五日制の実施によって子どもおよび保護者が被る不利益を指摘している点である。「日頃から学校外活動の行き場がない」という地域社会における排除、「子供にとっては保護者以外の人々に接する大切な時間を削られ、また、充実した学校教育の時間をも失う」という学校教育が障害児に対してもつ重要性、「親についても、一時も目をはなせない子供を抱える事により、大切な時間を奪われる」という親の負担といった指摘は、立川養護学校PTAによる要望書と一致している。

第二に、ただし立川養護学校PTAによる要望書とは異なり、X会の要望書は、学校週五日制の導入に反対するのではなく、学校週五日制の実施を前提とした上で、行政の責任による学校週五日制への対応を求めている。立川養護学校PTAの要望書では、「公的な教育が削られることに対しては現在以上の公的なものが準備されていない状態で『学校五日制』を受け入れることは出来ない」として学校週五日制に対する反対が述べられていた。これに対してX会の要望書には、「障害のある子供達が、地域で活動できる場を保障」するという要求はあるが、

X会「要望書」平成５年８月６日

○○市教育委員会殿

平成５年８月６日
X会
代表　○○

要望書

障害を持つ子供達において、日頃から学校外活動の行き場がないところに加えて、学校週五日制の実施により、さらに行き場のなさに拍車がかかり、子供にとっては保護者以外の人々に接する大切な時間を削られ、また、充実した学校教育の時間をも失う事になります。親についても、一時も目をはなせない子供を抱える事により、大切な時間を奪われることになります。

そこで、障害を持つ子供達が、少しでも楽しく過ごす事ができ、保護者の負担も軽くして戴きたく、下記の事を要望致します。

記

① 障害のある子供達が、地域で活動できる場を保障してください。
② ①に対して、『リトミック体操』を計画してください。

a　指導員の確保
b　必要経費の確保
c　実施場所の確保
d　介助者の確保

以上

ここでは学校週五日制への反対というよりも、リトミック体操および指導員、必要経費、実施場所、介助者の確保といった具体的な要求が書かれている。この変化は、地域社会で活動を行う保護者たちが学校週五日制を事実上受け入れたことを示している。

X会の要望に対するA市教育委員会の回答は、以下の通りである。

第一に、「本要望の趣旨は十分理解するが、行政が主体となって児童への指導にあたることは、今後余暇時間増や労働時間短縮政策によって勧められると予想される『完全学校週5日制』を考えるとそのすべての要請について行政が対応していくのは不可能である。」と回答し、X会の求めた行政による活動の運営については拒否をしている。

第二に、その上で、「本要望への対応はX会を主体に社会教育がサポートすること」と回答し、学校週五日制の導入への対応についてはX会を主体としてA市教育委員会はそのサポートに回るという位置づけを与えた。そして、その具体的な内容として、リトミック体操を社会体育新規事業として行うこととした。

この要望書をきっかけとして、1993年12月11日を初日として、X会とA市教育委員会社会教育課の共催でリトミック教室を開催することになり、月に一回の土曜日休業に対応した。また、1995年に学校週五日制が第二・第四土曜日の施行となると、以降1997年度まで、X会は市との共催活動（「スポーツ教室」）に加えて、自主活動（「プール」）を行うことで、月に2回の休業試行に対応することとなった（X会平成4～9年度「活動報告」より）。

その後、X会は、1998年から2002年度の5年間にわたり、地域活動促進事業の助成を受けることになる。この変化に伴って、X会とA市による共催事業という形で行われた活動は、X会による単独事業となる。また、こうしたX会の活動を支えるための関連団体として新たに市民活動団体Yが生まれるとともに、新たな活動を展開することになる（第3章）。2003年に東京都による地域活動促進事業が終了すると、X会はA市単独の事業として実施され、現在にいたるまで活動が継続されることとなった。

6　おわりに

最後に、ここまで述べたことをまとめよう。

本章が明らかにしたのは、立川養護学校において、学校週五日制という形になって現れた社会変動を契機として、多様なアクターが相互交渉を通じて関係性を再編成する動態的なプロセスである。そのプロセスについて改めてまとめておこう。

第一に、学校週五日制は、企業の週休二日制という労働問題に端を発し、1980年代以降の第二次臨時教育審議会の答申を端緒として本格的に導入が進められた。こうした学校週五日制の導入をめぐる動向の一方で、同時期は、障害児の養護学校における在籍児童生徒の増加時期にあたっており、立川養護学校もその影響を受け施設の過密化を抱えていた。ただし学校週五日制の導入をめぐる政治的動向において、養護学校に在籍する障害児の置かれた状況は必ずしも考慮されておらず、この点は立川養護学校の保護者の強い反対と教員による取り組みを発生させる遠因となった。

第二に、学校週五日制の導入にあたって「調査研究協力校」に指定された立川養護学校では、学校週五日制への対応として保護者と教員による地域活動の取り組みが行われた。まず、学校週五日制の導入に対して、ＰＴＡを中心とした保護者が強い反対を表明した。教員は学校週五日制の導入は容認しつつも、一部の教員はそうした保護者の強い反対に対して、その思想的な背景および教育現場における経験から保護者に対して共感を抱き、保護者と教員による学校週五日制の導入への積極的な対応が行われることとなった。こうして、保護者と教員が、立場の違いとずれを含みながらも連携して取り組んだのが、地域活動であった。

第三に、立川養護学校ではじまった地域活動の取り組みは、東京都社会教育行政と結びつき社会教育事業として位置づけられるようになる。こうした取り組みの背景には、教員の運動戦略、社会福祉の状況、東京都における社会教育による積極的な引き受けの取り組みがあった。こうしたなかで、A市においてX会が活動を開始し、行政への要望書の提出などを通してA市と共催事業を行うなど、公的な支援を獲得しながら活動を展開していった。

学校週五日制の導入とその対応の過程から浮かび上がるのは、１９９０代前半の時代状況である。立川養護学校の取り組みは、養護学校義務化や国際障害者年を背景とした障害児教育の変化と学校週五日制という形をとって現れる新たな社会変動のなかで、多様なアクターが相互交渉を通じてそれまでの関係性を再編成する過程として理解することができる。この時それぞれのアクターは、社会政策の変化にただ巻き込まれるだけではなく、社会政策の変化がそれぞれの現場と生活にもたらす帰結を批判的に捉えた上で、アクター間で異なる利害を調整しながら、社会政策の変化へと主体的に対応していった。

こうした時代状況は、１９９０年代後半以降になり中央政府・東京都における本格的な行財政改革が開始されると、更に変化する。社会教育領域は、さまざまな事業の廃止により縮小される。さらに同時期に日本の社会福祉システムは、社会福祉基礎構造改革を通じて大きな変化を経験することになる。障害者福祉の領域では、支援費制度の導入、障害者自立支援法体制から障害者総合支援法体制へと、福祉供給の体制が大きく変化していく。

X会は地域社会で活動を展開すると、こうした社会構造の変化のなかで自らの活動を変化させ市民活動を形成する。さらに、社会福祉基礎構造改革を背景とした東京都の福祉政策を利用しながら、団体の性格を変化させ新たな状況の変化に対応していった。次章では、１９９０年代後半以降におけるX会の活動の展開を跡づけながら、障害をめぐる福祉政策と地域社会の再編過程を明らかにしていこう。

第3章　市民活動の形成と福祉事業化の社会的過程

――地域社会への定着と制度化のジレンマ

1　はじめに

本章の目的は、1990年代以降における障害をめぐる地域社会と福祉政策の再編過程について、X会および関連団体Yの活動の展開から明らかにすることである。本章では、とくに地域社会における市民活動の形成過程とその展開、および社会福祉基礎構造改革を背景とした東京都福祉政策の展開と市民活動の福祉事業化の過程に注目する。

前章では、立川養護学校の取り組みに焦点をあて、学校週五日制の導入に対する保護者と教員の対応としてX会が形成されるプロセスを明らかにした。本章では、前章で分析した地域活動が、養護学校の活動としてではなく地域社会における自主的な活動として定着していく過程、およびそうした取り組みのなかから市民活動が生成していく過程、さらに市民活動が福祉政策の変化と結びつき福祉事業体として組織を変容させていく過程を明らかにする。前章と本章と合わせて社会政策と社会運動の動態的連関のメゾレベル分析を行うことで、以下に続く章で分析するX会の実践が埋め込まれている社会構造的な文脈を明らかにする。

本章では、X会が地域社会へと定着していく1990年代後半から、市民活動である団体Yが重度知的障害者生活寮を設立し福祉事業化していく2000年代を中心的な対象とする。当該時期は、障害をめぐる社会政策の面では、行財政改革による東京都社会教育政策の削減、特定非営利活動促進法の成立、社会福祉基礎構造改革を背景とした障害者福祉の措置制度から支援費制度への移行など、大きな転換が起こった時期である。こうした社会政策の転換にともなって、多くの障害をめぐる社会運動は、活動内容を変化させながら新たな取り組みを展開していった。たとえば、1995-2002年に結成された東京都・神奈川県・千葉県・埼玉県に事務所を置く市民活動団体が最も重視していた活動分野は、福祉であった（町村 2009）。

本章で明らかにしていく東京都多摩地域における障害をめぐる地域社会の変化と福祉政策の展開もまたこうした全体の動向に大きな影響を受けており、本章で中心的な対象とする1998年に結成された団体Yも例外ではない。団体Yは、当初は市民活動として取り組みを開始し、活動を継続するなかで社会福祉基礎構造改革を背景とした東京都の福祉政策と結びつくことで福祉事業体へと組織を変容させた。したがって、当該時期のX会および団体Yの活動の展開を対象とすることで、地域社会における市民活動の生成過程と福祉事業化のプロセスを明らかにすることができる。

市民活動などの多様な主体が福祉サービス供給の担い手になっていく過程は、従来の研究では市民福祉の制度化として論じられてきた。従来の研究は、それまで福祉供給の担い手でなかったNPOや社会的企業などの多様な供給主体のあり方に注目し、それぞれの供給主体の組織的特性および供給される福祉サービスのあり方を検討してきた（安立 2008、中條 2019、須田 2011、米澤 2017）。

ただし、従来の研究は、以下の二つの課題を抱えている。

第一に、NPOや社会的企業といった多様な供給主体の活動のあり方と、それ以前の活動との連続性が十分には明らかとなっていない点である。従来の研究は、ボランティア組織が介護保険制度を中心とした社会福祉制度と結びつくことで福祉事業体と活動を変容させたと説明する。ここで注意すべきなのは、従来の研究において、ボランティア組織の福祉事業化を明らかにする際に、福祉事業化以前の段階がその前史としてみなされる傾向があるために、十分な考察の対象とはならなかったことである。

この点と関連するのが、道場親信が指摘する社会運動論における「段階的」歴史認識の陥穽である（道場 2006）。「住民運動」から「市民運動」という段階的な図式を無前提に採用すべきでないという指摘は、「市民活動」から「福祉事業」の過程を明らかにする本論にも当てはまる。そのため重要なことは、市民団体から福祉事業へと組織を変容させることを必然の帰結として捉えるのではなく、その前史も含めて連続性と変容を丁寧に跡づけていくことである。以下でも明らかにしていくように、団体Yが、その当時に直面した課題を解決するために福祉事業化を選択したという見方は、必ずしも誤りではない。ただし、団体Yの活動の展開を福祉事業化への単線的な過程として捉えることは、団体Yに潜在しているさまざまな可能性を捉え損なうことにつながるだろう。

第二に、村瀬博志が指摘するように、社会制度と市民社会との双方向的な影響力への視点が欠けている点である（村瀬 2011）。村瀬が「東京ボランティアセンター・市民活動センター」の設立過程を対象としながら明らかにしたように、ボランティア支援活動が東京都の政策に組み込まれる過程は、市民活動が政策のエージェントとして制度化していく側面を有しているが、同時に新たな市民活動が生まれる契機としての側面も有していた。この意味で、社会制度が市民社会を形成する側面のみならず、市民社会が社会制度を形成する側面を捉える分析が必要である。本章は、社会制度と市民社会の双方の影響関係を視野に収めながら、その動態的関係を明らかにしていく。

以上の課題が示す通り、重要なことは、社会政策と社会運動の相互交渉の過程を、多様なアクターによるせめぎあいの過程として把握していくことである。ある市民活動が福祉事業体になったとしても、その市民活動が福祉事業体として活動する目的や意図をあらかじめ持って活動していたとは限らない。むしろそこには、福祉事業体以前における活動の展開を背景としつつも、活動団体の活動の変化と社会制度の変化が折り重なり結果として福祉事業体となっていくというプロセスが存在する。こうした点を踏まえて、社会政策と社会運動の結びつきの重層的なダイナミズムとその帰結を明らかにすることが重要である。

以上の点を踏まえて、本章では次の２つの視点から分析を行う。

第一に、団体Yの活動の展開を、１９９０年代以降の東京都の教育・福祉政策の展開に埋め戻しながら明らかにする。本章が対象とする２０００年代前半は、特定非営利活動促進法の成立、社会福祉事業法等の改正による社会福祉基礎構造改革を通じて市民社会および社会福祉領域が大きく転換する時期であった。この点において、社会政策の変化は、団体Yの活動の展開を確かに枠づけている。ただし、社会政策の変化と現場の活動がどのようにして結びつくのかは、それぞれの活動がもつ文脈に規定されてもいる。このことを踏まえれば、こうした社会政策の変化を、国家による市民社会への一方的な介入として理解することはできない。本章は、社会政策の変化を市民活動がどのようにして受け止めたのかを、社会政策の変化と個別の活動の文脈に即して具体的に明らかにする。

第二に、市民活動の事業化がもつ両義的な側面を、団体Yの組織の展開過程から明らかにする。市民活動の事業化は、市民活動が公的制度の支えを通じて活動のある部分を安定・拡大させるという側面と、市民活動が公的制度にとって望ましい活動のあり方を選び取るという側面をあわせもつ。本章は、こうした市民活動の事業化がもつ両義的な側面を、個別の活動が社会政策の変化と関わりながら活動を変容させていく過程を跡づけることで明らかにする。より具体的には、市民活動の福祉事業化のプロセスを明らかにする際に、団体Yのどの部分が福祉事業化されたのか／されなかったのかに着目することで、福祉事業化の両義性を明らかにする。

以上の課題に取り組むために、本章は、次のような構成を取る。はじめに、対象と方法について説明する（2節）。次に、団体Yが形成される出発点となった東京都の教育政策およびX会の活動の展開を明らかにする（3節）。そして、団体Yの形成過程とその活動の内容について明らかにする（4節）。さらに、団体Yが福祉事業化していく過程について明らかにする（5

節）。以上を踏まえて、最後に本章をまとめる（6節）。

2　対象と方法

本章では、X会および関連組織である団体Yを中心的な対象とする。

前章で明らかにした通り、X会は、1992年に学校週五日制の導入への対応のために、東京都立立川養護学校の保護者と教員によって形成されたA市の地域活動である。

団体Yは、1998年4月に「障害をもつ子供、障害をもつ市民、そのほか必要のある市民の余暇活動をサポートする」（団体Y規約第三条［目的］）ことを目的とした任意団体として結成された。その後、団体Yは、2001年10月にはNPO法人格を取得し、重度知的障害者生活寮をはじめとした福祉事業を展開した。さらに、団体Yはより広い福祉事業の展開を目指して組織を再編し、2011年2月に新しく社会福祉法人Zを立ち上げる。この組織再編にともなって、団体Yは福祉事業の多くの部分から撤退すると活動を縮小し、2019年3月17日にNPO法人を解散した。そのため、本章の中心的な対象である団体Yは現在では解散しているが、団体Yが開始したグループホームおよび介助者派遣等の障害者福祉事業は、現在では社会福祉法人Zに引き継がれている。

使用するデータは、X会および団体Yの会報および議事録を中心とした文書資料と、X会および団体Yの活動の担い手に対する聞き取り調査から得られたデータである。

団体Yの会報は、団体Yが結成された1998年4月から毎月発行されている。ただし、団体Yは現在では解散しており、また体系的な資料保存がなされているわけではないため、その会報の全てが手に入るわけではない。本章では、市民アーカイブ多摩、法政大学大原社会問題研究所環境アーカイブズに一部保存されているものを収集したほか、団体Y関係者から譲り受けたものを使用した。

また、資料では明らかにならない部分については、聞き取り調査を行った。本章で使用するデータは、X会に関わったA市公立小学校のPTA役員、X会および団体Yの中心的な担い手であった母親、および団体Yの福祉専門職に対する聞き取り調査によって得られたものである。

3 出発点としての余暇活動

団体Yは、1998年4月に「障害をもつ子供、障害をもつ市民、そのほか必要のある市民の余暇活動をサポートする」（団体Y規約第三条［目的］）ことを目的とした任意団体として結成された。それでは、このように団体Yが活動を開始するまでに、どのような社会政策の変化や活動の取り組みがあったのだろうか。ここでは、東京都による社会教育行政の展開と、X会の活動の展開を見ていこう。

3-1　東京都教育庁による社会教育事業の制度化

東京都教育庁は、1992年9月以降の学校週五日制の実施にあたって、東京都立立川養護学校の教員と保護者による取り組みの結果を踏まえた上で、障害児を対象とする学校週五日制実施に対応する社会教育事業を行っている。

学校週五日制が導入される1992年9月から、東京都教育庁は「心身に障害のある児童・生徒の学校外活動事業」を事業化する。この事業は、1995年度について、都立盲・ろう・養護学校31校において実施されていた（東京都教育庁生涯学習部社会教育課 1996）。ただし、「学校外活動事業」は、活動費用の予算化という点で一定の成果を得つつも、要項に「都立盲ろう養護学校に在籍する者で保育に欠ける者を対象とする」とあるように、対象者の限定性および事業の目的の保護的な性質に課題を抱えていた（春口 2001:117）。

こうした課題を踏まえて、東京都は1994年度から新たに「心身に障害のある児童・生徒の地域活動促進事業」を事業化する。この事業は、市区町村が実施する心身に障害のある児童・生徒を対象とした学校週五日制対応事業に対して、東京都がその事業経費の2分の1を補助するもので、1995年度7市において実施されている（東京都教育庁生涯学習部社会教育課 1996）。当初は、3年間の補助であったものの、市区町村からの要望もあり5年間の補助とされることになった。しかしながら、地域活動促進事業は、2000年度の新規受付を最後に2

００４年度には終了した。そして、東京都は事業に対する直接の助成をやめ、２００１年度から「障害のある児童・生徒の地域活動のための指導者養成モデル講座」を新たに開始した。

以上の通り、東京都社会教育行政による学校週五日制に対応する事業は、学校への事業から、地域活動に対する直接の助成事業を経て、ボランティア養成事業へとその政策課題を変えながら展開していた。

ここで重要なことは、東京都社会教育行政が事業補助からボランティア養成事業へと事業を再編していく展開が、東京都による行財政改革の進展と深く関連していることである。東京都の社会教育行政は、東京都による行財政改革の影響を強く受け厳しい予算の削減に見舞われる。そのなかで、東京都による社会教育行政は、従来の社会教育行政とは違った方針を掲げることで、自らの存在感を示していく方向性を選び取る。以下、東京都による行財政改革について見ていこう。

まず、東京都における行財政改革の展開について、東京都は１９９６年３月「東京都行財政改革大綱」、同年11月「東京都財政健全化計画」を策定した。さらに東京都は、１９９９年５月に「東京都行政改革プラン」、同年７月「東京都財政再建プラン」、２０００年12月には「都庁アクションプラン―都政改革ビジョン」を策定した。とくに、「都庁アクションプラン―都政改革ビジョン」では、行政評価制度の導入とそれに基づく事業予算の見直しという方向性が示され、東京都において行政評価制度が実施される契機となった。

これを受けて、社会教育行政については、１９９６年度以降わずか４年間の間に５事業[16]、予算額では3億6667万円の予算が削減された。残った社会事業費の総額が2000年度の予算で1億5282万円であることから、こうした予算の削減は社会教育行政の根幹を揺るがしていた。また2001年度末には、東京都生涯学習センターと東京都立多摩社会教育会館が行政評価の対象となり、東京都生涯学習センターは廃止、多摩社会教育会館は実質的貸公館化（市町村社会教育職員を対象とした研修等を担う事業係と市民活動コーナーの廃止）された。他には、八王子・青梅・狭山・武蔵野青年の家の閉所（五日市青年の家は、2000年度末に閉所）とユース・プラザとしての再編[17]、東京都近代文学博物館の閉館、東京都文化会館、東京芸術劇場、東京都美術館、東京都現代美術館の生活文化局への移管がなされた。

こうした一連の動きの中で、東京都教育庁生涯学習部は2001年度から新たな事業体系の構築へ向けて社会教育行政を再編し、そこで選び取られたのが「学校教育との連携・融合による社会教育」という方向性であった。学習指導要領の改定により2002年度から導入される総合的な学習の時間と学校週五日制完全実施への対応のなかで、総合的な学習の時間の効果的な実施のために地域との連携が求められており、また社会教育施設を失った社会教育が行政内で存在を示すためには、学校という制度に依拠した施策を打ち出す必要があった（梶野 2016）。

以上の点を踏まえれば、東京都社会教育行政による学校週五日制への対応事業は、東京都における行財政改革の推進を背景とした社会教育行政の削減を通じて、学校との連携を重視するという新しい方針のもとで助成事業からボランティア養成政策へと形を変えていったということができる。それでは、こうした教育政策の変化は、地域社会をどのように再編成したのだろうか。次に、X会の活動の展開を見ていこう。

3-2 X会の活動の展開（1992-1997）

X会は、当初は東京都立立川養護学校に通う児童・生徒およびその保護者、教員による自主的な取り組みとしてスタートしたが、活動を展開するなかで自ら行政や地域社会に働きかけ、次第に資源および協力者を得ることで活動を定着させていく。以下では、X会が活動を開始した1992年から団体Yが形成されるまでの活動の展開を見ていく。

X会が活動を開始したのは、学校週五日制による土曜日休業が初めて実施された1992年9月12日である。活動を始めた当初は、東京都教育庁の実施した「心身に障害のある児童・生徒の学校外活動事業」の助成金を、東京都立立川養護学校を通して受け取り活動を行なっていた。

ただしX会は、活動を継続するにあたって、指導員の確保、必要経費の確保、実施場所の確保、介助者の確保といった現実的な課題を抱えていた。こうした状況を改善するために、X会は、1993年8月6日にA市教育委員会へ要望書を提出する。X会は、要望書の提出を通して、学校週五日制の導入をめぐる障害児と保護者の厳しい状況を訴え、また障害児が地域社会で活動できる場を保障するためにA市行政による「リトミック体操」の計画と実施を求めた。

要望書の提出の結果、X会は、求めていたA市による学校週五日制対応事業の開催を獲得することはできなかったものの、A市教育委員会社会教育課とX会の共催事業という形でリトミック教室を開催することになった。こうして、X会はA市行政による公的支援を獲得することとなり、以降1997年度まで、X会は自主活動（「プール」）および市との共催活動（「スポーツ教室」）を行うことになる（平成4～9年度「活動報告」より）。

こうした行政への働きかけの一方で、X会はA市内の団体に活動を行う協力者を探す取り組みを行うようになる。東京都立立川養護学校における地域活動の取り組みが障害児の公的な場所を作るためにはじまったという経緯を踏まえて、X会もまた地域社会における協力者を探していた。また1995年度から第二・第四土曜日の休業施行になる際には、第二土曜日に加えて第四土曜日にも新たに活動を行う必要に迫られることとなり、保護者以外の活動の担い手の存在はとりわけ重要であった。

こうした働きかけの結果、X会は地域社会のアクターと結びつくこととなり、地域社会へとその活動を定着させていく。具体的には、A市内公立小学校のPTAから協力を得ることに成功するとともに、ボランティアとも関わりを結ぶようになる。以下、それぞれの経緯をみていこう。

A市公立小学校のPTAとX会の協力関係は、X会がA市公立小学校のPTAへのもとへ出向き、学校週五日制と地域活動の取り組みを説明し、A市公立小学校のPTAの協力を要請したことからはじまった。A市公立小学校のPTAの役員は、X会に関わる障害児の母親と出会った時の経験を以下のように振り返っている。

X会の場合はなんていったって○○さん（引用者注：X会の障害児の母親）の信念みたいなものがあって、絶対地域だと、親が中心であってはいけないと。私はよく彼女がそういうポリシーを持てたなって思うんですけど。それが目指すべき方向になったから、地域の問題なんだよって突きつけられているんですよ。あれね、私、親が、この子たち（引用者注：障害児）が幸せに生きるのって地域の問題なんですよって、親の問題じゃないんですよって突きつけを親がやるって勇気がいると思うんだよね、だってみんな親って自分がやらなきゃいけないと思っているから。でも○○さんはね、やっぱり考えたんだと思う、子供のこと、次世代のこと。その時に、そうだね、地域の問題だねって思う我々がいた。だから仲間になれた。

（2019年12月19日PTAに関わった母親への聞き取り）

以上のように、A市公立小学校のPTAにとって、X会との出会いは、障害児の問題を「親の問題」ではない「地域の問題」として「突きつけ」られる経験だった。X会がPTAに協力を要請したのは、障害児の生活のために親が中心となった取り組みがもつ限界の認識と、その具体的な解決方法としての「地域の問題」を提示するためであった。

X会から「突きつけ」を受けたPTAは、X会とその問題関心を共有し「仲間」となった。それでは、X会とA市公立小学校PTAはなぜ結びつくことができたのか。なぜ「親の問題」

ではなく「地域の問題」であると納得し、協力をしたのだろうか。この点について、以下の2点を指摘しておきたい。

第一に、X会に協力をしたA市内公立小学校のPTAは、X会と関わる以前にも障害児の教育問題にも取り組んでおり、障害児とはすでに一定の関わりを持っていた。具体的には、PTAは、子どもの権利条約を考える会（PTA内小委員会）などを通して活発に活動を行なっており、特殊学級に在籍していた障害児の卒業／転校をめぐる問題[18]など、通常学級と特殊学級の交流活動を行なっていた。こうした活動の経験の蓄積があったために、地域社会において障害児と関わる場を作るというX会の活動の方針は、PTAにとってもこれまでの活動の延長にあるものとして捉えられた。

第二に、X会の母親と、A市公立小学校PTAの母親は、子育てをめぐる共通の経験があった。A市公立小学校PTAの母親は、障害児との出会いと自らの子育ての経験を以下のようにして語っている。

で、私は障害のある子と出会うことで、ボランティアというより、すごく目が開かれたんですよ。健常と障害の子ってわけるんじゃなくて、障害の子に出会うなかで子供ってひとりずつ違うんだなって思って、オンリーワンの子供、全てがオンリーワンだって妙に腑に落ちたんですよ。自分の子育てもそこでスッキリしちゃたっていうか、そこで自分の子を他の子と比べることなんて何もないんだって、遅いとか早いって、この子は、うちの子

は、うちの子として生きれば良いんだったって。

（2019年12月19日PTAに関わった母親への聞き取り）

以上の語りにあるように、A市公立小学校PTAの母親は、障害児と出会い関わる経験を通して、「自分の子を他の子と比べること」をせずに「うちの子は、うちの子として生き」ることを肯定するという地点にたどり着く。A市公立小学校PTAの母親は、障害児であるかまた健常児であるかの違いはあるものの、子育てという共通の経験を基盤として、障害児の母親が提起する「地域の問題」という課題を共有することができた。

以上のように、A市公立小学校PTAは、X会と関わる以前に特殊学級の問題を通して障害児と関わりがあり、さらに自身の子どもに親として向き合ってきた経験があった。この点において、X会による障害児の問題が障害児の親のみの問題ではなく地域の問題であるという呼びかけは、PTAにとっては受け入れるべきものとなった。

こうしたPTAの協力は、養護学校に通う障害児と保護者によって取り組まれる地域社会とは相対的に関わりの薄い場所に置かれた活動が地域社会へと根づいていくための重要な契機となった。また、活動の運営といった現実的な側面についても、PTAを通したA市小学校の教室利用等の活動場所の確保、イベントの共催、教員やボランティアの獲得などの人的な交流という資源をもたらした。

また、X会はPTA以外にも、さまざまな支援者を獲得しており、とくにX会の活動の協力者は、必ずしも組織的な関わりから参加したのではなく、個人的な動機に支えられたアクターが多いことが特徴的であった。たとえば、X会の活動に参加するようになったボランティアは、X会を紹介するA市発行の教育広報誌に以下の文章を残している（A市教育委員会庶務課1997:8）。

参加者の声

「一つの出会い」

〇〇〇〇

その出会いは全くの偶然でした。定年退職後、暇つぶしで受講したボランティア講座の一環として参加したのがX会の活動でした。

そこで目にしたもの、それは子どもたちの素直さと、お母さんたちの笑顔でした。障害がありながらも真摯に生きる子どもたちを見て、失業給付金で怠惰な生活を送っている自分を恥ずかしく思い、第2の人生を切り開くべく職業訓練校への入学を思い立ちました。数々の資格試験への受験勉強。それは老人にとってつらいことではありましたが、その度に、懸命に生きる子どもたちの顔、そして笑顔を取り戻すまでに長い苦悩の歳月を費やしたであろうお母さんたちの顔を思い浮かべました。

幸いにして私は今、仕事に趣味に充実した人生を送っていますが、この出会いがあったからだと思います。この出会いを大切にしたいと思います。誰のためではなく、自分自身の成長のために！

（A市教育委員会庶務課 1997:8）

この記事にあるように、ＰＴＡがX会の活動と出会い理念を共有して行ったのとは異なり、ボランティアは当初は必ずしもX会を支えようとしていたわけではなかった。むしろボランティア講座の一環として偶然に参加したに過ぎず、「定年退職後の暇つぶし」ともいえるものだった。けれども、そうして参加した活動で出会い、目にした子どもたちと母親の姿は、ボランティアの胸を打った。こうした関わりの経験から、ボランティアは自らの生き方を問い直していくようになる。

先のボランティアの事例が示す通り、X会に関わるようになったのは、必ずしも組織的な関わりを持っていていたアクターのみではない。むしろ個人の主体的な動機をもったアクターが関わっていたこともまたX会の特徴であった。

以上のように、X会は、学校週五日制が施行された1992年から活動を開始し、要望書を通じて行政に働きかけることで、A市行政による支援を引き出した。ただし、行政による学校週五日制への対応は、X会の活動を行政が支援するという限定的なものであった。このため、X会は行政との共催事業を行いながら、自主的に活動を継続した。そのなかで、X会は、ＰＴＡやボランティアと出会うことになる。こうした出会いは、必ずしも制度的に規定された社会関係ではなく、X会との出会い通して生まれた共感から形成された非制度的なつながりであった。

障害児、障害児の保護者、ＰＴＡ、ボランティアといった多様なアクターがＸ会の活動に関わりを持つようになるなかで、東京都による社会教育行政とＸ会の活動が結びつくと、新たに団体Ｙが形成されることになる。

4　地域活動から市民活動へ

以上のように、Ｘ会は、Ａ市行政に働きかけることで公的な支援を得ると同時に、ＰＴＡやボランティアといった新しいアクターと出会いながら活動の組織や内容を充実させ、地域社会へと定着していく。Ｘ会は、こうした活動の展開のなかで、次第に学校週五日制の対応だけでないより広い活動を目指すようになり、市民活動団体を形成するようになる。以下では、団体Ｙの活動の展開を、団体Ｙの形成過程、活動の組織化、活動内部における葛藤の順に見ていこう。

4―1　団体Ｙの形成過程

Ｘ会は１９９２年に活動を始めて以来、東京都立立川養護学校から地域社会へと活動の拠点を移していた。さらに、こうした活動の背後では、東京都社会教育行政による学校週五日制に対応する取り組みが進んでいた。団体Yが形成された直接的なきっかけは、こうしたX会の地域社会における取り組みと東京都社会教育行政が結びついたことであった。ここでは、その具体的なプロセスを明らかにしよう。

団体Yが形成された直接的な契機は、X会が東京都社会教育行政による助成金を獲得することであった。X会は、1998年度から東京都およびA市から「心身に障害のある児童・生徒の地域活動促進事業」(「地域活動促進事業」)の助成を5年間受けることが決定した。これにともなって、これまでX会とA市の共催として行われた活動は、X会による単独の活動となり、X会は助成金をもとに活動をしてくこととなった。

ここで重要なことは、この助成金の獲得と共催事業から単独事業への活動の変化が、単なる組織的な変更だけではなく、X会の活動の新しい段階として意味づけられたことである。この点を、X会の会報から確認してみよう。以下の資料は、新たな助成金の獲得とそれに伴うX会の変化の活動の組織の変化を説明している。

X会は、今年度まで「学校外活動事業」という名目で立川養護学校を通して助成金を受けていたものを、来年度から「地域活動促進事業」としてA市と東京都から直接助成を受けることになったためです。「学校外活動事業」として助成されている間は、最終的な責任は学校にあったのですが、「地域活動促進事業」として助成されることになると、市民みずからが責任をもって活動をつくりあげていくことになります。これまでは、学校と保護者が運営主体でありボランティアは運営を側面から援助してきましたが、これからは、ボランティアと保護者が協力して運営主体となっていくことが求められているというわけです。

	今年度のX会	来年度のX会
助成金の出所	東京都	A市・東京都
助成金の受け手	立川養護学校	X会
助成の理念	家庭では十分な保育が難しい児童・生徒への対応	誰もが豊かに生きられる街づくり
運営の担い手	教員・保護者	保護者・ボランティア

そこで、これまでお手伝いに専念してきたX会のボランティアを中心として、新たに自立したボランティア団体を創出し、私たち市民が、保護者のみなさんとも対等な立場でX会を盛り立てていくことができればと考えております。皆さまにもご賛同の上、ご協力いただきたく、今回の提案となりました。

（「X会改編に伴うボランティア団体創設について」（X会、1997年12月3日）より）

以上の資料では、X会の活動の新たな方向性が示されている。とくに、ここでは「助成金の出所」の変化が、単なる「助成金の出所」および「助成金の受け手」の変化としてだけはなく、「助成の理念」と「運営の担い手」の変化として提示されている。前述した通り「学校外活動事業」の理念の限界は運動側からも指摘されていたが、X会はこうした助成金の変化とともに、

「市民みずからが責任をもって活動をつくりあげていく」という新たな課題へと挑戦することを目指していくことになった。

以上の経緯を経て、団体Yが1998年4月3日に発足に発足する。団体Yは、活動の目的を「障害をもつ子供、障害をもつ市民、その他必要のある市民の余暇活動をサポートする」（団体Y規約第三条「目的」より）こととし、その代表者を保護者ではなくボランティアとした。当時の会員数は53人（会員数は保護者およびボランティアの数、障害児は除く）であり、X会を障害児およびその家族の会とし、団体YはX会を支える市民団体として活動を開始した。

4-2　団体Yの活動内容

それでは、団体Yは、どのような活動に取り組んだのだろうか。以下の3点を指摘しておこう。

第一に、活動拠点の形成である。1998年4月に団体Yは、市内の空き家を借り入れることで、団体Yの活動場所を確保した。こうした活動拠点の形成は、以下のさまざまな新しい活動が行われる場所となり、拡大した組織を支えるための実務的な課題を解決するために必須であった。また、この活動拠点はのちに団体Yが福祉事業化する際に生活寮のバックアップ施設として活用されるなど、団体Yの組織的な基盤として大きな役割を果たした。

第二に、宿泊体験プログラムの実施である。活動拠点を獲得した大きな目的のひとつは、障

表3-1　団体Yの活動

名称	あそびの広場	フリースペース
日時	毎週火曜日、14:00-16:30	毎週水曜日、14:00-16:30
目的	みんなで楽しく何かをやろう	遊びながら、何かを学ぼう
対象	就学前、小、中、高の「障害」をもっている子ども達	小、中学生
内容	外遊び、個人及び集団遊び、絵本等、おやつあり。	個人、個人にあった方法、マイペースな学習のやり方、無理なく、楽しめるやり方をさぐる。おやつあり。
活動の様子(1999年5月号より)	新学期も始まり、メンバー全員元気です。新メンバーが2人増えとてもにぎやか。6年生になった○○ちゃんは、だいぶ自己主張も現れてきて「イヤ」がはっきりして来ました。新メンバー○○ちゃんはとてもきれいづき(引用者注：ママ)。外遊びから帰ると着替えの準備。みんな個性いっぱいの子ども達です。ボラのお姉さん・お兄さんも大活躍です。	ここ少し参加者が少数でしたが、○○ちゃん、○○くん、○○ちゃんとちょっと年齢差はありますが、仲間が増えました。○○くんは外遊びから帰ると○○くんオンステージでじまんの「ノド」を聞かせてくれます。○○ちゃんも○○ちゃんも、お兄さんの○○くんにつづくかな…！

害児の宿泊を行うことであった。宿泊は、地域で生きるという団体Yの目的を具体的に達成するために、とりわけ重要であった。X会に関わる人たちがさまざまな場所へ行き活動へ参加することはある程度は定着していたが、障害児が家族を離れて過ごすためには宿泊が大事であると考えていた。ただし、宿泊をするための空間は市内には存在しなかったため、団体Yが自ら獲得することにした（2020年7月13日母親への聞き取りより）。

具体的な活動として、1998年7月30日から8月1日の2泊3日にわたって活動拠点を利用した宿泊体験プログラムを行った。その目的は、「親からの自立を課題とする青少年の方々を対象として、親元を離れて共同生活を営むための訓練の機会を提供」することで、「これを機会に、多くの市民が集い、交流を深めること」である（「98年夏団体Y宿泊体験プログラムのへのお誘い」より）。12名の体験者とボランティアが参加し、音楽、川遊び、絵描きなどを通して子どもと大人が交流をしていた（1998年9月4日議事録より）。

第三に、団体Yは、障害児の日常的な遊び場、児童の地域教育、日曜の溜まり場づくり、ボランティアによる英会話教室など、さまざまな活動を行なった。具体的には、月曜日に各委員会、火曜日に「あそびの広場」、水曜日に「フリースペース」といった活動を運営することになった（表3-1参照）。また、日曜日は、「障害を持つ人もそうでない人も地域の中で共に生活することを知ってもらいたいという願い」（「1998年6月5日議事録」より）のもと、開放日とすることとした。

4-3　団体Yの組織内部における葛藤

以上の通り、団体Yはボランティア団体として新しい活動へと乗り出していくとともに、日々の活動やイベント等を通して団体Yの掲げる理念を具体化していった。ただし、こうした活動が団体Yの全てを表していたわけではない。むしろ、団体Yは担い手の多様さ、またその理念の広さゆえに団体内部に方向性の違いを潜在的に抱えてもいた。

この点を、以下の団体Yの活動方針を巡る議論が行われた会議録から確認しよう。

3．Yの方向性

・余暇活動を中心とした場の提供をめざす。

（生活・就労の場を提供することを目的に置かない）

・保護者主導の団体ではなく、一般市民の主体的な関与をめざす。

・余暇を通じた関係形成から、新しい地域づくりをめざす。

（障害児に質の高い余暇活動を提供すればよいというのではない）

・子どもが成長した時に、生活を支える関係が彼の周囲にできあがっていることをめざす。

・そのとき、活動が作業所づくり、グループホームづくりなどに結実するかどうかは、現時点ではビジョンをもたない。その時点でできあがっている関係に基づいて、その時々でビジョンを決めていけばよい。

・次のステップ（現時点でのビジョン）

対象者の拡大：不登校児およびその保護者対象の企画、

事業の拡大：カルチャーセンター構想

障害児の生活を支える：送迎の充実

（「Yの課題と方向性」（団体Y、1998年8月22日）より）

ここでは、団体Yの活動をめぐって潜在的に存在していた多様な方向性が記されている。これまで明らかにしてきた通り、団体Yは、「障害をもつ子供、障害をもつ市民、その他必要のある市民の余暇活動をサポートする」(団体Y規約第三条「目的」より)ことを目指して形成された。また、実際に団体Yに参加するアクターはこの目的を共有しながら、フリースペースの運営や宿泊体験プログラムといった活動を通してこの目的に取り組んでもいた。

ただし、こうした障害児をめぐる余暇活動の充実という課題は、実際には障害児のみの課題でもなければ、余暇活動のみに限定される課題ではなかった。この資料で記されている通り、障害児の課題に取り組むためには、障害児を支える人の課題にも取り組む必要があり、具体的にはボランティアと保護者の関係性が課題となっていた。また、余暇活動が生活の一部である以上、余暇活動は障害児の生活の課題とも連続しており、さらにそうした生活が営まれる地域社会の課題とも深い関連を持っている。

こうした広がりのある活動の一方で、限られた資源をもとにこうした課題の全てに取り組むことは難しい。そのなかで、どのような課題に取り組んでいくべきなのかをめぐっては、団体Yの担い手は必ずしも一致していたわけではなかった。ここでは、この方向性の違いを、①活動の参加者=市民をめぐるせめぎあい、②活動領域=余暇をめぐるせめぎあい、として整理してみよう。

第一に、活動の参加者=「市民」をめぐるせめぎあいについてである。団体Yは、学校週五日制をめぐる余暇活動を行うX会の活動から出発し、学校の活動ではなく、市民による活動を目指していた。そして実際に、活動の担い手としての「市民」には障害児、保護者、ボランティアといった多様なアクターが含まれていた。この点は、団体Yの活動が新たな市民による活動を目指しており、また実際にX会にはできなかった取り組みを行なった点において成果があった。ただしこうした団体Yの活動の方針において、多様なアクター同士がその団体においてどのような位置づけにあるのかをめぐって、以下の二つの点が争われていた。

ひとつには、団体Yの担い手である保護者とそれ以外の市民の関係が問われていた。団体Yがボランティア団体である以上、それは障害児とその保護者、成員の対等性を目指すものである。ただし、その実際においては、ボランティアの人手不足といった背景があるなかで、「保護者主導の団体ではなく、一般市民の主体的な関与をめざす」ことは必ずしも容易ではなかった。

ふたつめには、活動の対象としての「市民」の内実が問われていた。「市民」が対象である以上は、その活動の対象を障害児に限定する必要はない。それゆえに、障害児以外の「市民」を対象とした取り組みとして、たとえば「不登校児および保護者」を対象とした取り組みの可能性が議論されていた。

第二に、活動領域＝余暇をめぐるせめぎあいである。「余暇を通じた関係形成から、新しい地域づくり」を掲げる団体Yは、障害児を含めた多様な人との関係形成を目指すがゆえに、さまざまな生活および社会的課題に遭遇することになる。たとえば、団体Yの活動方針をめぐる会議では、活動に参加するにあたっての障害児の送迎の問題、障害児の学校卒業後の就労および生活の場としての作業所やグループホームといった課題、障害児と関わりを持つ保護者への働きかけ、子どもおよび学校に広く関連する不登校といった社会的課題が挙げられている。

団体Yではこうしたさまざまな取り組むべき課題があるなかで、活動の領域を余暇に定め、ひとつひとつの活動を充実させていくのか、あるいは生活（送迎、作業所、グループホームか）へと活動の領域を広げるのか、必ずしも担い手の間では一致した見解が持たれなかった。この点については、団体Yの内部でも実際にはさまざまな可能性が想定されており、この時点ではあえて明確な目標を設定するのではなく、活動を積み重ねながら「その時点でできあがっている関係に基づいて、その時々でビジョンを決めていけばよい」とした。

団体Yのこうした活動をめぐるせめぎあいは、団体Yの以下の特徴を示している。

第一に、団体Yは学校週五日制への対応という性格をもつX会から形成されながらも、X会の取り組みを越えた新たな課題を発見した。それまでのX会の活動では学校週五日制への対応という側面が強かったものの、団体Yは活動拠点を形成しフリースペースや宿泊事業を運営しながら新しい課題へ取り組み、障害児や余暇と連続する次の課題と遭遇しながら、自らの活動を位置づけていく。こうした試行錯誤の過程が「市民」および「余暇」をめぐる葛藤であった。この意味で、団体Yは、従来の活動が行なっていた社会政策への対応を越えた新たな課題を自ら見出していったといってよい。

第二に、団体Yの内部は決して一枚岩でなかった。障害児の課題を中心としながらも、ボランティア団体として活動をしていた団体Yは、障害児および保護者だけではなく多様なアクターと結びついていた。こうした結びつきは、新たな活動を可能にすると同時に、その内部に葛藤を抱えることにもつながった。次節で明らかにするように、団体Yは、こうした葛藤を常に抱えながら活動を継続しており、その課題の一部は、後に福祉事業化による解決が目指された。

以上のように、団体Yは、X会が1998年東京都「地域活動促進事業」の助成を受けることを契機として、X会を支える市民によるボランティア活動として形成された。そして、活動拠点を獲得し、フリースペースの運営など新たな活動を展開した。この活動のあり方は、団体Yの参加者および活動の内容をめぐるせめぎあいのなかで選び取られたものであり、こうした団体Yの抱えた課題は、その後の福祉事業化へと引き継がれていくことになる。

5 市民活動から福祉事業所へ

市民活動として新たな取り組みを開始した団体Yは、先述した通り、さまざまな葛藤を団体内部に抱えていた。こうした課題を解決するために、団体Yは社会福祉基礎構造改革を背景とした障害者福祉制度の変化を利用しながら、福祉事業化の道を選択する。ただし、福祉事業化による解決は、課題の全てを解決するわけではなく、X会と団体Yの関係にジレンマをもたらすことになった。以下では、社会福祉基礎構造改革を背景とした障害者福祉政策の展開について確認した上で、団体Yの福祉事業化の過程とその帰結を明らかにしよう。

5-1　障害者福祉政策の展開

　団体Yが福祉事業化していく背景には、どのような福祉政策の変化があったのだろうか。ここでは、社会福祉基礎構造改革と支援費制度、および知的障害者生活寮について、確認しておこう。

5-1-1　社会福祉基礎構造改革と支援費制度

　団体Yが活動を行なっていた1990年代後半から2000年代は、社会福祉基礎構造改革が進み、東京都でもこれを受けて障害者福祉政策が新たに展開していた時期であった。社会福祉基礎構造改革の内実は多岐にわたるが、その大きな特徴は、（1）自立を中心とする社会福祉の理念、（2）対等な関係の確立（措置から契約へ）、（3）多様な主体の参入促進、（4）増大する費用の公平かつ公正な負担、（5）福祉文化の創造（自助、共助、公助）にある（茨木 2009）。社会福祉基礎構造改革の政策方針を受けて、障害者福祉の領域では、支援費制度の導入、障害者自立支援法体制から障害者総合支援法体制へと、福祉供給の体制が大きく変化した。ここでは、まず社会福祉基礎構造改革と障害者福祉制度における支援費制度への転換を中心に、政策動向を確認しておこう。

　1989年には「高齢者保険福祉十ヶ年戦略」（「ゴールドプラン」）が策定され、2000年までに整備すべきホームヘルパー、在宅サービス、施設などの具体的目標が提示されるなど、対人社会サービスの強化が図られ、翌1990年には社会福祉法八法の改正が行われる。

1990年代後半から社会福祉基礎構造改革が行われる。社会福祉基礎構造改革は、障害者福祉分野ではなく、児童福祉および高齢者福祉分野からスタートする。1997年に児童福祉法が改正され、また介護保険が制定される。さらに、1998年には中央社会福祉審議会社会福祉基礎構造改革分科会が「社会福祉基礎構造改革について（中間まとめ）」と「社会福祉基礎構造改革を進めるにあたって（追加意見）」を公表し、翌1999年になると厚生省は「社会福祉の増進のための関係法律案（仮称）制定要綱」を示す。そして、2000年5月の「社会福祉のための社会事業法等の一部を改正する等の法律」が可決された。

こうした流れのなかで、保育サービスおよび高齢者福祉サービス提供体制と同様に、身体障害（児）者・知的障害（児）者の分野においても制度改革が実施され、2003年度から支援費制度の導入が決定した。[19] 支援費制度は、身体障害者福祉サービス、知的障害者福祉サービス、障害児の在宅福祉サービスについて、利用者が事業者と契約を結び、サービスの提供を受ける利用制度である。より具体的には、第一に、支援費支給を希望する者は知事指定事業者に直接利用を申し込むと同時に市町村に支給申請を行うこと、第二に契約に基づいて提供されたサービスに関する利用料は、代理受領と応能負担方式でまかなうこと、第三にやむを得ない場合に限って、市町村による措置によりサービスが提供されるものである。[20]

支援費制度以前に行われていた事業については、これまで各市町村で独自に行われていた事業が、法律に基づく全国共通の制度として継続した一方で、国庫補助による制度として新たに介護従事者の資格要件が課されるようになった。たとえば、全身性障害者介護人派遣サービス（東京都事業）は、2003年度からホームヘルプサービスの「日常生活支援」として引き継がれ、すでに介助者として活動している者は有資格とみなす移行措置および日常支援用の短時間の研修が実施されるなどの対応が取られた（山下 2019）。

その後、支援費制度は社会保障費の増大を招いたとされ[21]、2006年4月から障害者自立支援法が施行される。厚生労働省は、自立支援法のねらいとして、①障害者施策の一元化、②就労支援の抜本的強化、③手続きや基準の透明化、明確化、④福祉サービス等の費用をみなで負担し支え合う仕組みの強化、を掲げている（尾上 2009）。

このうち障害者運動からみた障害者自立支援法の最大の問題点は、費用負担が所得に応じた応能負担に代わって利用量に応じた応益負担（定率負担）へと変更されたことである。このことは、サービスを多く利用する重度の障害者ほど利用負担が増えること、さらにそうした負担を避けるためにサービス利用を控える恐れがあるとされた。また、施設や作業所の報酬が、月払いから日払いに変更されたことによって、事業者の報酬の減少および運営の安定性の課題が指摘された。

以下の課題に対して、障害当事者による運動も起こっていく。2006年に「出直してよ！「障害者自立支援法」10・31大フォーラム」が東京都日比谷公園周辺で展開された。そして、その後は違憲訴訟へと展開していき、2008年全国各地の障害者が国を相手取って自立支援法の応益負担をなくすことを求める裁判を起こすと、2009年の民主党政権への交代を経て、2010年1月7日、自立支援法違憲訴訟原告団・弁護団と国（厚労省）の間で基本合意文書が取り交わされ、障害当事者の要求を反映した新しい法律を作ることが約束されるとともに、各地の裁判は和解した（障害者自立支援法意見訴訟弁護団編 2011）。

こうした経緯を踏まえ、障害者自立支援法に代わる新しい制度をつくるために、障害者権利条約の批准を目的として内閣府に障がい者制度改革推進本部が置かれ、その中に障がい者制度改革推進会議が設けられると、さらにその会議内に、自立支援法に代わる法律を検討する総合福祉部会と差別禁止法を検討する差別禁止部会が設置された。こうした会議には障害当事者が参画し、推進会議福祉部会における議論は、「障害者総合福祉法の骨格に関する総合福祉部会の提言」（骨格提言）としてまとめられた。この提言を受け、2013年に「障害者の日常生活及び社会生活を総合的に支援するための法律（総合支援法）」が制定された。利用者負担を最大で一割の応能負担に改めたこと、対象に難病を加えたこと、障害程度区分を改め障害支援区分とするなどしている。

5-1-2 重度知的障害者生活寮と東京都福祉政策

他方で、知的障害者生活寮はどのようにして制度化されてきたのだろうか。東京都の知的障害者福祉の展開について、生活寮を中心としながら確認していこう。

知的障害者生活寮は、厚生省による制度化以前に東京都の単独事業として行われていた。[22] もともと知的障害者生活寮の前身である精神薄弱者生活寮は、通勤寮[23]の滞留問題の解消を目指して、通勤寮退寮後の生活の場として構想された。１９７７年に東京都育成会は、東京都大田通勤寮の委託を受けて、同通勤寮卒寮生の居住の場として東京都初の生活寮「わかくさ寮」を開設する。この取り組みを受けて、東京都は、１９７８年「東京都精神薄弱者生活寮運営要綱」を定め、東京都による単独事業として行なうことになる。国家による生活寮の制度化は１９８９年５月の厚生省児童家庭局長通知「精神薄弱者地域生活援助事業」によって行われることになるが、東京都の取り組みは、１９８９年の厚生省によるグループホーム制度化に対して世話人規定および業務規定が東京都の内容が近似するなどの形で影響を与えた（角田 2009）。

東京都は、国家によるグループホーム制度化に加えて、東京都独自の上乗せ制度として、さらに重度障害者の生活の場としての「重度知的障害者生活寮」事業に取り組むようになる。具体的には、東京都は、１９９７年度から「重度知的障害者生活寮」のモデル事業を都内２箇所ではじめ、２０００年度から本格実施とされた。

こうして生まれた重度知的障害者生活寮は、脱施設化および地域生活の具体的方法として、東京都による福祉政策の全体に位置づけられていく。東京都は、１９９８年７月「財政再建推進プラン」を発表すると、プランに基づく福祉分野の見直し計画として同年８月に「福祉施策の新たな展開」を策定する。そして、２０００年12月「東京都福祉改革推進プラン」（以下、推進プラン）[24]を発表する。「推進プラン」では２０００年度を初年度とする５年間を計画期間とした５つの「改革プラン」が示された。そのうち、「改革Ⅰ　利用者が「選択」するために必要

表3－2　グループホーム制度に関わる支援費制度と障害者自立支援法の変更点
日本グループホーム学会 (2016)p.19 より

	支援費制度	障害者自立支援法
名称	グループホーム（地域生活援助）	共同生活援助（グループホーム） 共同生活介護（ケアホーム）
障害	知的障害と精神障害が分かれている（相互利用は可能）	知的障害と精神障害の区別はなくなる（身体障害だけでは使えない）
区分	区分１と区分２	共同生活援助：非該当、区分１ 共同生活介護：区分２から区分６まで
単位	一居住が一事業	一定の範囲に所在する複数の居住全体を事業単位とする
入居用件	15 歳以上の入居希望者	18 歳以上の入居希望者で障害区分の認定結果で障害サービス受給者証をもつ者。15 歳以上 18 歳未満の場合は児童相談所の意見を参考に市町村が認めた者。
職員	管理人 世話人	管理人 サービス管理責任者、世話人、生活支援員
居住規模	知的障害：４～７人 精神障害：４人以上	知的障害、精神障害とも　２～ 10 人
		既存の建物を利用する場合 １ユニット 10 人× 2=20 人 都道府県知事が認めれば １ユニット 10 人× 3=30 人 ※ユニットとは、居室及び居室に接近して設けられる相互に交流を図ることのできる設備により一体的に構成される生活単位をいい、一つのユニット毎に原則として風呂、トイレ、洗面所、台所等日常生活を送る上で必要な設備を設けなければならない。
報酬	１居住の入居定員に対しての報酬＋区分１の人に 66320 円（4 人の入居定員の場合の区分２の報酬）	障害程度区分、世話人配置基準、夜間支援等の加算に応じて、７区分と加算
支払方式	月額方式	日額方式（利用実績払い）
夜間支援	義務づけなし	義務づけではないが、区分２以上の居住者に夜間支援体制をとった場合、事前の申請で加算がつく。
居宅介護	市町村の支給の考え方により利用可能	原則として個別の居宅介護は利用不可。 区分４以上について、要件を満たせば認められる。 通院介護は、要件を満たせば認められる。 経過的居宅介護利用型共同介護事業所では、障害程度区分にかかわらず、全ての入居者はホームヘルプが利用可能。ただし全ての入居者が経過的給付の対象（報酬の中から事業者の責任で外部委託は可能）。 移動支援は市町村による。
個別支援計画	知的障害は義務づけ	新たに義務づけられた
食事提供	精神障害は任意	任意

なサービスの質と量を確保する」のなかの「戦略１　利用者のニーズにあった多様なサービスを選べるようにします。」において、「障害者の多様なくらしのためのインフラ整備」として「緊急整備３か年計画」が示され、「通所施設」とともに「地域生活の場」として知的障害者生活寮、重度生活寮、重度身体障害者グループホームの整備が計画された。２００２年２月には「推進プラン」をさらに具体化した「ＴＯＫＹＯ福祉改革ＳＴＥＰ２」（以下、ＳＴＥＰ２）[25]を策定し、脱施設化および多様なサービス供給主体の参入を掲げた（西嶌 2004）。

知的障害者生活寮は、社会福祉法人のみに運営を限定されていたが、２００２年２月に東京都の運営要綱の改正でＮＰＯ法人による運営が可能となった。さらに２００３年度から支援費制度が開始されると、東京都による独自制度であった重度知的障害者生活寮は、地域生活援助事業（グループホーム）として国家事業に位置づけられるようになった。その後、２００６年度からは障害者自立支援法体制となり、グループホーム、訓練等給付の共同生活援助（グループホーム）および共同生活介護（ケアホーム）へ移行した（表3-2参照）。なお、障害者自立支援法は２０１３年４月に障害者総合支援法へ改正・改称され、２０１４年４月には、ケアホームとグループホームの一元化、「障害程度区分」から「障害支援区分」への名称・定義の改正が行われた。

5-2　団体Ｙの福祉事業化のプロセス

では、こうした福祉政策の展開のなかで、団体Ｙはいかにして福祉事業化していったのだろうか。ここでは、団体Ｙが福祉事業化を通じてどのような課題を解決したのか、また、福祉事業化によってどのような活動が可能となったのかを明らかにしよう。

まず、団体Ｙが福祉事業化する背景を確認しよう。団体Ｙは、以下の二つの課題を抱えていた。

第一に、障害児の生活の場の確保である。東京都立立川養護学校を卒業した障害児は、学校という生活の場を離れたため、新たな生活の場所を確保する必要があった。ただし、障害児の生活する場としての入所施設を実際に見学したところ、Ｘ会に参加している重度の障害を持った障害児が十分なケアを受けられるとは感じられなかったため、入所施設ではない生活の形を模索したかった（2018年8月23日母親への聞き取り）。

第二に、団体Ｙの活動自体がボランティア不足を抱えていた。もっとも、こうしたボランティア不足は、１９９８年の団体Ｙ結成当時から抱えていた課題であった。そして、東京都緊急一時保護事業の利用を通じて部分的な解決を模索していたものの、必ずしも十分な成果を上げていなかった。そのため、こうしたボランティア不足を解消するためにも、事業化を必要としていた（2020年7月13日母親への聞き取りより）。

こうした課題を背景として、団体Ｙは重度生活寮の開設へ向けた取り組みを開始する。まず、団体Ｙは２００１年10月31日、ＮＰＯ法人を取得する。それまで団体Ｙは任意団体として活動をしていたが、社会的な信用を高めるため、また今後の福祉事業の展開を見据えながら事業化できる可能性を確保するための措置であった。ただし、この時点ではＮＰＯ法人が知的障害者生活寮を運営できなかったため、A市にある社会福祉法人に運営を依頼し、重度生活寮の設立要件であるバックアップ施設を確保する予定であった。

さらに、団体Yは、A市において福祉専門職と関わり協力を得ることで、福祉事業化を進めていく。団体Yは福祉事業を運営するにあたって、保護者やボランティアといった担い手の他に、福祉事業を運営するのに必要な専門性をもった福祉職員を探し、A市にある社会福祉法人が運営する障害児者の福祉施設に勤めていた職員に対して、協力を持ちかける。福祉職員は、それまでは自身がA市において就学時健診に反対し養護学校ではなく普通学校に就学する運動に関わっていたこともあり、養護学校から展開した活動であるX会および団体Yとは距離をとっていた。しかしながら、福祉専門職は団体Yのグループホームの構想を聞くなかで、それまで働いていた福祉施設とは異なるインクルージョンの理念に基づいた障害者の地域生活を実現するために、団体Yの福祉事業化に協力をするようになる（2020年8月29日元団体Y代表福祉専門職への聞き取りより）。

こうした経緯ののち、団体Yは重度生活寮を設立するために、運営員会を立ち上げる。2002年1月8日に運営委員会を募り、2月3日には立ち上げ準備会を開催し、障害児の母親、東京都立立川養護学校の教員、特殊学級の教員、福祉専門職員の合計10名で運営委員会を形成した。

他方で、東京都が、2002年1月31日、生活寮の運営をNPO法人にも認めるように要綱を改正したため、NPO法人を取得していた団体Yも基準を満たせば生活寮を運営できる環境が整った。そのため、当初は同市内の社会福祉法人をバックアップ施設とする予定であったが、東京都と交渉のすえ、団体Yの活動拠点および運営員会をバックアップ施設とすることになった。また生活寮の施設を、東京都福祉改革推進プランによる緊急整備事業を利用し建設した。こうして団体Yは、2002年11月に重度知的障害者生活寮を開設した。その後、2003年4月から支援費制度がスタートした。2003年4月から団体Yは、基準該当事業所としてA市に登録し運営することになる。

こうして団体Yが福祉事業化しグループホームを運営することで、障害者の地域生活が少しずつ可能となっていく。以下は、グループホームの世話人によって描かれた日常生活の一コマである。

二人だけの時間

○○（引用者注：グループホーム名）がスタートして半年あまり、私（引用者注：世話人）も、入居者ほとんどの人と二人きりの時間を過ごしました。

二人きりということは、お互いに「オンリーユー」なわけです。

そんな一コマに、○○さん（引用者注：入居者名）の本屋さんの買い物がありました。

他の入居者の方をトレーニングジムに送っている車の中で、「本屋さんにパーマン会にいく」（引用者注：ママ）という○○さんの私に対するきっぱりとした要求から○○さんと本屋さんに「パーマン」の本を買いに行くことに成りました。

○○（引用者注：近隣市）の「ツタヤ」まで行きました。○○さんは店の中のパーマンに期待を膨らませながらズンズン階段を進んでいきます。私の頭の中は、「もしもパーマンがなかったら」という恐怖でいっぱい。しかし有りました、ちょうど発売されたばかりのパーマンの漫画本、良かったー。

（「○○ニュース」（世話人、2003年4月24日第13号）より）

上の資料では、入居者と世話人が相互の関係性を日常生活のなかで築き上げている様子が描かれている。入居者は、世話人に対して「きっぱりとした要求」を行うとともに、世話人もそれに応え、2人で近隣市の店舗まで出向くなど少しずつ生活の範囲を広げている。団体Yの福祉事業化によって、こうした日常的な関わりが生まれていった。

ただし、日常生活を営むことは生活に関わる人同士の葛藤を抱え込むことである。それは、自分の思い通りいかないことを知ること、その上で周囲の人との関係を調整することの連続である。さらに、グループホームでの生活の一コマを見てみよう。

○○（引用者注：グループホーム名）

20～30代の男女2名ずつが一緒に暮らしている○○（引用者注：グループホーム名）。様々な出来事が起こります。

例えば、ある夜、AさんとBさんの廊下での話声が、自室にいたCさんにとっては妙に気にさわり、Cさんは思わずドアを開けて、大声で「うるさい！」と言いました。Aさんはわっと泣き出します。Bさんは一生懸命慰めます。もう一人のDさんは、緊張した顔をして、1階に駆け降りました（争いごとがイヤなのです）。Aさんはスタッフに、「わたしたちは、うるさくない。なぜ苦情を言われなくてはいけないのか。Cさんと話し合いたい」と訴えます。

数日後の夜、話し合いが行われました。涙あり、懸命の主張あり、真剣なまなざし、違いに関する発見があり、――詳細は省きますが――結局、夕食後の片付けの仕方についての新しいルールが生まれて話し合いが終わりました。その後は、同じいざこざは起きていません。

上の前半部分は、複数の人間が共同で暮らしていれば、いかに起こりそうな「いざこざ」です。でも、解決を探る中で最初には考えてもいなかった事柄が浮上し、結局、現実的かつ具体的な結論に至りました。

わたしはたまたま話し合いに参加していたのですが、この成行きにいたく感心し、グループホームの暮らしと関わるというのは、こういうことなのだな。生活上の一見些細なような出来事に一つひとつ丁寧に、そして必ずそこで暮らしている皆が主人公であることを忘れずにお付き合いしていくことなのだなと、強く感じました。（引用者注：波線はママ）

(「団体Y」(引用者注：団体名が会報名になっている)(団体Y、2008年2月号)より)

ここでは、グループホームにおいて障害者本人と介助者が生活を共にすることに、「いざこざ」が必ず伴うこと、そしてそのための解決に向けて「そこで暮らしている皆が主人公」であることを前提とした上で、個別具体的に生活を調整していく必要が描かれている。

さらにこうした生活は、必ずしも安定的な基盤の上に築かれていたわけではなかった。グループホームの運営の問題は、支援費制度の問題と合わせて、A市市議会においても議論がなされている。以下の文章は、グループホームにボランティアとして関わったA市議会議員による市議会における発言である。

基本的に実は私は昨晩、○○にあります私も一つの委員でありますが、○○という重度の知的障害者の人たちのグループホームのサポーターとして夜勤をいたしました。世話人は夜中一睡もできませんでした。やっぱり多動の方がいるので、ずっとその人につれながら、朝まで徹夜で、やっと4時、5時に眠ったら、もう朝御飯の準備でした。そんなふうな中で、グループホームに関しては、夜勤手当がないという状態で支援費制度ということの話も出ています。重度の人であっても、国は地域で暮らしなさい、グループホームで暮らしてくださいというノーマライゼーションという、これはある意味とてもすばらしい目的を立ち上げたわけです。どんな重度であっても、極論まで言えば、最終的に病院に救急車で行くまでは、だれもが自宅で、医療の介護等も受けながら、生きていくことができるということをうたったのが、支援費制度なんですね。ですから、その制度の実現に向けて、ぜひ、個々に対応することを求めます。

（A市市議会平成15年第4回定例会（2003年12月8日）議事録より）

それまでの資料で描かれた穏やかな日常生活がある一方で、障害者およびその支援者は、日常生活の苦しい場面を双方で引き受けていくことが求められる。とりわけここでは、職員の勤務の過酷さが強調されている。

その後、団体Yは福祉事業を拡大し、2005年度から知的障害者短期入所事業（ショートステイ）、2006年1月にはグループホームを2箇所、知的障害者デイサービス事業を開始する。そして、2006年4月から障害者自立支援法が施行されると新体系に移行し新たに相談支援事業を開始する。さらに団体Yは、2011年2月24日には新たな別組織として社会福祉法人Zを立ち上げ、団体Yの事業のほとんどを社会福祉法人Zへ移譲した。その後、団体Yは2019年3月に非営利特定法人格を解散する。

5-3　教育と福祉のジレンマの生成

以上のプロセスを経て、当初はX会から派生したボランティア団体であり市民活動として形成された団体Yは、福祉政策の変化と結びつきながら福祉事業化していくことで、グループホームをはじめさまざまな福祉事業を運営するようになる。こうした活動の福祉事業化は団体Yが抱えていた障害児の生活場所や人手不足といった課題を解消し、結果としてさまざまな事業の展開は障害者の地域生活を支えていった。この意味で、団体Yは福祉事業化することを必要としており、福祉事業化は組織の目的にかなった合理的な選択であった。

ただし、団体Yの福祉事業化をこうした成果のみで捉えることはできない。実際には、福祉事業化によって団体Yが福祉事業化する以前に抱えていた課題が全て解決するわけではない。福祉事業を運営することは、一方でグループホーム等の福祉事業を通して障害者の生活の場を確保することを可能にするが、他方で福祉事業化は団体Yのボランティア団体としての性格、さらには社会教育における地域活動として行われているX会の活動と齟齬を来すなど、新たな課題を生み出すことにもつながった。以下では、団体Yの福祉事業化がもたらした意図せざる帰結を明らかにしていこう。

では、実際にどのような齟齬が生まれたのだろうか。次の資料は、団体Y内部の議事録である。ここでは、X会と団体Yに関わる障害児の母親が、X会と団体Yの活動のあり方を対比しながら説明している。

このX会をなぜ起こしたかって言うと、基本的にはしょうがいのあるかたも社会教育を受ける権利があるんだっていうことなんですね。学校を離れたときの地域での教育は、学校教育ではなく社会教育なんだという発想なんです。社会教育の中に自分たちも出ていいんだ。だから自分たちも教育委員会から予算をもらっていいんだという、理解してほしいのは最初にヘルパーさんを雇って遊ぶのと、教育の権利としてそこに参加するというちがいがわからないといけない。

（引用者注：団体Yの）普段の支援だったら、自立支援法の行動援護、移動支援だったりするが、X会の活動には、法的な裏づけはなくボランティア活動。しょうがいがあっても、同年代の人が海に行くのと同じように一緒に海に行こうじゃないみたいな感じだよね。ただ確かにX会の活動でも何でも、（引用者注：障害者を介助する）誰かがいないと参加できないという部分はある。（中略）基本的にはボランティアで始まって、ともに楽しむことが第一。報酬は伴わない。

X会の活動は、誰が誰という担当制ではなかった。そのスペースの中でともに楽しむ。私（引用者注：母親）は、子ども（引用者注：障害児）を見ていなくても、誰かが見ていてくれる。誰かを見ながら、全体を気にかけられる部分では、本当に鍛え上げられた。今の団体Yは、ヘルパーの仕事はマンツーマンの仕事が主になっているが、そのことは本当に視野を狭くしていると思う。マンツーマンで見るんだったら、とことんその方と向き合いなさいよというふうになればいいが、いつも同じ人というわけには行かないので、なかなかそうも行かない。

（「団体Y　研修X会について」（団体Y、2009年12月11日）より）

この資料によれば、X会の活動は、社会教育制度と結びついた「ボランティア」としての活動である。こうした活動では、たとえば同年代の人同士が一緒に海に遊びに行くのと同じように、障害者と健常者の関係のあり方は「ともに楽しむ」ことが第一で、金銭的報酬は伴わない。こうした活動のあり方は「学校を離れたときの地域での教育」としての意義をもち、「しょうがいのあるかたも社会教育を受ける権利がある」という発想に基づいている。

他方で、団体Yの活動は、社会福祉制度と結びついた「支援」を行う活動である。こうした活動では、障害者と健常者の関係のあり方は、障害者自立支援法に基づき福祉サービスの利用者としての障害者とサービスを提供する介助者が関わりあう「マンツーマンの仕事」となる。ここで用いられた「マンツーマンの仕事」という表現には、以下の複数の意味が込められている。第一に、「マンツーマン」という通り、サービス利用者としての障害者とサービス提供者としての介助者としての健常者は、原則として利用者ひとりに対してサービス提供者ひとりが対応する。またこのことと関わり、障害者と介助者は常に同じ人がつくとは限らない。第二に、経済的関係が発生する。具体的には、サービスを利用する障害者は、サービス料や所得に応じて原則1割の費用負担がある。また、介助者は、サービス提供の対価として金銭的報酬を受けることになる。

表3−3　X会と団体Yの活動の原理の違い

組織	活動の原理	制度的位置づけ	関係のあり方	経済的関係
X会	ボランティア	社会教育（A市の独自事業）	多数対多数でともに楽しむ	なし
団体Y	支援	社会福祉（障害者自立支援法に基づく障害者福祉サービス事業）	一対一で仕事となる	有償（利用者の費用負担、介助者への金銭的報酬）

以上の点を踏まえて、それぞれの組織における障害者と健常者の関係性の違いについて、以下の通り整理してみよう（表3−3参照）。

最も重要な違いは、活動の原理をめぐる違いである。X会はボランティアを活動の原理として、また団体Yは支援を活動の原理として、障害者と健常者の関係形成を目指している。この意味で、X会および団体Yのそれぞれが実現しようとする障害者の健常者の関係のあり方は、大きく異なっている。このことは、団体Yの福祉事業化以前には顕在化していなかった点を踏まえれば、福祉事業化によって引き起こされた大きな変化であるといえる。

さらにこうした活動の原理の違いは、より具体的には、以下の3点の特徴を持つ。

第一に、制度的位置づけの違いである。X会および団体Yは、以下の二つの異なる社会制度によって支えられている。X会によるボランティア活動は社会教育に位置づいており、社会教育領域の活動として行われている。ただし、A市教育委員会の独自事業によって行われており、具体的な根拠法はない。他方で、団体Yによる支援は社会福祉制度に位置づいており、社会福祉領域の障害者福祉サービスの事業として行われている。なお、資料にある会議が行われた2009年時は、障害者自立支援法が根拠法となる。

第二に、障害者と健常者の関係のあり方の違いである。X会の活動においては、X会の活動に集まった人がその場で誰が誰という担当するといった一対一の関係でなく、障害の有無にかかわらずみんなが「ともに楽しむ」という関係である。他方で、団体Yの支援の場合は、障害福祉サービスを受ける利用者とサービスを提供する事業者の契約関係にもとづいた「仕事」となる。そして、実際の関係は、障害者（利用者）が介助者（サービス提供者）といった契約関係を結んでおり、両者はそれぞれが明確な役割をもった一対一の関係となる。

第三に、経済的関係の有無をめぐる違いである。X会の活動に参加する際にはボランティアとしての参加であり、そこでは障害者を介助したとしても、直接的な金銭的報酬は伴わない。他方で、障害者が団体Yを通じて障害者福祉サービスを利用する際には原則1の経済的負担があり、介助者が団体Yの支援として障害者に関わる分には金銭的報酬が発生する。もっとも、資料にある通り、実際にはボランティア活動であっても障害者が介助を必要としているために、双方の活動において障害のある人の手助けをするという意味での介助はしばしば発生する。ただし、ここで重要なことは、障害のある人の手助けをするという行為に対して、経済的関係があるかないかの違いである。

このようなボランティアと支援という活動の原理の違いがもつ重要な点は、こうした活動の原理の違いが、障害者と健常者の関係形成を行う活動の現場におけるアクター同士の相互交渉を可能にすると同時に枠づけていることである。このことについて、以下の2点を指摘しておこう。

第一に、こうしたボランティアと支援活動の原理の違いは、その関係のあり方および経済的関係の有無について、両立が不可能である。「多数対多数」と「一対一」、「ともに楽しむ」ことと「仕事」、「無償」と「有償」は、それぞれが二者択一であり双方を両立することは難しい。そのため、障害者と健常者をめぐる関係形成が行われる現場には、二つの相反する関係のあり方を目指す力学が絶えず働くようになる。

第二に、こうした活動の原理の違いは、アクターのもつ個別の価値観というよりも、アクターの位置づく社会制度の違いに根付いており、どちらもその活動の内部において合理性を持っている。X会からすれば、「学校を離れたときの地域での教育」を受けることは、障害者に保障されてきたとは言い難い大事な権利である。ただし、団体Yにとって社会福祉制度と結びつくことは、新しい課題を解決するために必要なことであった。とくに、X会のみの活動では解決でなかった障害児の生活場所の課題、および支援者の確保といった課題は、団体YがX会を離れ社会福祉制度と結びつくことによってこそ可能となった。

もっとも、障害者と健常者の関係形成が行われるその場においては、こうした活動の原理が両者の関係性の全てを決定してしまうわけではない。たとえば、ボランティアが、障害者に対する介助を行うこともあり、またその反対に障害者とその介助者が福祉労働としての介助関係を越えて多様な人と出会うなかで「ともに楽しむ」関係性を築くこともある。この意味で、実際の関係においては様々な妥協の仕方がありえるだろう。しかしながら、こうした関係のあり方は、活動の原理からの逸脱としてしか起こり得ないため、常にそうした事態が起こるとは限らず、また活動の原理によって働く力学それ自体がなくなるわけではない。

重要なことは、障害者と健常者の関係形成を、二つの異なる原理をもとに再編しようとする力学が発生していることである。ボランティアおよび支援という二つの原理は、X会と団体Yのそれぞれ活動において一定の合理性をもっている。実際に、X会および団体Yは、教育制度および福祉制度と結びつくことでそれぞれの活動が可能となっている。こうした活動の原理の違いにもとづく力学は、現場のアクターのふるまいを可能にすると同時に規定してもいる。しかしながら、そうした社会制度による基盤の確保は、同時に活動の原理に明確な違いを生み出した。こうして、現場のアクターは、二つの異なる関係のあり方を実現しようとする力学がもたらすジレンマを引き受けざるを得なくなった。

この意味で、福祉事業化は、課題の一部を解決する方法であると同時に、それ自体が従来の活動との齟齬をもたらすという新たな課題を生み出すこととして帰結した。ここでは、こうした活動をめぐるジレンマのことを、それぞれの組織の位置づく社会制度による構造的な規定性を重視して、「教育と福祉のジレンマ」と呼んでおこう。

以上で明らかにした通り、団体Yの福祉事業化は、一方で福祉事業の運営を通して障害児の生活場所を確保し、その困難を一定程度において解決することを可能とした。しかしながら他方では、団体Yはこれまでの活動の原理を変容させることとなり、このことは従来においては相互に連動しながら活動を行なっていたX会の活動と齟齬をきたすようになった。

X会と団体Yを支える活動原理の違いは、原理的には調停不可能である。X会と団体Yは、それぞれがもつ活動の原理と結びついた社会制度によって活動が可能となっているために、こうした社会制度から離れて活動をすることは難しい。したがって、X会と団体Yは、それぞれが目指す活動を継続しようとするならば、それぞれの活動の違いがもたらす矛盾を引き受けざるを得ない。そのため、当初は深い関わりを持って活動していたX会と団体Yは、その障害者と健常者の関係形成が行われる現場において「教育と福祉のジレンマ」というべき矛盾を背負うこととなり、ここに団体Yの福祉事業化の帰結があった。

6　おわりに

最後にここまで述べたことをまとめよう。

本章が明らかにしたのは、学校週五日制への対応として形成された地域活動が、学校から地域社会へと活動場所を移しながら新たな取り組みを展開していくプロセスである。

第一に、X会は、学校から地域社会へと活動場所を移すと、要望書の提出を通して市行政からの公的支援を獲得する。また、PTAやボランティアへ働きかけることで、次第に非制度的な社会関係を築いていく。こうした資源の蓄積が、のちの団体Yの形成の基盤となった。

第二に、東京都教育庁の助成を契機として、X会はあらたに市民活動団体Yを形成した。多様なアクターが結びついた団体Yは、市民活動として取り組みを開始し、活動拠点を形成する。

ただし、団体Yは必ずしも一枚岩ではなく、内部に葛藤を抱えてもいた。そうした課題を解決するために、団体Yは福祉事業化を選択するようになる。

第三に、団体Yは、障害児の生活の場および人手不足という解決すべき課題を抱えていた。そして、この課題を解消するためにNPO法人格を取得し国家および東京都の福祉政策の変化と交渉しながら、重度生活寮を開設し福祉事業を運営するようになる。こうした福祉事業化は、一方で生活寮の運営および障害者福祉サービスの提供によって障害者の生活を支えることを可能にした。ただし、ボランティアを活動原理とするX会と支援を活動原理とする団体Yは、相互に相反する活動の特徴を帯びるようになり、矛盾を抱え込むことになった。

市民活動の展開過程から浮かび上がるのは、1990年代後半以降における障害をめぐる地域社会と福祉政策の再編が、社会政策と社会運動の偶発的な相互交渉を通じて進んだことである。障害をめぐる社会政策と社会運動の相互交渉が展開する場所が学校から地域社会へと移行したことは、市民活動による新たな活動が展開する余地を生み出した。ただし、市民活動が自発的に課題に取り組む過程は、市民活動が新たなアクターと資源を獲得し活動を広げる側面と、市民活動が社会政策の展開に合わせて活動のあり方を選び取っていく側面が含まれていた。したがって、1990年代後半以降における障害をめぐる地域社会と福祉政策の再編過程は、国家による市民社会への一方的な介入として理解することはできない。しかし、社会政策の変化は、市民活動のあり方を確かに枠づけていた。

第2章および第3章について、改めてまとめよう。

X会の活動は、学校週五日制の導入に対して、障害児の教育権を守りつつ、それまで限られていた障害児の生きる場を地域へと開いていく運動として開始された。その後、地域社会での活動を続けるなかで、PTAやボランティア等の地域社会のアクターと出会い、新たにボランティア団体Yを結成し、X会と団体Yは相互に協働しながら活動を行なっていた。その後、社会福祉基礎構造改革を背景として、ボランティア団体Yは新たな課題を見出し、さまざまな働きかけを通して重度知的障害者生活寮などの福祉事業を開始した。ただし、団体Yのもつようになった福祉事業としての性格は、X会のもつ社会教育・ボランティア性格と異なるため次第に相互の活動に矛盾を抱えようになる。

では、こうした矛盾を抱えながらも、いかにしてX会は障害者と健常者を結びつけることができるのか。続く章で明らかにしていこう。

第4章　障害者の地域活動をめぐる共同性の創発的基盤の形成

――多様な参加者による意味づけのゆるやかな結びつき

1　はじめに

これまで第2章および第3章では、本書の分析課題①として、1990年代以降における新自由主義的な行財政改革を背景にもつ教育政策・福祉政策およびそれとの共変動としての社会運動の対立、連携、妥協といった相互交渉の展開が、障害者と健常者の関係形成にかかわるどのような構造的な制約と可能性をもたらしたのかを明らかにしてきた。

学校週五日制の導入という教育政策の変化に対して、障害児の保護者および教員による対応として地域活動が開始された。こうして生まれた活動のひとつがX会であった。次に、東京都社会教育行政の変化への対応のなかで地域活動が定着していくと、X会は新たな関連組織である団体Yを形成し、学校週五日制導入による「土曜日問題」を超えた新しい課題に取り組むようになる。その後、団体Yは、社会福祉基礎構造改革を背景とした東京都の福祉政策の変化と結びつきながら福祉事業化すると、X会と団体Yは、教育と福祉のジレンマをその運動内部に抱えるようになった。

以下に続く第4章・第5章では、本書の分析課題②として、こうした社会政策と社会運動の展開の帰結としてもたらされた構造的な制約と可能性が、障害者と健常者の関係のあり方をどのように再編成したのかを明らかにしていく。課題となるのは、障害者と健常者の関係性のあり方を枠づけようとする構造的な力学と、個々の社会的な文脈における関係のありようのせめぎあいのなかで、どのような障害者と健常者の関係性が創出されているのかを、X会の活動のミクロ分析によって明らかにすることである。

本章の目的は、X会の担い手が活動に対して与える個人的な経験に即した意味づけに注目し、個別のアクターの経験とX会の活動がいかにして結びついているのか、また個別のアクター相互の意味づけがいかにしてX会の活動において共有されているのかを明らかにすることで、X会が組織内部に多様性なアクターによる参与を確保しながら共同の場を維持する仕組みを検討することである。

本章で、X会に参加するアクターの個別の意味づけに着目するのは、以下の分析のねらいがある。

第一に、X会活動に関わるアクターの経験の多様性を明らかにすることができる。X会は、障害者、家族、指導員、支援者、ボランティアといった多様なアクターが集まりながら活動を行なっている。そこで、X会に参加する個別の参加者の経験を明らかにしながら参加者間のずれと共通点を析出することで、X会の活動を一面的に表象することを避けながら、その活動の内容を明らかにすることができる。

第二に、X会に関わるアクターの主体性を明らかにすることができる。X会の活動は、組織的動員による参加者の確保を前提としていないこともあり、動員論的な観点から捉えることは難しい。そのなかで、なぜ多様な参加者がX会に参加しているのかを明らかにするためには、アクターによる主体的な働きかけを理解していく必要がある。

実際に、X会の活動を通して出会い関わりあう障害者、家族、指導員、支援者、ボランティアといったアクターは、それぞれが社会制度的な付置連関の上で異なる位置づけに置かれている。またX会の活動に対しても異なる利害や動機づけを有してもいる。そのため、こうした多様なアクターを結びつけることは、必ずしも容易なことではない。ただし、X会はこうした困難に直面しつつもなお、多様なアクターを地域社会において結びつける活動を続けてきた。では、こうした実践はいかなる仕組みによって、可能となっているのだろうか。

この点を明らかにするために、本章では、とくにX会の活動に多様なアクターが集まることに関心を寄せ、X会の活動の理念と、個別のアクターの意味づけに着目しながら、その仕組みを明らかにすることを目的とする。それぞれのアクターは、活動に対してどのような意義を見出しているのか。また、多様なアクターによる意味づけは、どのような違いと共通点をもち、そこからアクターの相互の共同性が立ち上がっているのだろうか。

以下、本章は次のように展開する。まず調査の対象と方法（2節）について述べ、分析の視点を検討する（3節）。そして、X会の活動において多様なアクターが集まりながら活動を展開することを可能にしている仕組みを、組織の水準（4節）、アクターの水準（5節）にそれぞれ焦点を当てながら、分析する。最後に、これまでの議論をまとめる（6節）。

2　対象と方法

ここでは、本章で詳述するX会の活動のアクターについて、あらかじめ簡単にまとめておこう。X会の活動の参加者は、障害者、家族、指導員、支援者、ボランティア、と類型化することができる（表4-1参照）。X会の行う主な活動は、音楽活動（毎月第2土曜日）、スポーツ活動（第4土曜日）、定例会議（月に1度）である。音楽活動とスポーツ活動は、指導員のもとで行われ、市内の公共施設にておよそ30～40人が参加する。定例会議は、X会の役員を務める母親たち2～3人と社会福祉法人Zの介助者やボランティアによって行われている。また、音楽活動・スポーツ活動以外には、長期休暇期間には外出（日帰りや泊まり）を実施している。

筆者は、2014年10月から2020年3月まで、ボランティアあるいは介助者としてX会の活動に関わりながら、フィールドワークを行なった。具体的には、定例会議に参加しながら活動の準備を担うとともに、活動に参加する障害者の介助者として、また音楽活動の運営を手伝うボランティアとしてX会に関わっている。また、X会を運営する参加者への聞き取り調査を合わせて行った。本章で用いるデータは、筆者が以上の活動に対する参与観察によって得られたデータ、活動の参加者への聞き取りによって得られたデータである。

表4－1　「参加者の類型と特徴」

参加者の類型	特徴	活動への関わり方
障害者	医学的／法律的基準における障害の種類や程度は多様であるが、知的障害者、また ASD（自閉スペクトラム症）や ADHD（注意欠如・多動性障害）等の傾向をもつ発達障害が中心である。なかには、あるいはてんかん発作や難病を有していることが多く、一般的な意味での言語によるコミュニケーションが難しいことがある。また、身体障害を重複して有しているケースもある。学齢期が中心だが成人も参加しており、やや男性が多い。	毎回の参加する人から、年に何度かの参加者など、多様な関わり方をしている。また、多くの場合、介助者を伴って参加している。
家族	学齢期の障害児の母親が中心である。ただ、子どもが成人し現在はグループホームに居住を移しているケースもある。	レスパイトおよび家族と離れて過ごしたいという理由から、音楽活動、スポーツ活動、外出へはあまり参加せず、主に運営事務を担う。
指導員	X 会における活動を運営するにあたって、地域活動の場の運営・指導を行う。なお、A 市事業委託による要綱では、指導員の資格要件を定めていない。50 代前半２人（男女）。音楽に関する経験及び福祉における専門的な経験を有しており、音楽活動をしながら、介助や福祉施設における音楽活動によって生計を立てている。	X 会から指導料を受け取る有償ボランティアであり、ほとんど毎回の活動に参加している。
支援者	年齢、ジェンダー、職歴など多様である。多くは、社会福祉法人Ｚに所属するが、それ以外の法人にも所属している介助者も存在する。	支援者が単独で参加することはなく、外出等で X 会の活動に参加する障害者の介助の一環として活動へ参加する。
ボランティア	高齢者や学生が中心である。参加の経緯は、X 会の活動に参加している人のネットワークを通じて参加する場合が多いが、社会福祉協議会等の公的アクセスを通して介して参加する場合が存在する。	活動への参加頻度や関わりは個々によって様々であり、毎回の活動に参加する人もいれば、その時の都合で参加する人などがいる。

3　分析の視点

本章では、X会の活動において多様なアクターが関わりあう点に関心を寄せながら、X会が多様なアクターによる参加をいかにして可能にしているのか、その仕組みを検討する。とくに、こうした組織の柔軟性をめぐる課題については、主に支援現場における組織のあり方に注目した議論が蓄積されている。以下、その議論の概略を整理し、本章の分析の視点を示していこう。

小野奈々によれば、人道支援といった現場対応の緊急性が高く求められる分野において、NPO／NGOなどの非営利組織が柔軟に対応することを可能とする組織的な特性が注目されてきた。ただし、可能性を評価する議論の一方で、こうした組織は、政府や企業といった他のアクターと比較すると、資源の希少性および非効率性に課題を抱えていることが指摘されてきた。

以上の課題を解決するために、政府や企業とのパートナーシップといった解決策がしばしば用いられる。そしてこの解決策は、確かに運動の組織基盤を確立しその影響力を強めることができる点で、一定の効果を組織にもたらす。しかしながら、この解決策もまた問題を抱えており、とりわけ運動の穏健化、保守化、および行政への編入を招く傾向があると指摘されてきた。この点は、NPO／NGOが当初の目的としていた緊急性や柔軟性を要する支援の実効性を失ってしまうことを踏まえれば、大きな課題でもある。そのため、緊急性の高い現場における柔軟な対応を可能とする組織のあり方と、そうした組織の限界を解決するための組織基盤を確保する方法は、しばしばジレンマに陥ってしまう。

こうした組織の柔軟性をめぐるジレンマについて、小野は、人道支援という現場の緊急性の高い分野において活動する組織を事例として、それらの組織が課題に対する柔軟な対応を可能とした要因を分析している。とくにここで注目されるのは、活動組織の水準で設定される理念と活動の実践者の関係である。小野は、組織の理念が具体的な行動のプログラムなどを示すものではないという意味でその厳密度の低い理念を「単純化されたイデオロギー」（小野2003:107）として捉え、「単純化されたイデオロギー」が現場で対応する個人の裁量権を確保し、緊急性の高い現場における柔軟な対応を可能にしたことを明らかにする。ここから、小野は、「単純化されたイデオロギー」の意義を、組織の拡大や行政への編入などに伴う「運動の制度化」を乗り越える可能性をもつものとして評価している（小野2003）。

小野の研究と類似した視点をもった研究が、佐藤恵による障害者支援を行うボランティアグループに対する研究である（佐藤2005）。佐藤は、阪神淡路大震災によって被災した障害者への支援を行うボランティア・グループの事例研究を行い、震災直後におけるさまざまな課題に対応することを可能にした組織の特性を分析した。この分析の結果から明らかになったことは、組織の現場における支援課題が、あらかじめリジッドなものとして定位されていたのではなく、支援活動の展開に即して組織に関わるアクターによって解釈されながら形成されていた点である。こうした分析を踏まえて、佐藤は、こうした柔軟な目標を持つ組織を、社会制度やマニュアル的な支援によっては対応できない個別のニーズへの対応を可能にする「ソフトな能動性」

（佐藤 2005:114）をもつものとして評価する。

以上の二つの研究は、組織の理念と組織内部のアクターの関係に着目しながら、その活動に関わりをもつアクターによる解釈のプロセスに注目する。そして、こうしたアクターによる解釈が、組織の活動を固定的なものとすることを拒みながら、組織が柔軟に機能することを可能にしていることを明らかにした。

以上の研究を踏まえて、本章では、組織の理念と組織内のアクターの関係に注目し、活動の参加者が組織の理念を踏まえつつも、組織内のアクターが活動に対してどのような意味づけを与えているのかを分析する。こうした分析を行うことで、X会の組織内部における多様性を明らかにするとともに、X会の活動において多様なアクターによる参加が可能となっている仕組みを捉える。以下では、①組織の水準（4節）、②アクターの水準におけるX会の活動への意味づけ（5節）に注目し、それぞれの水準を分析する。

4 「単純化されたイデオロギー」としてのX会の理念

本節では、組織の水準におけるX会の理念を明らかにする。X会は、自らの活動をいかにして位置づけているのだろうか。この点を明らかにするために、X会の活動の会則に注目し、その意味を明らかにする。

X会の活動の理念は、X会の会則にみることができる。具体的には、X会は、その活動の目的を会則第三条（目的）に以下のようにして定めている。

しょうがいのある人たちが地域で楽しく過ごすために活動の機会を設ける。ともに育み合う仲間として、多くの地域の人々と交流できる活動を行う。

（X会2018年4月配布リーフレット「会則」より）

以上で示された活動の理念は、どのような特徴を持っているだろうか。以下の3点を指摘しておこう。

第一に、「しょうがいのある人たち」とあるように、X会の活動に際して、「しょうがいのある人たち」が活動の中心であるということが明記されている。重要な点は、ここではあえて障害の種類や程度、また年齢にも触れず、「しょうがいのある人たち」と曖昧な形で示していることである。実際には、X会の活動に参加する「しょうがいのある人たち」は、未就学児・学齢期・成人と幅広い。またその障害の種類や程度は、知的障害や発達障害が中心でありどちらかと言えば「重度」であることが多い。ただし、以上の活動の理念は、あえて「しょうがいのある人たち」と曖昧に表現することで、社会制度的な定義における障害概念を直接的には参照せずに、メンバーシップを定義している。

第二に、X会の活動は、「しょうがいのある人たち」のためにのみあるのではない。X会の活動は「しょうがいのある人たち」をあくまでも中心的存在とはしているが、「地域の人々」

という言葉で健常者を活動の中に含めた上で、「ともに育み合う仲間」として両者が対等な関係を築くことを目的としている。ここでは、広く「地域の人々」とあいまいに表現することで、活動に関わる人を障害者本人や家族に限定することを避けている。

第三に、こうした「しょうがいのある人たち」と「ともに育む仲間」をつなげるのが、「地域」概念である。「しょうがいのある人たち」と「多くの地域の人々と交流できる」ことが活動の重要な目的となる。したがってここでは、「しょうがいのある人たち」とそれ以外の人たちが「地域」を介して接続されている。X会が「地域」を理念として掲げている背景には、ノーマライゼーションという思想的背景がある。第2章でも触れたように、X会は1992年9月12日に正式に活動が開始されており、活動の初期の担い手は教員を務めた人々やその教員と関わりのある母親であった。そのため、ノーマライゼーションの思想的影響を強く受けた人々が活動を開始したことから、「地域」という理念がX会の活動の理念に明記されている。

以下、X会の組織の水準における意味づけの特徴について、まとめよう。

X会の活動の理念は、「地域」という概念によって、「しょうがいのある人たち」と「ともに育み合う仲間」を結びつけながら、「楽しく過ごす」ための活動を行うことを可能にする。こうした理念は、対象者や活動の内容という点では曖昧さを含むものである。「しょうがいのある人たち」、「楽しく過ごす」、「共に育み合う」、「地域の人々との交流」といった言葉は、X会の目的や方向性を漠然と示しているものの、抽象度が高く、はっきりとした形では示していない。ただし、このことは必ずしも否定的に評価されるべきことではなく、X会の理念が参加者による広い解釈へと開かれることによって「単純化されたイデオロギー」（小野 2003:107）として機能しうる可能性をもつものである。

では、こうした理念のもとで行われるX会の活動を、参加者はどのように解釈しているのだろうか。また、そうした解釈によってどのような関係が形成されているのだろうか。次の節で明らかにしていこう。

5 アクターによる意味づけ

X会の活動に継続的に参加するなかで気がつくことは、X会の活動の参加者が、それぞれのアクターの経験に基づいてX会の活動に対して意味づけを与えている点である。このような意味づけは、X会の理念という組織の水準の意味と重なりながらも、それぞれの参加者の経験に定位した多様な内容を含んでいる。そのため、各アクターの意味づけは、一致しているとは言い難い。そこには、それぞれの参加者がもつ利害、さらには価値の違いも確かに刻まれている。しかしながら、それぞれのアクターによる意味づけのあり方は、多様でありながらも、全く異なっているわけでない。それぞれの意味づけは、それぞれの固有の経験を含みながらも、なおX会の活動を通してゆるやかに結びついてもいる。

それでは、それぞれのアクターは、X会の活動をいかにして意味づけているのだろうか。この点を明らかにするために、本節では、障害者、家族、指導員、支援者、ボランティアのそれぞれのアクターに注目しながら、その意味づけを記述していこう。

5-1　障害者による意味づけ——仲間と出会うことのできる場

ここで取り上げるのは、障害者のAさんとその親であるBさんの事例である。[26] AさんとBさんは、親子でX会の活動に毎回参加している。ここでは、AさんとBさんがX会の活動に参加したある場面をもとにしながら、Aさんがいかにして X会の活動を意味づけているのかを明らかにしよう。

以下の場面は、音楽活動の一場面を記述したフィールドノートである。Aさんは、X会の音楽活動に定期的に参加しており、この日もいつもと変わらずに参加していた。X会の音楽活動において、Aさんがまわりの参加者との関係のなかで歌を歌ったり、他の参加者との触れ合いのなかでのふるまいを描写した一部である。

次に、コンサートで歌う「365日の紙飛行機」の練習をした。○○ちゃん（引用者注：X会の活動への参加者）が歌うことになったが、「うちひとり〜?」と言っていたので、Aさんが一緒に歌うことに。また、○○さんが△△くんも歌えるということで、△△くん（引用者注：X会の活動への参加者）も前で歌うことに。Aさんが、椅子を出し、マイクの高さを二人で合わせて歌うことに。

『ほほほ』を歌っていると、となりのAちゃんの頭に僕（引用者注：筆者のこと）の手が当たってしまい、お互いに笑った。Aちゃんは、笑うとほんとうにお腹の底から笑っている。それこそ、愛想笑いではなく、またくっすっとした笑いではなく、げらげらという表現が正しいような笑いである。

（2017年1月14日音楽活動フィールドノートより）

以上の場面は、X会の音楽活動においてしばしば見られる場面である。X会の音楽活動では、その日の活動に参加した人が前に出て歌を歌ったり、会場にいる人が全員で歌を歌ったりする。そのようにして活動に参加するなかで、たまたま隣に座った人同士が話したりするなど、インフォーマルなコミュニケーションが行われている。以上の場面では、Aさんと周囲の人が関わりあっている場面であり、他の人と歌に参加している状況と、筆者とのたわいもないやりとりが記録されている。

ただし、こういった光景は、Aさんにとっては必ずしもあたりまえのものでもなかった。たとえば、後日筆者が母親のBさんにインタビューをした時に、Bさんは以上の場面を指して、以下のように語っている。

だから、さっきのX会のあの間に入ったっていうのは（引用者注：2017年1月14日の音楽活動のこと）びっくりしたんですよ。嫌いだって言ってたのに、えって。だから打ち解けてきた、知ってるヘルパーさんじゃないとダメなんでしょうけど。で、ああいうヘルパーさん頼むと毎回違う、そうすると対応ができなくなっちゃう。だからきっと慣れたんだなと思って。

（2017年1月30日Bさんへの聞き取りより）

母親であるBさんにとっては、Aさんが X会の活動で先に挙げた場面のように参加者と「打ち解けて」活動をしていることが驚きであった。このことを理解するために、以下の2点を指摘しておこう。

第一に、Aさんは知らない人が苦手であり、とくに介助者が苦手であった。このことは、Aさんおよび介助者個々人のパーソナリティの問題というよりも、介助者が事業所の派遣となるため必ずしも毎回同じ人とは限らないという点を大きな要因としている。母親のBさんによれば、個々人の介助者の違いもあるものの、Aさんと関わる人が同じでないことがAさんにとって負担となっているという。しかしながら、X会の活動に参加するようになると、徐々に自分自身の知り合いが増え、X会の活動でも自然と「打ち解け」ることができるようになった。

第二に、Aさんは、自分自身のペースと合わない活動に参加することは難しく、とくに自らのペースより早く進む活動を一緒にすることは難しいことが多い。この点を示す事例として、

Aさんの母親であるBさんによれば、Aさんが障害者と健常者が一緒に陶器の器を作る活動に参加した経験が挙げられている。Aさんは、A市公民館の主宰する障害者の参加することのできる陶芸教室に参加していた。Bさんによれば、Aさんは、当初は定期的に参加していたものの、回が進むごとにAさんは周囲の人に比べて徐々に作業が遅れてしまった。Bさんの推測では、それがAさん本人にとってフラストレーションとなったことが大きな要因となり、結果的にAさんはその活動にはうまく馴染めなかった。

以上で記述したように、Aさんにとっては、X会の活動は、「打ち解け」ることができた場所である。それは、Aさんにとって仲間がいること、また活動のペースについて無理に他者と合わせることなく一緒に活動ができる場所である。この意味で、Aさんは、X会の活動を自らの「仲間と出会える場所」として解釈しているといえよう。

5-2 家族による意味づけ——密着した家族関係を一時的に解除する場

次に取り上げるのは、X会の活動に参加している知的障害をもつ子ども（Dさん）の母親であるCさんの事例である。[27] 本節で用いるのは、Cさんの子どもに対する認識およびX会の活動におけるある出来事を述べた語りである。

Cさんは、息子のDさんと離れるべきだと認識している。

そうですね、Dとは離れたほうがいい、もう年齢なんですよね、ちっちゃい頃は一緒に行って、あれだったけど、その、お母さんが。すっごい気にするでしょ、うちのD、私のこと、すっごい気にしてるんですよ、必要以上に気にするので本当はあんまり行きたくないっていうのがあるんですけど。

（2015年7月27日Cさんへの聞き取りより）

Cさんは、障害者の「親亡き後」を考えた際に、Dさんが家族を気にすることなく生きることができることが必要であるという認識を持っている。とりわけ、聞き取り当時は、特別支援学校の高等部の卒業が目の前に迫っていたこともあり、本人の学校卒業後の自立を考えた場合には、Dさんが母親のことを「必要以上に気にする」ことは、好ましくないと捉えている。

その上で、Cさんは、Dさんが X 会の活動に一人で参加した際の出来事を語っている。以下で語られているのは、Cさんの子どもであり知的障害をもつDさんが、普段は家族や介助者を伴って活動に参加していたが、たまたま介助者が利用できなくなったために介助者を伴わず一人で参加した日の活動についての語りである。

で、こないだたまたまスポーツのときに、ヘルパーさんが体調一人崩されて、Dくん（引用者注：Cさんの子ども）一人参加でいいですかって（中略）Dは一人参加っていうか、ほんとはそういう風にしたいんですよ、ヘルパーさんと一対一で参加するんじゃなくて、

郵 便 は が き

料金受取人払郵便

神田局
承認

7148

差出有効期間
2024年10月
31日まで

101−8791

507

東京都千代田区西神田
2-5-11出版輸送ビル2F

㈱花 伝 社 行

お名前《ふりがな》

お電話

ご住所（〒　　　　　　　）
（送り先）

◎新しい読者をご紹介ください。

お名前《ふりがな》

お電話

ご住所（〒　　　　　　　）
（送り先）

愛読者カード

このたびは小社の本をお買い上げ頂き、ありがとうございます。今後の企画の参考とさせて頂きますのでお手数ですが、ご記入の上お送り下さい。

書名

本書についてのご感想をお聞かせ下さい。また、今後の出版物についてのご意見などを、お寄せ下さい。

◎購読注文書◎

ご注文日　　年　月　日

書　名	冊　数

代金は本の発送の際、振替用紙を同封いたしますのでそちらにてお支払いください。
なおご注文は TEL03-3263-3813 FAX03-3239-8272
また、花伝社オンラインショップ https://kadensha.thebase.in/
でも受け付けております。(送料無料)

みんなの中の一人として参加してほしい。○○さん（引用者注：X会の活動を中心的に担う母親）もそういう狙いはあるんですけど、ヘルパーさんとぴったりくっついちゃってる感じになっちゃってて、Dもそういうものだってなっちゃってる。だから、ヘルパーさんと一緒にいるときはヘルパーさんと一緒に動くんですよ。で、私と一緒のときは、ヘルパーさんついてないときは、わたしは適当に見てて行ってこいっていう、ほんとはそれを、ヘルパーさんとでも一人で考えて参加してほしいんです、こないだいい機会だったのでやってくださいって。たら、○○さん（引用者注：支援者）とかからも、自分で考えて参加してましたよみたいな、その、今日Dくん一人なっちゃってるんでみたいな、そういうあれが、みんなの認識であるので、安心して一人で行ってって。（中略）ああいう、こう、みんなでなんとなくいる、見守ってるみたいのが、いいんですけどね。

（2015年7月27日Cさんへの聞き取りより）

Cさんは、息子のDさんに、家族ないし介助者と「一対一」ではなく、「みんなでなんとなくいる」という関係性のあり方が望ましいと述べている。Dさんは、介助者と一緒に活動に参加すると、どうしても介助者と「一対一」の関係において参加してしまう。そのため、Dさんは、介助者との関係に集中するために、他の参加者とうまく関係を作れなくなってしまう。[28] また、だからこそ、CさんがDさんと一緒に参加する際は、あえてDさんのそばにはつかずに、離れながら「適当に見てて行ってこい」と考えて見守ることにしている。

そのような背景があるなかで、この時はたまたま介助者の都合が合わなかったためDさんに介助者が派遣されなかった。その時Cさんは、介助者の代わりに自身が親として子どもについていくのではなく、また新たに別の介助者を探すのでもなく、Dさんを介助者なしで参加させることにした。そのように判断した理由には、CさんとDさんが「離れたほうがいい」という認識や、介助者と「一対一」の関係になってほしくないと考えている点がある。

Dさんは実際にひとりで活動に参加してみたところ、Cさんは、周囲の人からDさんが「自分で考えて参加」していたとX会の参加者から聞いた。とくにDさんは、自分に対する介助者がいないことから特定の介助者に頼ることはせず、このことが結果として「一対一」ではなく「みんなでなんとなくいる」という関係を作ることにつながった。

以上のような経験から、Cさんは、次のような認識に至る。

彼（引用者注：Dさん）にとって、知ってる人もいるし声かけてくれる人もいるから、彼にとって居心地のいい場所になってくれたっていう。あえて私が行かなくてもいいんだって（笑）

（2015年7月27日Cさんへの聞き取りより）

Cさんは、実際の活動に関わるなかで、あえて母親である自分が息子であるDさんと関わらなくともよいと実感することになった。きっかけは介助者の体調不良という偶発的な出来事であったものの、息子であるDさんが親や介助者がいなくても、自然と周囲の参加者と関係を結ぶことができるようになったからであり、そうした経験をしたことで、Cさんも以上の語りにある通り「あえて私が行かなくてもいい」という認識を実感するようになった。

以上で記述したように、Cさんは、X会を「密着した家族関係を一時的に解除する場」として捉えるに至ったといえよう。Cさんは、X会の活動に関わるなかで息子といかにして離れることができるのか、試行錯誤を積み重ねていた。それは、Cさんの息子の年齢のこと、そしてX会の活動に親子として関わることで息子が親を気にしてしまい、周囲との関係を作れなくなってしまうことがあったからだ。そうしたなかで、息子であるDさんがX会にひとりで参加できたことを知った。Cさんは、以上のX会における経験を通して、息子との関係をあえて関わらない関係として編み直し、X会の活動を「密着した家族関係を一時的に解除する場」として意味づけている。

5-3　指導員による意味づけ——音楽活動を通した共感を与えてくれる仕事の場

次に、X会の指導員であるEさんの事例を見てみよう。Eさんは、X会の音楽活動に関わっており、X会から指導員料を受け取る有償ボランティアである。

Eさんは、プロのミュージシャンを目指し音楽活動を行いながら、工場勤務などで生計を立てていた。その後、Eさんは体調を壊し音楽活動を続けることができなくなってしまうが、高齢者の介護を始めたいと思い、当時のホームヘルパー2級（その後、2013年介護保険法施行規則改正により、現在の介護職員初任者研修相当となる）を取得し、介助者として生計を立てていた。

Eさんが X 会と関わったきっかけは、A 市の社会福祉協議会の募集を通して、団体Yの海水浴にボランティアとして参加したことだった。高齢者のホームヘルパーの仕事を始めた当初、今後の介助者としてキャリアを考えるなかで、高齢者だけでなく障害者も対応できるようになりたいと思い、知的障害者と関わることのできる団体Yの活動に参加したという。

団体Yと関わるなかで、X 会の音楽活動とも出会った。X 会の活動は、介助者になる前にはプロの音楽家を目指していたEさんにとっては、自分自身の音楽活動を活かしながら、介助者としての経験を積むためのよいきっかけだった。X 会の活動に関わるようになると、Eさんは音楽の経験をいかして、指導員として音楽活動に関わるようになる。

Eさんは、X 会の音楽活動について、自身の手記で以下のように述べている。

そんな「音楽教育」を極めた音大出身者のなかには、譜面がないと、演奏ができない演奏家が意外なほどいる。彼らは譜面さえあれば、どんな難しい曲でも演奏して見せる。しかしどうやら、譜面に忠実に演奏することしかやっていないようである。ジャムセッションをしようとすると「即興演奏なんて、勇気がなくてできません。ジャズなんてしらないし…」などと、ぶつぶつ言っている。

一方でわたしは、知的障害をもった人達の音楽セッションに参加しているが、彼らの音楽を楽しむ様はすばらしい。時には興奮しすぎて楽器を破壊してしまうこともあるし、西洋的な音楽ルールなど鼻から無視しているが、何の照れやためらいもなく、音楽と一体化しているその姿は神々しいほどである。彼らの音楽を採点することなど、わたしにはできない。満点以外にありえない。

（「音楽を教育する資格はあるか？」（Eさん、2008年8月）より）

Eさん自身は、障害者の音楽活動に関わり始めた当初はさまざまな葛藤があったものの、Eさん自身がロックミュージシャンであったこと、さらに自分自身が専門的な音楽教育を受けていないことからも、知的障害者の音楽活動に以上のような共感を持ちながら、指導員として関わるようになった。とくに、Eさん自身が伝統的な西洋音楽とは異なるジャンルの音楽活動を続けてきたことは、知的障害者の音楽活動に対する共感を強く支えている。

ただし、Eさんにとって、X会の音楽活動との関わりは、必ずしも共感のみに発するものではない。

だから、仕事でやってるからっていうのがあるからね、あれはね。○○さん（引用者注：X会の指導員）に協力して、お金も出してくれるから、ヘルパーやってるのと同じ感覚で、うん。自分が少し音楽できるかなって部分で、うん。仕事でやってる。

そうそう、だから福祉はもう、きれいごと言ったら人のためになるやりがいがあるとかあるけど、結局のところ、俺の場合は、お金のためにやってるわけだから。X会にしてもね。きれいごとじゃなくて。自分のお金稼ぐために。それの副産物として、まあ、人が喜んでくれたら、それに越したことはない。

（2015年4月30日Eさんへの聞き取りより）

以上でEさんが語るように、X会における音楽活動に関わる理由は、やりがいといった「きれいごと」はなく、あくまでも指導員としてお金が支払われていることにある。X会は、A市教育委員会から事業委託を受けながら音楽活動を行なっており、Eさんにはその予算から指導員料が発生している。Eさんにとっては、あくまでも仕事の部分が先にあり、その「副産物」として「自分が少し音楽できるかな」という音楽の部分がその後にある。

以上で記述したように、指導員はX会の活動を「音楽活動を通した共感を与えてくれる仕事の場」として意味づけていると言えるだろう。Eさんにとってのx会の音楽活動は、自らの音楽経験に基づく共感を感じるものであり、またそれだけでない指導員料を受け取る「仕事」でもある。この意味で、「共感」と「仕事」が重なった場であるといえよう。

5-4 支援者による意味づけ――普段自らが感じている支援の見方を相対化してくれる場

支援者は、X会の活動をいかにして意味づけているのだろうか。ここで事例とするのは、支援者であるFさんの事例である。[29] 支援者は、X会の活動に対して、参加者の介助者として関わる場合や、ボランティアとして関わる場合の双方がある。Fさんも、ときに介助者として、また時にボランティアとしてX会に関わっている。

支援者のFさんは、支援者として重度知的障害者の入居するグループホームに勤めている。そういった経験から、Fさんは、X会の活動に対して以下のように語っている。

言葉を発しない人だからこそ、多くの人と出会ってほしい。あれが好きとか、(引用者注：支援者や家族など周囲の人が障害者に対してさまざまな推測をするが) みんな言っていることが違うかもしれない。また、仕事を続けていくと、考えなくなるし見方が固まっていく。違う人の視点によって、このことに気がづけるのではないか。

(2016年8月9日定例会議フィールドノートより)

Fさんが自らの職場で関わっている障害者は、程度の差はあるものの、医学／法律的な基準における障害の程度は重く、たとえば言語的なコミュニケーションが難しい場合が多い。そして、彼らは健常者と比べると自分自身の言葉で主張をすることが難しく、また周囲の人々もそれを理解することが難しい。そうしたなかで、周囲の人々は、それぞれの視点で障害者と関わり理解しようとしていく。ただし、障害者本人が発する言葉によって支援者のもつ間違いが訂正されることは少ないため、あくまでも周囲の人々による推測を超えることとない。この意味で、障害のある人に対する周囲の人の理解は、多くの場合に誤りである可能性をはらんでいる。とはいえ、障害者本人による訂正が周囲の人に明示的になされることは、必ずしも多くない。

さらにFさんによれば、支援者がグループホームでの支援を継続すると、仕事に習熟していき障害のある人との関係を築くなかで理解が進む側面がある一方で、日常的に関わっている障害者に対する見方は良くも悪くも固定化していく側面もある。ここで注意すべきなのは、自身の見方が悪い意味で固定化した際に、健常者であればそのことを指摘しやすいものの、グループホームに入居している障害者は、言語的なコミュニケーションの難しさや、利用者と支援者といった関係性に置かれていることにより、指摘することが難しい。また、支援者同士が指摘し合ったとしても、支援者同士で見方が固まってしまうと、なかなかそのことに気がつくことが難しくなる。そのため、障害者にとって支援者をはじめとした周囲の人々の見方が固まってしまうことは、本人にとって大きな影響を及ぼす可能性を秘めているが、このことを回避することは支援現場の取り組みだけでは難しい。

Fさんは、こうした理由から、障害のある人だからこそ、支援者だけでなくいろんな人と出会ってほしいと述べている。Fさんの含意は、支援者とは違った視点で接している障害者のことを見てくれる人がいるかもしれないこと、またそうした視点に触れることによって、支援者もまた自らの見方に気がつくことができるということにある。Fさんは、こうした機会を生む活動のひとつとして、X会を捉えている。

Fさんが以上の発言をする背景には、X会の活動に参加したボランティアとの出会いがある。

Fさんは、自分自身が支援者として関わりがある人については、日々の生活状況を把握しているため、事故も含めて様々に対応ができる反面で、どうしても安全に配慮してしまうという。しかしながら、Fさんは、ボランティアの人が遊んでいる姿を見たところ、支援者としては安全を優先してしまうため、ボランティアのように遊ぶことはできないことを感じる経験をしていた。こうした経験は、X会に自らの職種のあり方に対して、反省を迫る経験であった。

さらにFさんは、支援者がX会に関わることで自らの見方に気がつくことの重要性を示す別の例を上げている。以下の例は、X会の活動に参加した支援者の様子について、Fさんが定例会議にて報告した例である。

Aさん　普段はGH（引用者注：グループホーム）で大人の利用者としか接していない。初めて学齢期やそれに近い若い利用者と接し、彼等が変化や成長する瞬間を感じることができたことに大満足していた様子。同時に参加した利用者の普段の支援の状況（持っている時間数など）を通して制度への関心や疑問が高まっていた。

（2017年9月4日定例会議配布資料より）

「Aさん」（支援者）は、支援者としてグループホームで働いており、普段は「大人の利用者」と接することが多い。そのため、X会の活動に参加する「学齢期やそれに近い若い利用者」と出会うことができ、普段とは異なる経験ができたという。

さらに重要なのは、多様な利用者と出会うことが、普段とは異なる状況に気づきをもたらすことである。この場合、支援者は、社会制度に対する批判的なまなざしをX会での経験を通して深めていった。障害種別や程度、また制度的な資源配分によって利用が決まる福祉サービスとは異なり、X会の参加にあたって福祉制度による資源配分は関係がない。そのためX会には、支援者から見た場合には十分な障害福祉サービス支給を受けていないと感じられる参加者も存在する。障害者福祉制度を前提とした障害者支援の現場で、こうした参加者と出会うことは難しい。ただし、X会ではそうした社会制度の水準とは異なる関係が取り結ばれるために、出会うことができる。こうした経験を通して、社会制度のあり方への関心が支援者のなかで立ち上がっていった。

以上で記述したように、支援者から見たX会とは、障害者、支援者、ボランティアといった含めた多様な人と出会う場であり、こうした場は普段の自らの見方を反省する契機を生み出す場である。Fさんは、X会の活動と支援者として働くなかで感じた支援の現場で抱えている課題を結びつけ、X会の活動が多様な人と出会い自身の見方を相対化してくれる場としての意義を語っている。この意味で、支援者はX会の活動を「普段自らが感じている支援の見方を相対化してくれる場」として意味づけているといえよう。

5-5 ボランティアによる意味づけ――障害者と出会い社会へとつながる場

最後に、学生のボランティアのGさんの事例を取り上げる。Gさんがいかにして活動に参加したのか、またX会の活動を意味づけているのかを明らかにしよう[30]。

Gさんは、A市で生まれ育ち、中学校の途中から高校生の間にかけて、家族の仕事の都合から海外へと生活を移した。そして、家族の仕事の都合から日本へ帰国し再びA市で生活を始めた。その際に、その海外で通学した高校の先生の勧めもあり、ボランティア活動を始めることにした。

Gさんが X 会の活動にボランティアとして参加したのには、以下のような理由がある。

本当に何だろう、自分のことで始めたんですけど、アメリカから帰ってきた当時、全く自信がなくて、なんかもうこの日本の世の中で生きていけるのかっていう不安が強くて、何から始めたらいいかわかんなくて、高校も行くか行かないか迷ってたんですけど、でもまず、それだったら一回地元に戻って、地元、地域のことをもっと知ったら、なんか自分の住んでるところが好きになれるんじゃないかなと思って。

で、自分の原点っていうのは、今自分のいるところっていうか、自分の育ったところは、このA市で、生まれたところは違うんですけど、ほんとに小さいころからここにいて、小学校もこっちで、そんなところで、きっといいところがたくさんあるんじゃないかなって、いいところでも悪いところでもいいんですけど、自分の身の回りのことを知りたくて、それで始めましたね。

（2018年8月6日Gさんへの聞き取りより）

Gさんは、自らの「原点」を確認する場として「地域」が重要だと考え、ボランティアとしてX会に関わることにした。X会に関わったきっかけは、GさんがA市の社会福祉協議会の運営するボランティアセンターのボランティア講座を受講したことにある。そこでX会の活動案内を見たところ、海水浴への外出ボランティアを募集しているのを見つけ「楽しそうだった」から、参加することにしたという。

ただし、Gさんは、X会の海水浴が楽しそうだったからX会の活動に参加したのであり、障害については関心がなかったという。

だから実際その、障害っていう言葉には、関わりが全くなかった。関わりが全くなかったわけじゃないんですけど、まあ、あまり知らなかったっていうのがありますね。

（2018年8月6日Gさんへの聞き取りより）

GさんとX会は、障害者を通してつながったというよりも、あくまでも「地域」を通して、

X活動へと参加することになった。これは、障害者本人はもちろん、家族、指導員、支援者、が障害を介して集まっていることとは大きく異なる点である。

実際に参加した後で、X会をはじめとして、障害者支援について、ボランティアまたアルバイトとして継続的に行うようになる。また、そうした経験を通して、Gさんは以下のように感じたという。

私の住んでる近くでこういうことがされてるんだなって、素直に、シンプルに知ることができて。最初は楽しいなとかいいところだなとか、主観的なことばかりだったんですけど、そこからどうあるべきなのかなみたいな、ちょっとまだわからないけど、なんとなく、少しずつ冷静にというか。

（2018年8月6日Gさんへの聞き取りより）

Gさんは、X会に関わる以前には経験しなかった障害者との出会いを通して、自分自身が住んでいる地域社会を知ることができ「楽しかった」という感想をもった。Gさんは、この気持ちを出発点としてさらにボランティアやアルバイトの経験するなかで、最初に抱いた「楽しかった」という主観的な気持ちだけでなく、次に「どうあるべきなのか」といった社会のあり方へ関心が開かれてきたことを語っている。

以上で記述した通り、ボランティアにとっては、X会は「障害者と出会い社会へとつながる場」であるといえる。Gさんが X会に参加したのは、障害者と出会いたかったというよりも、地域社会のことを知りたかったからである。とはいえ、Gさんは、X会の活動に関わるようになると、障害者と関係を結びはじめる。すると、Gさんは当初の抱いていた楽しかったという感想だけでなく、その先にある社会のあり方へと関心が深めていく。この意味で、Gさんにとって X会は「障害者と出会い社会へとつながる場」であるといえよう。

これまで、障害者、家族、指導員、支援者、ボランティアがいかにして X会の活動を意味づけているのかを、アクターの視点から記述してきた。それぞれのアクターによる X会の活動への意味づけは、個別具体的な経験を反映した多様なものである。障害者の Aさんは「仲間と出会える場」として、障害を持つ息子の母親である Cさんは「密着した家族関係を一時的に解除する場」として、指導員の Eさんは「音楽活動を通した共感を与えてくれる仕事の場」として、支援者の Fさんは「普段自らが感じている支援の見方を相対化してくれる場」として、ボランティアの Gさんは「障害者と出会い社会へとつながる場」として、X会の活動を意味づけていた。この意味で、X会に関わるアクターの意味づけは、必ずしもひとつの一致点を有しているわけではない。ただし、それぞれの意味づけは X会での経験を通して形成されているために、ゆるやかに共有されていた。ここではその特徴を2点あげておこう。

第一に、それぞれのアクターは、自らの経験に根ざしながら、X会の活動を意味づけている。それぞれのアクターの X会に対する意味づけは、Aさんはこれまで介助者や周囲の人と馴染めなかった経験、Cさんは障害を持った子どもを育てる母親としての経験、Eさんは音楽家と介助者としての経験、Fさんは支援者としての経験、Gさんはアメリカにおける教育の経験といった個別具体的な経験があった。

第二に、こうした個別的な経験に即した意味づけは、それぞれのアクターが経験したX会におけるそれぞれの他者との関わりを通じて形成されている。AさんがX会に馴染めたこと、Cさんの息子がCさんなしに自らX会の他の参加者と関係を結んでいたこと、EさんのX会の音楽活動との出会い、Fさんのボランティアとの出会い、Gさんの障害者との出会いなど、X会に参加する多様なアクターは、X会に参加する他のアクターとの関わりを通して自らの活動の意味を見出していく。したがって、X会の活動はアクターの個別の経験を媒介しながらゆるやかに共有する場として機能していた。

以上のように、参加者はそれぞれが、自らの有する個別的な経験とX会における他者との関わりの経験を、状況に応じて柔軟に照らし合わせていく実践を通じて、X会の活動に継続的に参加する意義を構築していった。

6　おわりに

最後にここまで明らかにしてきたことをまとめておこう。

本章では、X会の担い手が活動に対して与える個人的な経験に即した意味づけに注目し、個別のアクターの経験とX会の活動がいかにして結びついているのか、また個別のアクターの意味づけがいかにしてX会の活動において共有されているのかを明らかにすることで、X会が組織内部に多様なアクターによる参与を確保しながら共同の場を維持する仕組みを検討した。

以上の検討の結果として明らかとなったのは、以下のX会のもつ組織のあり方の特徴であった。

第一に、X会の活動の理念は、「地域」という概念によって、「しょうがいのある人たち」と「ともに育み合う仲間」を結びつけながら、「楽しく過ごす」ための活動を行うことを可能にするという曖昧なものであった。この理念は、参加者による柔軟な解釈へと開かれていることに意義があった。すなわち、「地域」という抽象的でありつつも局所的には具体性をもつ概念によってつなぎ留められた理念は、参加者による柔軟な解釈へと道を開く可能性を結果的に用意した。

第二に、参加者はそれぞれが、自らの有する個別的な経験とX会における他者との関わりの経験を、状況に応じて柔軟に照らし合わせていく実践を通じて、X会の活動に継続的にかかわる意義を構築していった。障害者は「仲間と出会える場」として、障害を持つ息子の母親は「密着した家族関係を一時的に解除する場」として、指導員は「音楽活動を通した共感を与えてくれる仕事の場」として、支援者は「普段自らが感じている支援の見方を相対化してくれる場」として、ボランティアは「障害者と出会い社会へとつながる場」として、X会を意味づけていた。

このことを踏まえれば、X会に関わるアクターの意味づけは、強固な一致点を有していたわけでは必ずしもない。むしろそこには、ずれや対立の要素も伏在していた。しかし、個別のアクターによる多様な意味づけを強い同一性のもとに統合するのではなく、そうした意味づけのあり方を一定の幅とともに受け入れることで、障害者をめぐるアクター同士の直接的な利害の対立を回避しながら障害者をめぐる多様なアクターが結びつく可能性を確保していた。それを「共同性」と呼んでしまうと、表現が予定調和なニュアンスを持ち過ぎる。だが「ともに育み合う仲間として、多くの地域の人々と交流できる活動を行う」経験が緊張をはらみながらも共有されることを通じ、共同の体験へとつながるゆるやかな基盤が、一時ではあれ確かに形成されていた。

では、こうしてゆるやかに結びついたアクター同士は、活動の場面においてどのような関係を形成しているのだろうか。そこでは、どのような関係のあり方が目指されているのか、またそのような関係のあり方を実現するための実践はどのようなものだろうか。次章では、この点について、X会の音楽活動を事例としながら、明らかにしていこう。

第5章　障害者の音楽活動における参加者の即興的相互作用
――できる／できないをめぐる非対称性を流動化する音楽実践のしくみ

1　はじめに

前章では、X会の活動において、障害者、家族、指導員、支援者、ボランティアといった多様なアクターが、自身の個別的な経験とX会における他者との関わりの経験を状況に応じて柔軟に照らし合わせていく実践を通じて、X会の活動に継続的に参加する意味を構築していったことを明らかにした。それでは、そうした多様なアクターはゆるやかに結びつきながら、どのような活動の時空間を形成しているのか。また、その活動において、参加者はどのような関係を形成しているのだろうか。

本章の目的は、障害者と健常者の関係形成のあり方について、X会の音楽活動を事例として、いかにして多様なアクターが関係形成を行っているのかを明らかにすることである。とくに本章では、音楽活動のミクロ分析を通じて、障害者と健常者が一時的に時空間を共有することで両者ができる／できないをめぐる非対称性を流動化させながら関係を形成するしくみを検討する。

障害者の音楽活動をめぐる研究は、障害者の発達の観点から障害者の経験に注目する研究と、こうした発達に注目する研究がもつ医学／心理学的な前提を批判する研究に分かれて蓄積されてきた。発達に注目する研究として、高野美由紀と有働眞理子は、知的障害者本人が演奏欲求をもち周囲の音楽家や同じ活動に参加する障害者がその演奏欲求を受容する過程を通して、演奏欲求を抱いた障害者本人が自信を確保し積極的に音楽活動に関わるようになったことを明らかにしている（高野・有働 2007）。

こうした障害者の音楽活動を捉える際の発達に注目する研究は、その研究が前提として保持する視点、すなわち障害者の経験を主流文化への適応としてのみ実践を捉える視点が批判されてきた。津田英二は、知的障害者の音楽活動の実践者の思想的な側面に着目しながら、「文化的主流の価値観だけで捉えるのではなく、むしろ既成の価値観では捉えることができないような多様な価値観、既成の価値に対抗・抵抗してくるようなオルタナティブな価値にこそ着目しなければならない」（津田 2018:27）と述べる（津田 2018）。また、浮ヶ谷幸代は、障害者の音楽を参加者の「生」の表現として捉えた上で、障害の区分や専門家によるセラピーとして音楽活動を捉える認識が、二元論的なカテゴリーによって実践を分類する点を批判する（浮ヶ谷 2018）。こうした発達を批判する研究は、障害の社会モデルによる医療モデル批判を踏まえたものであり、近年における障害者の音楽活動をインクルーシブアートとして捉える国際的な動向とも重なっている。

ただし、こうした発達を批判する研究もまた限界を抱えている。それは、障害者の音楽活動をめぐる研究が、障害者の音楽活動の行われる社会空間内部に働くダイナミクスを捉え損なっている点である。Levy らが指摘するように、しばしば障害者の音楽活動の行われる実践には、一方で障害者をエンパワーメントする空間として機能と、周縁化する力学の双方が働いている（Levy, Robb and Jindal-Snape 2017）。そのため重要なことは、障害者の音楽活動がもつ重層的なダイナミクスを、発達の視点に還元せずに具体的に捉えることである。

本章でX会の音楽活動に着目するのは、次の理由による。X会の活動は、知的障害をもつ人を中心として家族、指導員、支援者、ボランティアといった多様な人々が集まり、障害者と健常者が出会い関わりあう場を形成することを模索している。なかでも、音楽活動は、X会の中心的な活動であり、X会の目指す関係のあり方が現れている。したがって、音楽活動を事例とすることで、障害者の音楽活動が創出するオルタナティブな障害者と健常者の関係形成の可能性を明らかにすることが可能となる。

以下、本章は次のような構成をとる。まず、対象と方法について説明し（2節）、続いて分析の視点を設定する（3節）。そのあと、X会の音楽活動のプログラム全体を説明した上で（4節）、音楽活動の一場面である「自己紹介」（5節）および「セッション」（6節）を分析し、最後に本章をまとめる（7節）。

2　対象と方法

本章が対象とするのは、X会の活動のひとつである音楽活動である。X会の音楽活動は、毎月（8月を除く）土曜日の10：00－12：00まで、A市内の公共施設において行われる。市内の公共施設は、小学校の教室、公民館、市民プラザ等であり、A市教育委員会によって確保されており、無償で使用することができる。毎回の参加者は、障害者、家族、支援者、ボランティアなど合わせて40人ほどである。X会の音楽活動への参加にあたっては、障害者がX会へ参加費を200円支払う[31]。毎回の活動への参加は必須ではなく、毎回の参加者が同じというわけではない。活動に必要な楽器等の備品は、A市教育委員会によって購入されたものおよびX会が入手したものを使用する。また、音楽活動を運営する指導員が2名おり、それぞれにX会から指導料が支払われる。

本章では、音楽活動へのフィールドワークおよび聞き取り調査によって得られた資料を使用する。音楽活動へのフィールドワークについては、2014年10月から断続的に行った。筆者は、ボランティアないしはX会の活動に参加する障害者の介助者として、音楽活動において行われる相互行為に対する参与観察を行った。また、X会の音楽指導員への聞き取り調査を行った。

3　分析の視点

障害者の音楽活動がもつ重層的なダイナミクスを、発達の視点に還元せずに具体的に捉えるために、どのような分析の視点が必要だろうか。また、障害者の音楽活動における「オルタナティブな価値」（津田 2018:27）をどのような点に見出すことができるのだろうか。本章では、障害者と健常者の関係形成に関する岡原（1990=2012）の議論を「できる／できないをめぐる非対称性」として定式化した上で、この非対称性への対処に着目しながら音楽活動における参加者による関係形成のミクロ分析を行う。また、このときに音楽活動のもつ「〈場〉の力」（三井 2021:21）に着目することで、複数の主体やモノが織りなす関係性を明らかにする。

障害者と健常者の関係形成についての研究は、両者の間にある非対称性をめぐって議論を積み重ねてきた。この端緒となったのが、岡原正幸による介助関係の研究である（岡原 1990=2012）。岡原は、介助において「あることを自分はできて、かつ、それをできない人がいて、自分がその人に代わってそれをする、という形式」（岡原 1990=2012:218）が存在すると指摘する。そして、「この非対称性は、あからさまな権力関係は作らない」ものの、「『できる人ができない人に配慮する』というかたちの権力関係」（岡原 1990=2012:218）を容易に生み出してしまう。したがって、障害者と健常者の関係においては「できる／できないをめぐる非対称性」が常に存在し、これにどう対処していくのかが課題となる。

それでは、どのようにして「できる／できないをめぐる非対称性」に対処してきたのか。岡原（1990=2012）は、こうした非対称性を解消していくための方途として障害者と健常者の両者が不満を顕在化すること、すなわち「コンフリクト」を起こすことが必要であると述べる。ただし深田（2009）によれば、たとえば非対称性が何ら問題とならない遊びのコミュニケーション、あるいは非対称性が可視化されることで介助者が自己変容するといった非対称性の反転など、非対称性があるからこそ生まれる障害者と健常者の関係が生み出す豊かさもまた存在している（深田 2009）。したがって重要なことは、岡原（1990=2012）の議論を批判的に継承した上で、障害者と健常者にある「できる／できないをめぐる非対称性」を前提とした上で、両者の豊かな関係のありようを明らかにすることである。

以上の障害者と健常者の非対称性は前提としつつも、そうした非対称性から生み出される一様ではない関係のあり方に注目する見方は、とりわけ障害者の音楽活動において重要な視点となる。嶋田（2013）によれば、障害者の音楽活動を、「何かを表現するから病が治る、あるいはこの音楽が美しいから癒されるという具合に、表現されたことや表現されたものを文脈（場）から切り離し、一方向的な因果関係の構図において捉えるのは適切ではない」（嶋田 2013:121）のである。ここで嶋田が念頭に置いているのは、障害者の音楽活動を、治療者と患者、正常と異常、セラピーとアートと治療をめぐる二項対立的理解に基づいて分類して把握しようとする「線引きの問題」（嶋田 2013:121）であり、表現による病の治癒といった視点に代表される一方的な因果関係の図式によっては、音楽活動の豊かさを捉えることができないのである。したがって、障害者の音楽活動における障害者と健常者の関係を捉えるためには、非対称性を前提としつつも、障害／健常、できる／できないといった一方向的な構図を拒否しながら個別の文脈に即して明らかにする必要がある。

ここで障害者の音楽活動を捉える視点を深めるために重要な議論として、三井（2021）の〈場〉の議論を参照しよう。三井（2021）は、ケアの現場を念頭に置きながら、「ある特定の空間において経験される、さまざまな人びとやモノが織りなす関係性」（三井 2021:37）である〈場〉に注目する必要があると述べる。〈場〉は、物理的な空間配置、人数、利用者の属性、利用形態に還元できるものではなく、ケアの現場には「誰か一人の配慮や働きかけに還元できないような、さまざまな人のちょっとしたかかわりや、その〈場〉の空気のようなもの」（三井 2021:21）がある。さらに、そこには時間の積み重ねを通して「ある程度の一貫性や同一性」（三井 2021:38）がある。なお、空間と限定されるのは、とくに利用者が自由な空間の移動が困難であることを踏まえたときに、関係性一般ではなく、その空間が大きな意味を持つからである。

個々のケアだけでなく〈場〉に着目する必要があるのは、ケア現場で起きていることを、ケアを利用者とケア提供者の二者間の行為に還元することを避け、それぞれが〈場〉を構成する複数の主体であると認識した上で、それぞれの人がそのひとなりに周囲の人やモノとかかわるその関係の網目として捉えたためである。そうすることで、個々のケア提供者の能力や専門性を高める一対一のケアモデルとは違った方向性を持つ、異なる背景を持つ人から構成される雑多な空間のもつ豊かな可能性を捉えることができる。ただし、三井が注意深く述べるように、支援者はその〈場〉にかかわる主体として大きな権限を有している。そのため、ケアを二者間で捉えることを避けることを前提としつつも、その上で支援者がもつ役割に注意を払う必要がある。

もっとも、三井が〈場〉として想定するのは施設ケアやデイケアであり、本章で対象とする事例の文脈には違いもある。しかし、障害者と健常者が関係形成を行う特定の空間を、個別の行為やケアを受ける／与えるといった二元的な関係に還元せずに複数の主体によって紡がれる関係性を捉えるという三井（2021）の視座は、障害者の音楽活動の豊かさを捉えるために重要な視座である。

以上で述べた通り、本章では岡原（1990=2012）の議論を批判的に継承し、障害者と健常者が「できる／できないをめぐる非対称性」をもちつつもいかにして関係を形成しているのかを、音楽活動のもつ「〈場〉の力」（三井 2021:21）に着目しながら複数の主体やモノが織りなす関係性として明らかにする。

4　X会の音楽活動

ここでは、続く5節および6節で行う音楽活動の場面を対象とするミクロ分析に先立って、音楽活動の場の特徴を確認しよう。

X会の音楽活動が現在のような形となった正確な時期は資料からは明らかではないが、少なくとも1998年度からは、現在のような形をとった音楽活動が行われている[32]。1998年度から2002年までの5年間、X会は東京都教育庁より「心身に障害のある児童・生徒の地域活動促進事業」を受託すると、毎月第二土曜日にプール活動と並行して音楽活動を行うようになる。音楽活動を開始したのは、A市内小学校PTAを通して活動に関わった音楽家、およびA市公民館の障害者青年学級にて活動するなかでX会へボランティアとして関わっていた社会教育研究者である。当初は、X会に関わっていたPTAが別の活動を企画していたものの、PTAによる企画では継続性に欠けたために、PTAに所属していた音楽家を通して指導員を確保し、その上でX会のボランティアが共同する形で活動が具体化された。その後、2003年度から現在まで、X会の活動はA市の生涯教育課による独自事業として位置づけられ、事業委託の形を取りながら、活動が続いている。

もっとも、X会はあくまでも障害者の地域活動として音楽活動を行っており、必ずしも音楽活動それ自体を目的とした団体ではない。それでは、X会はどのようにして音楽活動を位置づけているのだろうか。X会の活動における音楽活動の位置づけを示す会議録を確認してみよう。

音楽指導の方からは「対象者が限られてきているので個々の音楽技術に力をいれてはどうか」と、提案されています。

X会事務局（団体Y）としては、いいえ続けて来た〇〇（引用者注：個人名）としては、地域に開いた活動の場としての位置づけははずせず、誰に来てもうけいれられる場でありつつ、個人の技術があがっていくには申し分ないことです。しかし、前者なくして後者はなしだと考えます。何故対象者が限られて来たのか？　対象者をどうやって増やすのか？　活動回数は――――？

（「定例会議報告議事録」（団体Y、２００３年1月23日）より）

以上で述べられているのは、X会の音楽活動の方針は、「地域に開いた活動の場」であることが「個人の技術があがっていく」ことに優先するという言明である。X会の音楽活動は、障害者の「個人の技術があがっていく」こと、すなわち、できるようになることを否定することはしない。ただし、障害者を含む誰もが受け入れられる状況、すなわち「地域に開いた活動の場」がまずもってあるべきなのである。そして、仮に活動の参加者が限られてきたという状況があった場合でも、このことをそのまま受け入れ対象者を限定するのではなく、むしろその要因を探り対象者や活動の回数を増やしていくのが重要であるという認識がある。この意味で、X会の活動の根底には、できることを優先するのではなく、むしろできる／できない前提を問う思想がある。

それでは、より具体的にX会の音楽活動の内容を見ていこう。X会の音楽活動の1日のプログラムは、表5-1の通りである。X会の音楽活動では、10：00に集合し会場の準備をしたのちに、10：30から12：00までオープニング、自己紹介、歌、Ｇｏ＆Ｓｔｏｐ、セッション、紙芝居、誕生日、エンディングの順番にプログラムの順番通りに音楽活動を行う。プログラムは、音楽指導員によって企画されており、それぞれのプログラムごとに内容が大まかに決まっている。プログラム全体を通して、参加者が音楽を演奏し、また会話や身体的な動きを通してさまざまな形式で参加者同士がコミュニケーションを取る活動となっており、X会のプログラムはある程度においては定型化されている。

指導員によれば、こうしたプログラムを毎回同じ形にしているのは、X会の活動に参加する参加者が毎回同じではないことから、久しぶりに来る人にとっても馴染みやすいようにするという理由がある。とはいえ、次節以降で分析する通り、そのプログラムを通して、ある程度の状況依存的なコミュニケーションの可能性が残されており、実際の活動では、順番の前後および参加者の都合に合わせてプログラムの順番を入れ替えたり、その日のペースに合わせて時間配分を調整することが行われる。とはいえ、基本的なプログラムの内容は変わることはない。とくに以下で詳述する「自己紹介」および「セッション」はX会の活動において必ず行われる重要な実践である。

また重要な点は、こうしたプログラムの全体は音楽療法をベースにしているものの、必ずしも療育を目的とはしていないことである。この点について、音楽指導員は、以下の事例をあげながら説明する。

〇〇さん（引用者注：X会の参加者名）、X会にどうですかって。ただ結構重度の方なのね、

表5-1　X会の音楽活動プログラム

プログラム	内容
オープニング	ピアノ伴奏を背景としながら、音楽指導員が参加する障害者ひとりひとりをまわりタンバリンを差し出し、叩いてもらう。
自己紹介	ピアノ伴奏を背景としながら、参加者がひとりひとり前に出て自己紹介をする。
歌	ピアノ伴奏に合わせて、季節の歌などを歌う。
Go & Stop	参加者全体で円を描くように歩き、ピアノ伴奏に合わせ歩く／走る／止まるを繰り返す。
セッション	参加者による打楽器の即興演奏を行う。
紙芝居	ボランティアによる紙芝居の読み聞かせの観賞。
誕生日	活動日の月に誕生日を迎える人を、ひとりずつお祝いする。
エンディング	ピアノ伴奏に合わせて歌を歌う。

あの人も。難しいかもねって、でも一回体験で、入られたの。で、結構耳ふさぎがすごくて、ちっちゃいお子さんとか彼が苦手な方だったから、もうずっとこうやって耳塞いでた。で、私たちは、それを見て、やっぱり耳ふさぎ出ちゃってるし、しんどいかもしれない、子供も多いしバタバタ走り回ってるし、もうダメかもねって話をしたら、癖よ癖って。で、そういう捉え方で見てると、確かに大丈夫になってくんだよね。だから、こっち（引用者注：指導員）が、こういう障害でこういう特性でこうだからっていうところを前提にして関わってくと、その特性を強化してしまう部分ってあるじゃない。こっちが、その特性に寄り添い過ぎてしまうと、それを育ててしまう。それをでも突き放して、あの癖だから性格だからとか、まあ、たまたまなんじゃないとか見る観点を持ってると本人も楽なんだなって、すごくX会で勉強させても

らった。特に療育センターでやると、すごく特性を見て、そこにどうアプローチして、変容させていくかっていう風にやってくじゃない。でもその障害に関わることでそれを強化しちゃうなっていう部分があるから。いま全然平気だもんね。平気になってくんだよね、そうなんだと思って。そこでイヤーマフラーしてとかさ、変にそこでこう支援してしまったら、それはずっとそのままで。

（2015年10月25日音楽指導員への聞き取りより）

ここで説明されているのは、「耳ふさぎ」という事例に対する療育としてのアプローチと対比されるX会のアプローチである。一般に、療育としての関わりであれば「耳ふさぎ」を音に対する何らかの特殊な反応、すなわち「障害特性」として認定する。そして、「障害特性」に対する療育的にふさわしい支援（たとえば「イヤーマフラー」をつける等）をしながら、適応を目指すというアプローチをしていく。

しかし、X会では療育的な支援を優先するわけではない。むしろX会の音楽活動の場では、それとは違った観点での関わり方が模索されている。具体的には「耳ふさぎ」を障害特性ではなく「癖」として捉えていく実践である。「耳ふさぎ」は、障害特性というよりも「癖」として解釈される。すると、そこで発見された「耳ふさぎ」に対しては、療育的な支援とは異なる対応の可能性が開かれる。その結果的に、X会での関わりを通して、「平気になっていく」と述べられている。

5 「自己紹介」という実践

それでは、X会の活動の実際の場面について、分析をしていこう。

本節では、「自己紹介」という実践に焦点を当てる。「自己紹介」とは、X会の活動の参加者が、障害のあるなしを問わず自身を他の参加者に対して紹介することで障害者と健常者が関係形成をする実践である。「自己紹介」は、音楽活動の「オープニング」の次に、必ず行われる実践である。40人ほどの参加者全員がひとりずつ行うため、しばしば時間がかかってしまうものの、毎回の活動で必ず行われており、その場ではさまざまな工夫を通して参加者間のコミュニケーションが図られている。

最初に、「自己紹介」の方法を確認しよう。まず、会場全体のセッティングとして、イスやピアノの位置を動かし、［図5-1］のように配置する。X会の音楽活動の参加者は、必要に応じて介助者を伴いながら、ひとりひとり、あるいは知り合い同士がグループで「ステージ」の位置に立つ。そして、「ステージ」に来た参加者を指導員が迎えマイクを向けると、参加者がひとりひとり名前を発言する。そして、名前の発言に対して参加者は拍手等によって応答する。この一連の流れを、活動の参加者全員が行うのが「自己紹介」である。

「自己紹介」では、活動の参加者全員が、必ず自分で名前を名乗ることが求められる。活動に参加するのは、障害者のみではなく、介助者や家族やボランティアである。指導員のピアノ伴

図5－1　「自己紹介」配置図

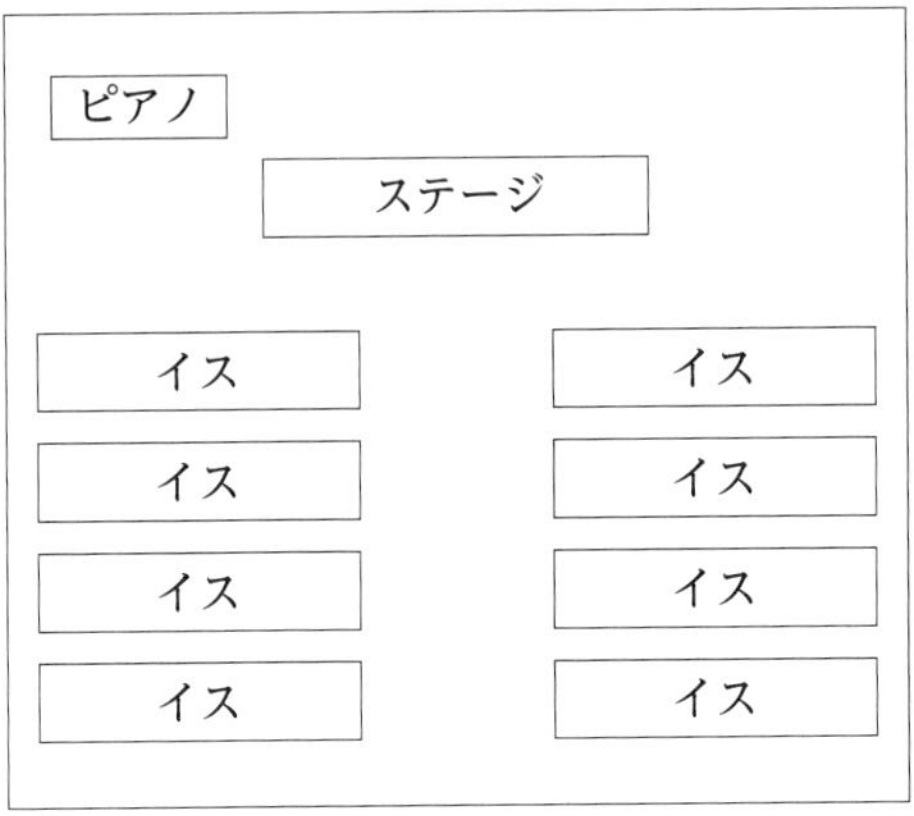

奏を背景に、全員がそれぞれの立場にかかわらず必ず「自己紹介」を行う。とりわけ、介助者やボランティア、あるいは初めての参加者は不慣れであり、ときとして違和感を抱く空間であるため、戸惑う場面が見受けられるが、そういった場合でも指導員は必ず「自己紹介」を促す。また、参加する障害者の中で、発話が困難であることや、またコミュニケーションが難しい場合も存在する。そういった場合には、指導員がフォローをしたり、あるいは介助者が代わりに名前を告げたりする。

X会の「自己紹介」は、こうした場面の設定によりながら、それぞれがその場その場のやりとりを積み重ねながら遂行されていく。以下では、参加者が「自己紹介」をする場面を具体的にみていこう。

まずは、X会でしばしばみられる場面に焦点を当ててみよう。

ある参加者が、自己紹介の時に、指導員にマイクを向けられると「ケンタッキー」と声を発した。その参加者は、毎回の活動に参加している参加者で、調子がいいときは自分自身の名前を言うことはできるものの、毎回それができるわけでない。その参加者が、「ケンタッキー」と声を発したのは珍しかった。

それに対して横にいたヘルパーは、その参加者に対して、「お名前は?」と横からこそっと声をかけ、名前を紹介するように促した。そのヘルパーは、活動に参加したことはあるものの、それほど多くはない。この春に福祉の専門学校を卒業し、4月からヘルパーとして働き始めた。

しかしながら、その参加者は、その声かけを気に留めずに、「ケンタッキー」と発言した。もう一度、そのヘルパーは、「〇〇（引用者注：個人名）です」とその参加者に発言をすることを促していたら、指導員は「いいよ」とヘルパーに声をかけ、参加者が「ケンタッキー」についてひとしきり語るまで、マイクを向け続けた。「ケンタッキー」の話が終わってその参加者が一息ついたところで、指導員は「お名前は?」とその参加者にマイクを向けると、その参加者は、「〇〇」を聞き取りにくい声で発した。すると、指導員は、「〇〇さんです~」と名前を紹介して拍手した。

（2019年4月13日音楽活動フィールドノートより）

以上の場面は、ある参加者が、介助者をともなって「自己紹介」する場面である。障害を持った参加者が、「ケンタッキー」という単語を文脈なしに発語すると、介助者は名前を言うように促す。それに対して、指導員は介助者による名前の発言を促す働きかけを制しながら、参加者にマイクを向け続ける。そうした発言がひと段落すると、参加者は名前を発言し、「自己紹介」が終わるといった場面である。

この場面について、以下の2点を指摘しておこう。

第一に、「自己紹介」という場面では、「あえて何もしない」ことによって、参加者と指導員による状況依存的なコミュニケーションが立ち上げられる。参加者のなかには、発話をすることが難しい参加者や、必ずしも「自己紹介」とは一見関係のないように思われることを発話する参加者も存在する。以上の場面では、障害を持った参加者は、指導員からマイクを向けられると、それまでの文脈とは一見すると関わりのない「ケンタッキー」という単語を発している。「自己紹介」では、指導員はこうした予想に反したふるまいをあらかじめ排除するのではなく、障害ゆえに「自己紹介」できないと捉えるのではなく、「あえて何もしない」というふるまいを選択することで判断を留保する。ただし、「あえて何もしない」ことは、個別の参加者を無視することではない。たとえばこの場面では、指導員は、そうした発言をする参加者に対して名前を促すように働きかけるのではなく、それまでと同様にマイクを向け続ける。この場合、こうした「あえて何もしない」というふるまいを背景に、参加者は「ケンタッキー」と語り続ける。この意味で、「何もしない」ことは、一方的な意味づけを可能な限り排除しながら寄り添い続けることであるといったほうがよい。こうして、「自己紹介」では「あえて何もしない」というふるまいによって、参加者による多様な反応が可能となり、状況依存的なコミュニケーションが形成されることになる。

第二に、指導員は、参加者の語りを妨げようとする周囲の働きかけを制している。以上の場面では、介助者が、「ケンタッキー」という参加者の発言に介入し、「ケンタッキー」とではなく名前を言うように促している。指導員は、こうした状況において、介助者による名前以外の発言を制止するふるまいに対して注意しつつ、参加者の「ケンタッキー」という発話には加入せずにマイクを向け続けるという「あえて何もしない」というふるまいを続ける。

以上のコミュニケーションを通して、指導員は、参加者の発言の可能性を開き続ける実践を行なっている。先の場面では、参加者は「ケンタッキー」に関する発言を続けていく。「自己紹介」では、指導員は、参加者の発言をさまたげるふるまいを排しながら、コミュニケーションの可能性を開き続けていく。参加者は、この開かれた可能性において、「ケンタッキー」に関する発言を続けていく。ここで「ケンタッキー」と発言する参加者が、指導員や介助者のふるまいをどのようにして受け止めたのかは定かではない。ただし重要なことは、その参加者はこうしたコミュニケーションが実現したことそれ自体にあるのではなく、コミュニケーションの可能性がさまざまな状況に即した働きかけを通じて開かれ続けていることにある。

さらに次の場面に注目してみよう。


前からの順番なのに△△さん（引用者注：個人名）が急に立ち始めた。すると指導員が、じゃあということで、順番を変えて△△さんに自己紹介をさせた。△△さんは、第一声で、

「大人！」と発声し何のことかよくわからなかったが、続く言葉を聞いてみると、「もうすぐ20歳、ビール飲む！」と続けた。「もうすぐ20歳」と「ビール飲む」を何回か繰り返し、指導員は、「今いくつ?」と聞くと、「19」、「誕生日はいつ?」と聞くと、「11月」と答え、指導員は「じゃあまだまだだね」というと、会場の参加者がどっと笑った。
（2017年6月10日音楽活動フィールドノートより）

以上の場面は、「自己紹介」を行っている際に、参加者のひとりが急に立ち始めたところを、指導員が「自己紹介」へと導いていった場面だ。そしてそこで行われた「自己紹介」では、「ビールが飲みたい」といった発言が行われると、指導員は話を聞きながら、参加者の笑いへとつなげている。

以上の場面について、以下の3点を指摘しておこう。

第一に、指導員は、参加者による一見すると「自己紹介」とは関係のないふるまいを、その場の判断で「自己紹介」のコミュニケーションへと結びつけながら、「自己紹介」を遂行していく。この場面では、参加者による「急に立つ」といった行動が、順番の無視といった逸脱として捉えられることはない。むしろ、指導員はそうした参加者の行動を、即興的なやりとりを通じてその場の状況設定へと結びつけていく。ここでも、指導員は、「急に立つ」といったあらかじめ予想することのできなかった参加者のふるまいを逸脱したものとして捉えるのではなく、「自己紹介」の状況設定を維持しながら関わりを続けることで、参加者との新たなコミュニケーションの可能性を開いていく。以上の場面では、結果として、参加者は指導員のふるまいに応じ、「自己紹介」の場に招かれて様々な発言をすることになった。

第二に、「自己紹介」では、しばしば名前を紹介するだけでなく、「自己表現」が行われる。先の場面は、ビールが飲みたいと語る参加者の例であるが、そのほかにも、普段の仕事の様子を語ることや、あるいは久々に参加した人が近況を話すことがある。こうしたことは、支援者やボランティアもその場その場で行うため障害者のみが行うわけでないものの、障害を持った参加者によって行われることが多い。このビールの話も、そのような場面である。こうした参加者による「自己表現」は、参加者同士で肯定的に受け止められ、X会においても肯定的に評価されている。X会の活動報告において、「自己紹介を取り入れてから、スピーチしたい人は思ったことを自由に語る場となり、自己表現の場となっている。」（2014年9月13日地域活動促進事業報告書より）とあるように、X会は「自己表現」の場を作ることを重要であると捉えている。

第三に、こうした「自己表現」が参加者全員に笑いとして受け止められている。指導員は、参加者による「大人！」という発言を聞いた後も、発言を否定するのでもなく、また発言に介入して名前を言うことを促すわけではなく、しばらく参加者の発言を聞いている。そして、聞いているうちに、「ビールが飲みたい」ということが分かると、さらに誕生日を聞くことでさらに対話を促している。そして、その参加者がまだ20歳に達していないことがわかると、「じゃあまだまだだね」と笑いながら返答する。そして、会場の参加者全員は、コーディネイターと参加者の一連の当意即妙なやりとりに対して笑いによって応答する。こうして、「自己紹介」をした参加者と指導員のコミュニケーションが参加者全員に共有され達成される。

笑いは単に日常生活における相互行為の一場面としてあるのみではなく、現代社会のアクティヴィズムにおいて重要なレパートリーの一つである。社会運動における笑いの重要性について、渡邊太は、今日のグローバル・アクティヴィズムにおいてユーモアが積極的に活用される点を指摘しながら、「笑い」の機能について、以下のように述べる。

> 笑いは、認知・思考・判断・行為の全てを停止させ、無の境地を実現する。（中略）それまで確固とした現実性を備えていたはずの世界のリアリティは、笑いによって瞬間的に吹き飛ばされる。そして、笑いがひとたび生まれると、それはひととひととの間に伝播していく。共に笑うことにおいて、私たちはリアリティの間主観的崩壊を愉快に経験するのである。（渡邊 2012:144）

渡邊によれば、笑いは人に伝わり、リアリティの間主観的崩壊とともに、それまでとは異なるリアリティを生きることを可能にする。「自己紹介」においては、しばしば参加者と指導員の相互のコミュニケーションは、会場にいる参加者に「笑い」を通して共有される。この一瞬において、X会の活動の参加者は、リアリティの間主観的な崩壊を経験しながら、障害者と健常者の関係をその瞬間において切り結んでいく。

こうした笑いの重要性は、障害者運動においても同様の可能性を持つ。ジュリアン・アネシによるサモアにおける障害者の教育運動の考察によれば、一方で、障害者がフリークショーにおいて見せ物として嘲笑の対象となってきたように、笑いはある特定の人や集団を傷つける作用を持っている。しかしその他方で、笑いは、利用できる資源が限られているマイノリティの社会運動における権利獲得の取り組みにおいて、厳しい現実に対抗するための重要なレパートリーとなってきた（Anesi 2018）。この意味で、「自己紹介」における笑いを、障害者と健常者をめぐる関係形成における普遍的な方法のひとつとして位置づけることができるだろう。

ここまで、「自己紹介」の場面を対象として、X会において障害者と健常者の関係形成について記述してきた。「自己紹介」の場面において、できる／できないをめぐる非対称性はいかにして経験されているのだろうか。

第一に、「自己紹介」における参加者同士のコミュニケーションは、できる／できないという非対称性に基づく基準に回収されない。「自己紹介」においては、参加者が「ケンタッキー」と発言することは必ずしも「名前を言えない」ことではなく、また、参加者が急に立ち上がることは、「順番を守れない」ことではない。指導員は、そうしたふるまいを「できる／できない」といった基準で捉えることはせずにさまざまな判断を留保したうえで、マイクを向け続ける、あるいは順番を変えるといった工夫を通して非対称性が問題とならない状況を作りながら、コミュニケーションを立ち上げていく。

第二に、「自己紹介」におけるコミュニケーションができる／できないをめぐる非対称性に還元されないのは、参加者間のコミュニケーションをできる／できないという非対称性へと補足しようとするふるまいを制する微細な働きかけによって支えられているからであった。たとえば、「大人！」あるいは「ケンタッキー」という突発的な発言に対して、指導員は、名前を言うように働きかけるのではなく、それに続く反応を待ち、ときには介助者によるできる／できないをめぐる非対称性を呼び込むような働きかけを制しながら、コミュニケーションを継続する。さらに、こうしたコミュニケーションは、参加者と指導員の二者間にとどまるものでなく、他の参加者に共有されていく。とくに、そうした場面における笑いは、参加者間のリアリティの間主観的崩壊をもたらすとともに、「できる／できない」という非対称性とは異なる新たな関係形成のあり方の可能性をもたらす。

以上から明らかになったことは、「自己紹介」が、個別の状況に合わせながらできる／できないを相対化する実践であることである。「自己紹介」では、参加者のふるまいができる／できないをめぐる非対称性に捕捉されることを拒否しながら個別の状況依存的なコミュニケーションを立ち上げることで、参加者の間に「『できる人ができない人に配慮する』というかたちの権力関係」（岡原 1990=2012:218）とは異なった関係のあり方の可能性を開く実践である。こうした実践は、指導員の「あえて何もしない」というふるまいを基本としつつも、ときにはできる／できないをめぐる非対称性を呼び込む参加者のふるまいを制限したり、ときに笑いによって参加者同士に間主観的な共同性を構築しながら、状況依存的なコミュニケーションを継続することによって支えられていた。

6　「セッション」という実践

本節では、「セッション」という実践に焦点を当てる。「セッション」とは、参加者が全員で打楽器を用いて即興演奏をする実践であり、毎回の音楽活動の後半におよそ15分行われる。「セッション」では、指導員による音楽伴奏に合わせて合計約40人となる参加者が全員で打楽器を叩くことで活動場所を音楽で満たしていく実践であり、X会のプログラムのうち最も盛り上がる瞬間である。

はじめに、「セッション」の方法を確認しよう。「セッション」では、活動場所の物の配置を大きく変えることで、それまでとは異なる空間を作り出す（図5-2参照）。椅子を会場全体に大きく円を描くようにして配置する。また、コンゴやボンゴやタムタム等の打楽器を円の中心に置く。参加者は、円を描いて配置された椅子に座りタンバリンやマラカスや鈴など様々な打楽器を準備するか、中央にある打楽器のもとへ向かう。二人の指導員は、ひとりがピアノ伴奏を行い、もうひとりは中央の打楽器の場所で、打楽器を演奏する。そうして、指導員の音楽伴奏を背景にしながら、参加者の全員が一斉に打楽器をかき鳴らす。

では、実際の「セッション」はどのような状況だろうか。実際の場面を見てみよう。

その次は、椅子を会場全体に円を描くようにして配置し、全員が座り、打楽器をもち、

図5-2 「セッション」配置図

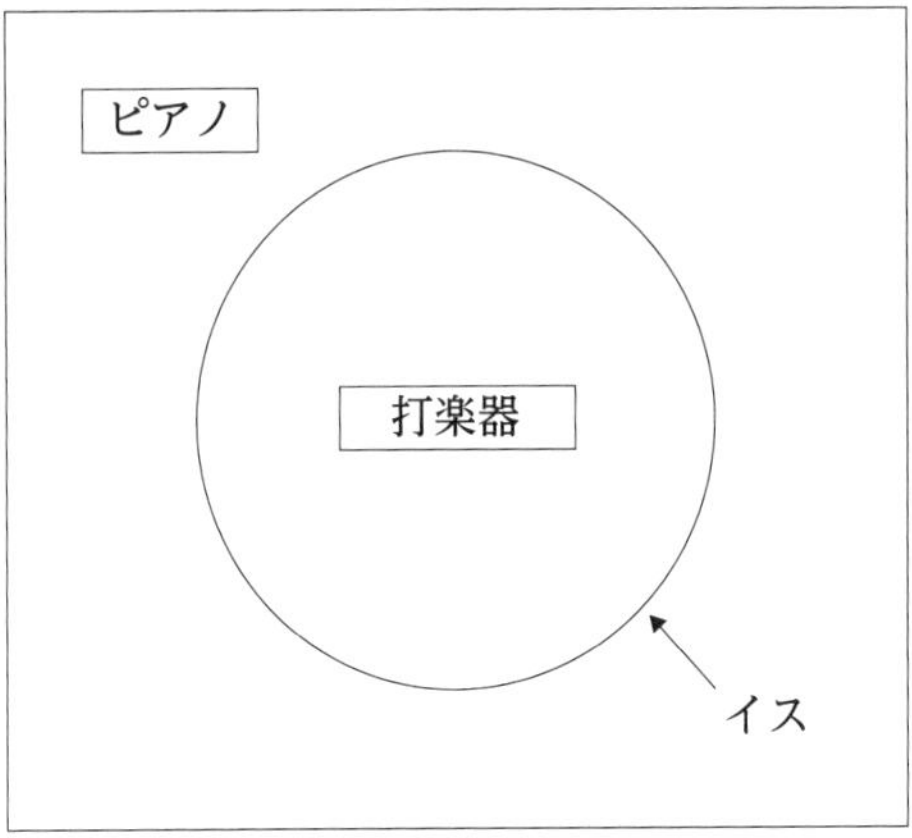

かき鳴らすセッションの時間だ。円となった椅子の真ん中には、指導員がいて、打楽器を叩いている。指導員がピアノで弾くアップテンポなポップスの曲に合わせて、全員が思い思いに打楽器（スネアドラムやタムタムやタンバリンや鈴やクラベスやこどもでも持てる小さいシンバルなど）を鳴らしている。実際には、音楽に合わせてというよりも、会場は、ピアノの音や打楽器の音――金属的な音や、高いあるいは低い太鼓の音、常になる音や時たま聞こえる大きな音など様々である――や障害児の走る足の音や興奮から発せられる声の混じり合った音に満ちていて、空間全体に溢れる音の波動が身体全体に押し寄せてくるという表現の方がより近い。よほど注意深くならなければ、一つ一つの楽器の音を識別するのは難しく、たとえば、ピアノの音もよくそれに耳を傾けてもなかなか聞こえないという状態である。

（2015年4月11日音楽活動フィールドノートより）

以上の場面について、以下の3点を指摘しておこう。

第一に、「セッション」では、参加者が「演奏者」として同じ時空間を経験することになる。「セッション」は、参加者全員が演奏者となり音楽を演奏する実践である。そこでは、打楽器という道具の使用は、ひとりひとりが演奏者である役割を与えると同時に、音を生み出すための具体的な手段となる。また、椅子を円に配置するという空間的設定は、一対一の介助関係とは異なり、全員が同じ演奏者としてこの場に関わるという状況を生み出す。こうして、音楽による参加者への働きかけを通して、障害者、家族、指導員、支援者、ボランティアといった異なるカテゴリーを生きる参加者が、その一時において、演奏者という共通の役割のもとで時空間を経験する。

第二に、「セッション」は、即興演奏という音楽形式をとって遂行される。「セッション」の演奏では、ひとりの指導員によるピアノ伴奏が始まると、参加者全員が、それに合わせて打楽器をかき鳴らす。演奏中、もうひとりの指導員は、演奏の開始と終了のカウントを出すが、それ以外の指示は出さずに、打楽器を叩いている。ここでは、たとえば一般的な音楽の指導のように、指導員が参加者に楽器の演奏の仕方や、音楽の鑑賞の仕方を教えることはされない。また、「セッション」での演奏は、別の本番のための練習やリハーサルなのではない。「セッション」の場は、あくまでもその日のその場の活動に参加した人による即興演奏が行われる時空間として捉えられている。

さらにここでは、ある特定の音楽形式にのっとることはなく、あくまで即興演奏として音楽が展開する。たとえば、「セッション」では、西洋音楽一般に見られるような、あらかじめ決められた音楽を、楽譜を見ながら演奏するという形式にのっとっていない。さらに、たとえばコールアンドレスポンスやブレイクといった定型的なやり取りがあらかじめ決められているわけでもない。ゆえに、どのように楽器を演奏し、またどのように音楽を表現するかは、参加者に任されている。こうした即興的な演奏であるため、実際の場面では、それぞれ異なる楽器の音が、異なるリズムにおいて演奏されているという状況が出現する。

第三に、参加者全員による状況依存的なコミュニケーションが行われる点である。「セッション」では、参加者それぞれが打楽器をかき鳴らす。そうした演奏は、指導員による指示があるわけでないが、参加者それぞれがその音楽や状況に合わせて演奏をしていく。さらに、こうした演奏だけでなく、参加者はときに声をあげたり、会場を走り回ったりするなど、一見すると必ずしも演奏とは直接の関係があるのかは分からないふるまいも、その時空間において展開される。ただし、そうした参加者の行動は、必ずしも制止の対象となるわけでなく、そうした行動もまた「セッション」における表現の一部として受容されている。「セッション」では、そうした状況依存的なコミュニケーションが展開する場である。

「セッション」とは、以上のような特徴をもった参加者の打楽器の演奏によって、活動の時空間内を音楽で満たす実践である。以上のような状況の設定のもとで、参加者は、それぞれが打楽器を叩き演奏していく。「セッション」で用いられる打楽器は太鼓の音や金属音があり、演奏者はそれぞれの叩き方をするために、ひとつひとつの音が異なる音色を響かせる。それに加えて、打楽器は、規則的にリズムを刻むわけではない。ある一定のテンポで刻んでいる音もあれば、突発的に発せられる音がある。また、走り回る足音、言葉にならない興奮した声など、身体から発せられる音がある。さらには音と音が幾重にも重なりあい共振することで生じる音がある。「セッション」とは、こうした重層的な音の重なりで一時的に空間を満たす実践である。

それでは、こうした打楽器による即興演奏はどのような意味を持っているのだろうか。さらに、音楽の共同演奏の実践について考察を深めるために、アルフレッド・シュッツによる音楽の共同演奏に対する論考（Schutz 1964=1991）を参照しよう。

シュッツによれば、音楽の共同創造過程に含まれる社会関係は、発信者が表現をし、受け手が解釈するといった発信者＝表現／受け手＝解釈といった意味論体系には基づいていない。シュッツによれば、一般に音楽を聴く経験とは、「内的時間のうちで二つの事象連関、ひとつは作曲家の意識の流れに属する事象連関であり、もうひとつは受け手の意識の流れに関する事象連関であるが、その二つを同時性のうちで、つまりは音楽過程という進行中の流れによって創出される同時性のうちで生きる」（Schutz1964=1991:236）ことである。すなわち、音楽を聴くことは、作曲家の意識と聞き手の意識を同時性のうちで生きることである。

シュッツは以上のように音楽を聴くという経験を定式化した上で、音楽の共同演奏の特徴を、同じ演奏者の意識の流れを同時に経験することであると論じる。すなわち、音楽の共同演奏においては、「自分も相手も、演奏される音楽内容がそのなかで実現されている内的持続を共有するだけではない。それと同時に、演奏者はそれぞれ、他者の意識の流れを生ける現在において、即時的に共有する」(Schutz 1964=1991:239) のである。こうした経験は、演奏者が同じ時間および空間を共有することによって、可能となっている。

したがってシュッツの考察を踏まえるならば、「セッション」において参加者が打楽器を演奏することは、個々人がそれぞれ無関係に楽器を鳴らすことではない。個々人は思い思いに打楽器を叩きながらも、他の参加者の演奏を聴いている。そうしたなかで、参加者は、「セッション」というその時空間内において、他者の意識の流れを経験し共有している。「セッション」とは、打楽器の即興演奏を通して創出される時空間において、音楽の共同演奏という行為を通して他者の意識の流れを即時的に共有する実践である。

ここまで、「セッション」の場面を対象として、X会における障害者と健常者の関係形成のあり方を記述してきた。その特徴をまとめよう。「セッション」の場面において、できる／できないをめぐる非対称性はいかにして経験されているのだろうか。音楽の即興演奏というコミュニケーションの様式は、以下のことを可能にしている。

第一に、「セッション」とは、言語によらずコミュニケーションを立ち上げることによって、言語に関するできる／できないをめぐる非対称性を解除する実践である。障害者は、日常の場面において、あるいは療育手帳の判定基準において、言語による意思疎通ができる／できないという基準によって捕捉される。とりわけ、X会の活動に参加する障害者は言語による意思疎通は難しい場合が多く、言語中心的なコミュニケーションの場において排除されることも多い。それに対して「セッション」では、音楽を用いることで、言語による意思疎通によらない参加者のコミュニケーションが展開する可能性が開かれる。

第二に、さらに、「セッション」では、即興演奏という設定のもとで、一般的な音楽演奏に関わるできる／できないという基準とは異なる演奏を展開している。「セッション」における音楽の原理は、「楽譜を読み正しい音とリズムで演奏する」ことではない。即興演奏という設定のもとでは、通常ならば「楽譜が読めない」および「正しく音やリズムを合わせられない」など、できないことないしは失敗とみなされる演奏も、そのようには捉えられることはない。「セッション」の場では楽譜は存在せず、また演奏は不規則な音の並びである。さらには、「セッション」では、打楽器の演奏だけではなく、走り回る障害児がいたり、声が上がったりしている。しかし、こうした行為も即興演奏という設定のもとでは、即興演奏の一部として受容されるがゆえに、音楽が演奏できないこととして捉えられることはない。

したがって、「セッション」における参加者の演奏は、必ずしも指導や介入の対象となるのではない。むしろ、こうした即興演奏は、演奏ができる／できないを基準に評価されるのではなく、「楽しむ」という基準を通して受け止められている。

おもいおもいの楽器で音に合わせて楽しむ、誰かと同じでなくて良く、誰かを邪魔するわけでもなく、自分中心で楽しめるのは音楽の良さだろう。何年も何回も同じ活動をしているのに、毎回、みんな、楽しそう。とらわれない音の世界がここにあるのかもしれない。

（「地域活動促進事業活動報告書」（X会、2014年6月14日）より）

X会による報告書が示すように、「セッション」は「楽しむ」という基準によって評価されることによって、音楽演奏のできる／できないをめぐる非対称性とは異なるコミュニケーションのあり方が模索されているということができる。

第三に、「セッション」とは、以上の二つのできる／できないをめぐる非対称性とは異なる関係のあり方を、音楽演奏を通して参加者全員と共有する実践である。シュッツが述べたように、打楽器の共同演奏を通して「他者の意識の流れを生ける現在において、即時的に共有」(Schutz1964=1991:239) する時空間が生成する。音楽は、その時空間的な制約があるために、こうした関係のあり方はあくまで「セッション」の時空間にとどまる。しかしながら、この音楽の展開する時空間というその限定性において、できる／できないとは異なる他者とのコミュニケーションの可能性を開くものである。

以上の通り、「セッション」とは、参加者全員による音楽の即興演奏によって、できる／できないをめぐる非対称性を一時的に無効化する状況を作り出しそれを共有する実践である。こうした実践は、打楽器による音楽の即興演奏という状況を設定することで、参加者によるふるまいをできる／できないをめぐる非対称性では捉えることのできない時空間を作り出し、さらに共同演奏という形式によってそうした場面における他者の意識を即時的に共有することで支えられていた。

7 おわりに

ここまで、X会の音楽活動をとくに「自己紹介」と「セッション」という実践を対象として、障害者の音楽活動における「線引きの問題」を踏まえ複数の主体やモノが織りなす関係性である〈場〉に着目しながら、いかにして障害者と健常者ができる／できないをめぐる非対称性をもちながら関係形成をしているのかを明らかにしてきた。以上の実践においてみられる障害者と健常者の関係のあり方の特徴をまとめよう。

本章が明らかにしたことは、X会の音楽活動は、その活動が行われる時空間内において、『『できる人ができない人に配慮する』』というかたちの権力関係」（岡原 1990=2012:219）を流動化させながら、障害者と健常者の関係を形成していることである。すなわち、X会における障害者と健常者の関係は、ある場合には参加者をできる／できないといった基準に捕捉しようとするふるまいを制する微細な工夫を通して、またある時にはできる／できないをめぐる非対称性が一時的に無効化される時空間を形成し共有することで、できる／できないにかかわる基準を流動化させながら形成されていた。この意味で、X会の実践は、できる／できないをめぐる「線引きの問題」（嶋田 2013）を動態的に作り替えながら、障害者と健常者の関係を切り結ぶ実践であるといえる。

こうした実践の特徴は、これまで明らかにした通り、以下の2点にある。

第一に、X会の音楽活動は、必ずしも療育を目的としない、定型化されたプログラムに基づいて運営されている。本章で分析した「自己紹介」および「セッション」はこうしたプログラムとして運営されており、以下の実践を可能とする基盤となっている。また、こうした実践の基盤には、「地域に開いた活動」であることが「個人の技術があがっていく」ことに優先する考え、すなわち、できる／できないの前提を問うというX会の音楽活動の思想があった。

第二に、音楽活動において、参加者のふるまいに対して直接介入するのではなく、コミュニケーションが展開する場を調整することでできる／できないをめぐる非対称性を位置づけ直しながら、状況依存的にコミュニケーションを立ち上げていく。「自己紹介」における指導員の参加者のふるまいへの非介入は、参加者をできる／できないをめぐる非対称性によって捉えることを拒みながら、参加者との関係を結ぶことを可能にした。また、「セッション」における即興演奏といった音楽形式は、言語によるコミュニケーションや、音楽演奏に関わるできる／できないとは異なる原理によって時空間を編成する技法である。こうしたX会の実践は、できる／できないをめぐる非対称性を、本人に帰属させることなく、あくまでも参加者とのコミュニケーションが展開される複数の主体が関わり合う場の設定を調整することで作り替えていた。

さらに、こうした状況依存的なコミュニケーションは、「自己紹介」における笑い、そして打楽器の共同演奏といった実践を通して、一対一の関係をこえて参加者に共有されていく。

以上で述べた通り、X会の音楽活動の〈場〉においては、複数の主体がそれぞれの状況依存的な関わりのなかで、できる／できないをめぐる非対称性が流動化されていた。こうした実践が生まれる要因は、誰か一人のふるまいに還元できるものではなく、空間的な配置、即興演奏というコミュニケーションの形式はもちろん、状況依存的ななかで〈場〉を構成する複数の主体がそれぞれの形で関わり合う過程の積み重ねにある。ただし、そうした複数の主体のうちでもとくに指導員は大きな権限をもっており、状況の設定や実際のふるまいが〈場〉を構成するという点において、重要な役割を果たしていたことも明らかとなった。

もっとも、ある場合には、できる／できないといった関わりの形式は、関係のあり方が状況依存的である以上は残り続けるし、時に決定的な意味を持つ。この意味で、X会の実践は、その活動の時空間における一時的なものであり、大きな限界を抱えていることは言うまでもない。ただし、こうした一時性や不安定さは、必ずしも批判のみされるべきものではない。この点について、以下の2点を指摘しておこう。

第一に、制度的な水準による非対称性の解決もまた一定の限界を抱えている。障害者運動は、介助の有償労働化によって障害者と健常者の関係を対等にすることを求めてきた歴史がある。しかしながら、介助の供給と関係の実践をめぐる論争が示すように[33]、介助の制度化によって供給体制が整備されたとしても、こうした関係のあり方を全て解決することは難しく、問題はなお残り続けることが予想される。この意味で、X会の活動がその一時性や不安定性に限界を抱えるとはいえ、X会が援用する制度的な水準による解決のみではない選択肢はいまだに重要である。

第二に、制度的な水準における資源の再配分を求める取り組みもまた、その限界を抱えている。たとえば、星加良司は、障害者問題に固有の文脈である政治的再分配が占める重要性の高さが、「『障害者』カテゴリーを本質主義的に使用する戦略的な有効性」（星加 2008:224）を高めたと指摘する。そのため、制度的な水準による解決が不足しているからといって、その充実を求めるだけでは取りこぼされる問題があるのも事実である。

もちろん、X会の実践がこうした課題の全てに応えることは難しい。ただし、X会の示す戦略の可能性が重要性を持つのもまた事実である。とくに、社会制度による解決のみならず、社会運動による資源の再配分を求める解決もまた一定の限定を抱えているなかでは、その双方によらない解決方法がたとえ一時的な性質や不安定性を抱えていたとしても、そうした理由のみによって捨て去るべき解決方法であるということはできない。

むしろ重要なことは、X会の実践が、こうしたできる／できないをめぐる非対称性を流動化させ続けることができるかどうかである。障害者と健常者の関係のあり方は状況依存的である以上、できる／できないをめぐる非対称性は、流動化させる方向のみならず、最大化／固定化する方向にも開かれている。この意味で、X会の活動はその一時性や不安定という限界を引き受けながら、障害者と健常者の関係におけるできる／できないをめぐる非対称性に絶えず働きかけ続けることを背負った厳しい営みであるといえる。

ただし本章では、こうした厳しさを抱えた営みであるからこそ、X会が関係を切り結ぶためのプログラムや技法を生み出してきたことを明らかにしてきた。ジュリアン・アネシが述べるように、「ユーモアは、周縁化された集団のニーズを明るみにする戦略」（Anesi 2018:738）である。それは健常主義的なシステムのあり方を告発すると同時に、人々を障害のある人が属するコミュニティへと招き入れる。本章で明らかにした通り、障害者の音楽活動は、障害者と健常者の非対称性を直ちに解消する手立てではない。しかしながら、X会の音楽活動のあり方は、障害者と健常者の関係をめぐる困難を引き受けていく一つのあり方を示してもいる。

終章　障害をめぐるせめぎあいの帰結

本章では、第一に、各章の知見を要約しながら、本論全体の成果を振り返る。第二に、本論で明らかにしたことを、「社会政策と社会運動の相互交渉」という全体の分析課題に立ち返ってまとめ、「障害のポリティクス」の視座から検討する。最後に、残された課題について指摘する。

1　本論の要約

本書の目的は、1990年代以降における教育政策、福祉政策、地域社会の再編成のなかで障害者と健常者の間にどのような関係のあり方が作られてきたのかを、東京都多摩地域を事例として、社会政策と社会運動の相互交渉の過程に注目しながら明らかにすることである。

1990年代以降、障害をめぐる教育政策と福祉政策が大きな転換点を迎える一方で、障害をめぐる社会運動もまたこうした社会政策による対応を要求したり、批判したり、また利用しながら展開してきた。したがって、障害者と健常者の関係形成を理解するためには、多様なアクターによる個別具体的な実践とそうした実践を取り巻く社会政策の展開とが相互に対立したり、連携したり、また妥協したりする動態的な過程として捉えていくことが必要である。

序章では、本書の目的を示した上で、研究対象と調査方法について述べた。

第1章では、障害の社会学的研究の系譜を踏まえた上で、ミクロ領域の分析をメゾ領域の分析に埋め戻すことの重要性を提起し、その理論的な基盤を探究した。障害の社会学的研究は、障害者運動研究とそれに対する批判のふたつに大別することができ、これらはそれぞれに分析上の長所と短所を含んでいる。障害者運動研究は、おもに自立生活運動を対象としながら、障害者運動の対抗による障害（disability）の解消戦略を明らかにした。ただし、障害者運動研究は、障害者を差別に対抗する主体として描くあまり、障害者の多様性を看過した点に限界があった。他方で、障害者運動研究に対する批判はおもにライフストーリー研究に依拠しながら行われ、おもに障害者運動から排除される「軽度」障害者に視点を当てながら、障害者のもつ経験の多様性を明らかにした。しかし、障害者運動研究に対する批判的研究は、障害者の個人の経験に着目するあまり、そうした個人の経験を社会構造から切り離して理解する点に限界を抱えていた。

こうした点を踏まえ、本書では、アクターの複数性が表出されるミクロな場面をしっかりと視野に収めながらも、同時に、そうした複数のアクターによるミクロな実践が社会制度と多様な関わりを示すことを分析することを課題として掲げ、そのための理論的な視座を探究した。本書では、近年の批判的障害学の成果や障害の社会モデル批判を検討しながら、アリソン・ケイファーの提起する関係論的な視座の有効性を確認し、さらにフーコー権力論と接続させることで、ある特定の状況において働く複雑な権力作用の諸相を、社会制度や社会構造に還元することなく捉える視座を彫琢した。すなわち、障害を歴史的、政治的な文脈に位置づけながら、障害が「批評され、争われ、変形される、実践と連合の配置」（Kafer 2013:9）を明らかにする理論的な視座を「障害のポリティクス」と呼び、本書全体の視座として設定した。さらに、こうした原理論的な探究を踏まえて、本書に即した課題設定のための中範囲の理論を探究し、舩橋晴俊の提起する社会政策と社会運動の相互交渉を捉えていく「社会制御システム」を批判的に検討した。その上で本書は全体の方針を、機能主義の理論を演繹的に分析に適用するのではなく、関係主義的な視座を引き継ぎながら帰納的に分析することとして定めた。

以上の理論的な探究のもと、本書では以下の二つの分析課題を設定した。

分析課題①：1990年代以降における新自由主義的な行財政改革を背景にもつ教育政策と福祉政策、およびそれとの共変動としての社会運動の対立、連携、妥協といった相互交渉の展開は、障害者と健常者の関係形成にかかわるどのような構造的な制約と可能性をもたらしたのか。

分析課題②：こうした社会政策と社会運動の展開の帰結としてもたらされた構造的な制約と可能性は、障害者と健常者の関係のあり方をどのように再編成したのか。とりわけ、関係性のあり方を枠づけようとする構造的な力学と、個々の社会的な文脈における関係のありようのせめぎあいのなかで、どのような障害者と健常者の関係性が創出されているのか。

以下、本書では、分析課題①として東京都多摩地域における社会政策と社会運動の展開過程のメゾレベル分析（第2章・第3章）、分析課題②として障害者をめぐる地域活動（X会）の実践のミクロ分析（第4章・第5章）に取り組んだ。

第2章では、学校週五日制導入を契機とした障害者の地域活動の形成過程について、東京都立立川養護学校の取り組みに注目しながら、明らかにした。1980年代における臨時教育審議会を中心とした行財政改革に端を発する学校週五日制の導入に際して、全国で唯一の精神薄弱校の試験校となった東京都立立川養護学校では、PTAによる学校週五日制導入に反対する運動が展開した。PTAによる反対運動に対して、教員は、障害児の教育権の削減を押し留めるという観点から母親たちに協力し、東京都立立川養護学校の通学5市において学校週五日制によって休業日となる土曜日に地域活動を行うことでその対応を図り、さらに地域活動を社会教育制度に位置づけることで、障害児の教育権の確保とノーマライゼーションの実現をめざした。

1992年9月12日土曜日に最初の土曜日休業が施行されると、東京都立立川養護学校とPTAの共催で行われていた地域活動は各市における保護者の自主活動となり、各市教育委員会への要望書の提出といった活動が展開した。こうした取り組みを受けて、東京都教育庁は、1992年に「心身に障害のある児童・生徒の学校外活動事業」、1994年に「心身に障害のある児童・生徒の地域活動促進事業」を事業化するに至った。ただし、こうした地域活動の展開は、ボランティア不足という課題を抱えていたため必ずしも十分な広がりを見せることはなく、東京都による事業も２０００年には新規受付を終了した。

第3章では、学校週5日制を契機として始まった取り組みが地域社会に定着していく過程を、X会および団体Yを中心として明らかにした。１９９２年9月12日の土曜日休業施行をきっかけに、A市においてX会が活動をはじめた。X会は、要望書の提出によって行政の協力を部分的に獲得し活動を継続すると、A市内小学校のＰＴＡへ働きかけ、協力を得るとともに、組織的な動員によらない個人のボランティアの参加などを得て、活動を次第に拡大していった。

１９９８年にX会は、東京都教育庁による地域活動促進事業による助成を受けることが決定すると、X会を支えるボランティア団体として新たに団体Yが形成され、団体YはX会に協力しながら、学校週五日制施行日以外の地域活動以外の宿泊事業やフリースペースの運営といった新たな活動をはじめる。さらに団体Yは、障害児の生活の場所の確保および担い手不足という課題を解消するために、事業運営の可能性および社会的信用の獲得を目指しＮＰＯ法人格を獲得する。そして団体Yは、社会福祉基礎構造改革を通じて知的障害者生活寮の運営がＮＰＯに広がることを契機として社会福祉制度と結びつき、２００２年に重度生活寮を開設し福祉事業体となる。２００３年度から支援費制度が開始され、２００６年度から障害者自立支援法が施行されるなかで、団体Yは新たに福祉事業を拡大しながら福祉事業体としての性格をより強めていく。

ただし、こうした福祉事業の展開は、次第にX会の活動とのジレンマを抱えることにもつながっていく。ボランティアを活動の原理として社会教育制度に位置づけられるX会と、支援を活動原理として社会福祉制度に位置づけられる団体Yは、その活動のあり方をめぐって原理的な対立を抱えるようになった。すなわち、X会が活動の場においてはボランティアとして無償で活動を行い多くの人が共に楽しむ関係を目指すのに対して、福祉事業である団体Yは有償で事業を行い、障害福祉サービスを利用する利用者とサービスを提供する介助者の一対一の関係を結ぶようになる。すると、両者の活動における違いは原理的には調停不可能になる。本書ではこの原理の違いを教育と福祉のジレンマとして捉えた。こうして、X会と団体Yは、当初のX会から派生しその活動を広く支える団体Yという関係性から、活動の原理を異にするボランティア団体X会と、福祉事業体である団体Yへと関係のあり方を変化させた。

もっとも、X会と団体Yは、相互の活動のあり方をめぐるジレンマを抱えることになった一方で、そうしたジレンマによって全てが引き裂かれることはなかった。X会の活動を見てみると、教育と福祉をめぐるジレンマに捕捉された障害者、家族、指導員、支援者、ボランティアといった多様なアクターたちは、そうした立場の違いや利害の対立を抱えながらもなお結びついていた。この意味で、X会は、活動を介してアクターを結びつけ、それと同時に自律的な空間を立ち上げる実践によってジレンマを回避しながら、既存の制度のみでは実現することのできない障害者と健常者の関係を形成しようと活動を継続してきたということができる。それでは、こうした実践はどのようなアクターの主体性と実践の仕組みに支えられているのだろうか。

この点を、X会の活動のミクロ分析から明らかにしていくのが第4章と第5章である。第4章では、X会の担い手の意味づけに注目し、個別のアクターの経験とX会の活動がいかにして結びついているのかを明らかにすることで、X会が組織内部に多様なアクターによる参加を維持することを可能にする仕組みを検討した。

X会の活動の理念は、「地域」という概念によって、「しょうがいのある人たち」と「ともに育み合う仲間」を結びつけながら、「地域で楽しく過ごす」ための活動を行うことを可能にするという曖昧なものであった。「地域」という抽象的でありつつも局所的には具体性をもつ概念によってつなぎ留められた理念は、参加者による柔軟な解釈へと道を開く可能性を結果的に用意した。

参加者はそれぞれが、自分自身の個別的な経験とX会における他者との関わりの経験を状況に応じて柔軟に照らし合わせていく実践を通じて、X会の活動に継続的に参加する意義を構築していった。障害者は「仲間と出会える場」として、障害を持つ息子の母親は「密着した家族関係を一時的に解除する場」として、指導員は「音楽活動を通した共感を与えてくれる仕事の場」として、支援者は「普段自らが感じている支援の見方を相対化してくれる場」として、ボランティアは「障害者と出会い社会へとつながる場」として、X会を意味づけていた。

この点を踏まえるならば、X会に関わるアクターの意味づけは、必ずしも一枚岩な一致点を有していたわけではない。むしろそこには、ずれや対立の要素も伏在していた。しかし、個別のアクターによる多様な意味づけを強い同一性のもとに統合するのではなく、そうした意味づけのあり方を一定の幅とともに受け入れることで、障害者をめぐるアクター同士の直接的な利害の対立を回避しながら障害者をめぐる多様なアクターが結びつく可能性を確保していた。それを「共同性」と呼んでしまうと、表現が予定調和なニュアンスを持ち過ぎる。だが「ともに育み合う仲間として、多くの地域の人々と交流できる活動を行う」経験が緊張をはらみながらも共有されることを通じ、共同の体験へとつながるゆるやかな基盤が、一時ではあれ確かに形成されていた。

第5章では、X会を介して結びついた多様なアクターがどのような関係の質を作り出しているのかを明らかにするために、X会の音楽活動に着目しながら、障害者と健常者の関係の創出過程を検討した。障害者と健常者の関係においては、「『できる人ができない人に配慮する』というかたちの権力関係」(岡原 1990=2012:218)を形作りやすく、こうしたできる／できないをめぐる非対称性は、ときに両者の間の支配関係を形成したり、あるいは両者の関係の解消といった帰結をしばしば招いてしまう。それでは、障害者と健常者が、できる／できないをめぐる非対称性を抱えながらも、なお両者が関係を結ぶためには、どのような方途があるのだろうか。

障害のあるなしにかかわらず参加者全員が自身を他の参加者に対して紹介する「自己紹介」という実践において、指導員は、障害をもった参加者の一般には逸脱として捉えられがちなふるまいを一概に「できないこと」として認識し制止するのではなく、むしろそうした状況に対して「あえて何もしない」関わり方を通して即興的な対応をしながら参加者とともにコミュニケーションを続けていく。さらに笑いなどのユーモアの実践を介して、参加者全員とコミュニケーションを共有していく。

また、打楽器を用いた参加者全員による即興演奏を行う「セッション」という実践においては、即興演奏という音楽形式によるコミュニケーションに基づいた時空間を編成する。こうした時空間において、障害者が一般的に排除されがちなコミュニケーション形式とは異なる原理に基づく時空間を一時的に形成する。さらに即興演奏という音楽形式において、通常の楽器演奏では、音楽演奏に関わるできる／できないをめぐる非対称性を無効化し、さらに参加者の一般には逸脱と捉えられがちなふるまいも音楽の表現として受容していく。「セッション」とは、こうした音楽の共同演奏を通して、「他者の意識の流れを生ける現在において、即時的に共有する」（Schutz 1964=1991:239）実践である。

X会のできる／できないをめぐる非対称性を伴う関係形成の実践では、あるふるまいができないことの要因を本人に帰属させ、本人を直接的な介入の対象とするのではない。そうではなく、X会の実践は、そうした個別のアクターのふるまいの置かれた文脈に働きかけ、できる／できないをめぐる非対称性のあり方をずらしたり、拒否したりしながら状況依存的にアクターのふるまいを位置づけ直すことで、多様なアクター間の関係を作り変えていく。この意味で、X会の実践とは、絶えずできる／できないをめぐる非対称性を流動化させていく動態的な実践であるといえよう。

こうした関係のあり方は、毎回の活動における即興的なコミュニケーションに依存するという観点からは安定的ではなく、またその活動の時空間に限定されているという一時性という意味では、限界も抱えている。ただし、社会制度による資源配分、および社会運動による資源配分を求めることよる障害（disability）の解消戦略の双方が一定の限界を抱えていることを踏まえれば、X会の活動が抱える不安定性や一時性は必ずしも否定されるべきものではなく、むしろ引き受けざるを得ないものである。この意味で、X会の実践は、障害者と健常者の関係のあり方に絶えず働きかけ続けることを背負った厳しい営みであると言える。しかしだからこそ、これまで明らかにしたような障害者と健常者の関係を形成するための技法が生み出されてきた。

2　分析結果はどう解釈されるか

次に、本書を通して明らかにしたことを、第1章で提起した以下の二つの分析課題に立ち返りながら、改めて整理していこう。二つの分析課題は、以下の通りである。

分析課題①：1990年代以降における新自由主義的な行財政改革を背景にもつ教育政策と福祉政策、およびそれとの共変動としての社会運動の対立、連携、妥協といった相互交渉の展開は、障害者と健常者の関係形成にかかわるどのような構造的な制約と可能性をもたらしたのか。

分析課題②：こうした社会政策と社会運動の展開の帰結としてもたらされた構造的な制約と可能性は、障害者と健常者の関係のあり方をどのように再編成したのか。とりわけ、関係性のあり方を枠づけようとする構造的な力学と、個々の社会的な文脈における関係のありようのせめぎあいのなかで、どのような障害者と健常者の関係性が創出されているのか。

2-1 分析課題①：社会政策と社会運動の間に存在する偶発的連関

分析課題①について、第2章および第3章において明らかにした1990年代以降の教育政策・福祉政策の展開と社会運動による対応をまとめると、次の表の通りとなる（表 終-1参照）。学校週五日制が導入される1992年以前の段階において、調査研究協力校として指定された東京都立立川養護学校では、保護者による学校週五日制への強力な反対が起こった。教員は教育における障害児の排除という観点から保護者の反対に共感し、要望書の提出等の活動を行なった。ただし、その後は学校週五日制の導入は覆されることはなく、社会運動はその対応として地域活動に取り組むことになった。

学校週五日制が導入され地域活動が始まると、X会は、当初は不安定な活動基盤のもと活動を行なっていた。X会は、この課題を解決するために、A市行政に対して要望書を提出し資源の確保を目指した。他方で、A市行政は、学校週五日制の対応にあたってはA市行政が事業を運営するのではなくX会を主体として行政との共催事業としての活動を行うこととして、一定

表　終-1　東京都多摩地域における社会政策と社会運動の展開過程
―教育および福祉分野を中心に―

時期区分	学校週五日制の導入	地域活動	市民活動	福祉事業化
期間	1992 年まで	1992 ～ 1997 年	1998 ～ 2001 年	2002 年以降
社会政策	学校週五日制の導入およびその調査研究	学校週五日制の施行 東京都教育庁による学校週五日制対応事業の予算化	東京都行財政改革を背景とした東京都社会教育行政の縮小の本格化	社会福祉基礎構造改革を背景とする障害福祉政策 東京都福祉保健局による福祉改革の推進
社会運動の課題	障害児の教育制度における排除 母親の負担増	学校週五日制の対応 地域社会への定着	学校週五日制の対応をこえた新たな活動の展開	障害児の生活の場の獲得 人手不足
社会運動の取り組み	学校週五日制導入における試験校としての実践 要望書の提出による反対運動	要望書による資源の獲得 地域社会への働きかけによる組織の拡大	活動拠点の獲得 フリースペースの運営	NPO 法人化による組織形態の変更 福祉事業化による資源調達と事業の運営
帰結	地域活動（X 会）の形成	市民活動（団体 Y）の形成	組織内部における葛藤の生成	教育と福祉のジレンマの生成
社会政策と社会運動の関係	対立	対立の相互回避と新しい課題領域への相補的対応	相対的自律	構造的ジレンマの生成と社会運動への転移

の資源の配分を行なった。その後、X会は、地域社会への働きかけを通して組織の拡大を図りながら活動を継続した。そして、東京都による助成金の獲得を契機として、1998年に新たに市民活動（団体Y）を形成する。

市民活動として活動を開始した団体Yは、障害児とその保護者だけでなく、X会の活動を継続するなかで集まった普通校PTA、組織的な動員ではない個人的な参加によるボランティアなど、多様な担い手によって運営された。そして、新たに活動拠点を獲得し、フリースペースを運営するなど、X会の活動を支えつつも、学校週五日制の対応をこえる新たな活動の展開をもたらした。ただし、団体Yが多様な担い手によって運営されていたことは組織内部における葛藤を潜在的に抱え込むことになり、これらは必ずしも十分には解決されなかった。さらに、東京都では行財政改革を背景とした社会教育行政の厳しい削減が進行していた。

団体Yが活動を継続するなかでとくに取り組むべき課題として選んだのが、障害児の生活場所、および人手不足だった。社会福祉基礎構造改革を背景として福祉事業の運営が非営利組織にも可能になると、団体Yは2001年10月末に特定非営利活動法人格を取得し、東京都福祉保健局による福祉計画を利用する形で、重度生活寮を2002年11月に開設した。その後、団体Yは、2003年の支援費制度、および2006年の障害者自立支援法による福祉サービスの提供など福祉事業の運営を拡大しながら福祉事業体としての性格を強めていく。ただし、他方ではボランティアを活動の原理とするX会と支援を原理とする団体Yは、相互に活動の折り合いがつかなくなり、「教育と福祉のジレンマ」を生じさせることになった。

本書で明らかにした1990年代以降の社会政策と社会運動の相互交渉の展開過程は、教育・福祉制度および社会運動の付置連関が構造化していく過程として理解することができる。1990年代以降における社会政策と社会運動の展開は、その時に見出された課題を解決するためにその時々で利用可能な方策を積み上げていく過程であり、その課題や状況に応じて社会政策と社会運動の関係は変化していった。そして、解決すべき課題への対応の結果として現れた次の課題に対して、また新たに社会政策と社会運動による取り組みが積み重ねられていった。さらに、以下では社会政策と社会運動の関係の特徴について段階ごとにまとめよう。

学校週五日制の導入期（1992年まで）においては、社会政策セクターと社会運動セクターは、学校週五日制の導入をめぐって対立的な関係にあった。学校週五日制の導入という社会政策の展開は、障害児の保護者からすれば、障害児およびその保護者の置かれた状況に対する配慮に欠けた一方的な政策展開であり、必ずしも許容できるものではなかった。こうした保護者の反応は、教員の共感へと結びつくなかで、社会政策への反対運動へと展開していくことになる。

地域活動の展開期（1992年から1997年まで）においては、社会政策セクターと社会運動セクターは、共催する事業の運営を通して障害児の地域活動の定着に関わるなど、両者の関係は対抗的なものから、一定の対抗性は残しながらも相互補完的あるいは相補的なものへと移行した。学校週五日制の導入は覆ることはなく、その対応は地域での自主的な活動と、それを支える生涯学習による支援へと委ねられることになった。そのため、学校週五日制への対応は、地域社会による自主的な取り組みと、地方自治体の裁量に任されることになった。こうして、社会政策と社会運動が対抗しあう関係はその後も一定の間は続きながらも、そのアリーナは学校教育から地域社会へと移っていくことになる。

運動を担ったX会による要望書の提出は、自主的な取り組みではなく行政による公的な責任による事業の運営を求めたものの、それは実現されることはなかった。そのため、X会は、活動を自主的に展開することを余儀なくされた。この意味で、社会政策と社会運動は積極的に協調をしていたわけではない。だが、一定の緊張をはらみながらも、両者は共通の課題を前に必ずしも完全に対立していたわけでもなかった。X会は、学校週五日制の導入によって生じた「土曜日問題」に自ら対応せざるを得なくなったことによって、自らの活動が地域に定着していく契機を得ることとなり、それへの対応へと乗り出していった。行政側はこうした動きを強く推進したわけではないが、しかし助成金の給付や共催事業の開催などを通して、X会の活動の地域社会への定着を促すなど一定の役割を果たした。こうした対応は、結果として新しい市民活動が形成されるなど、新たな活動の展開の可能性を開くものであった。

市民活動の展開期（1998年から2001年まで）においては、社会政策セクターと社会運動セクターは、相対的に自律した関係にあった。1998年度からX会および団体Yは、これまでその一部をA市との共催で行なっていた事業をX会の事業として行うようになった。さらに団体Yは、東京都およびA市による「地域活動促進事業」を通じて得た資源を基盤としながら、活動拠点を獲得しフリースペースを運営するなど新たな活動を開始した。こうしてX会は当初の課題であった学校週五日制に対する対応という政策的な課題にとどまらず、自らの望む社会構想を掲げ市民活動として独自の活動を展開していった。

ただし、こうした活動はその後に続く新たな課題を背負うことを意味していた。実際に、市民活動としての性格を強く有していた団体Yは、X会の活動に止まらない新たな活動を展開することができた反面で、その組織内部には活動の担い手とその対象をめぐる課題、さらに活動の領域をめぐる課題を潜在的に抱えており、少なくとも安定した活動とは言い難かった。こうした課題を解決するために、団体Yは福祉事業化の道を選択していくことになるが、結果としてみれば、団体Yが自律的に活動を展開した期間は、必ずしも長くはなかった。

福祉事業化期（2002年以降）においては、社会運動は社会政策の展開と結びつきながら活動を拡大させていき、社会政策セクターと社会運動セクターの間には構造的ジレンマの生成と社会運動への転移ともいうべき関係が築かれていった。団体Yの抱えていた課題のうち、障害児の生活場所および人手不足は、社会福祉基礎構造改革を背景とした東京都による福祉改革と結びつき福祉事業の運営に乗り出すことで解消することができた。この意味で、福祉事業化は、団体Yにとって一定の成果をもたらすことになった。ただし、団体Yが社会政策と相補的な関係を結ぶことは、市民活動として展開していた団体Yの活動が福祉事業体として枠づけられていく過程でもあった。とりわけ、市民活動期において重要な課題の一つであった活動の担い手および対象としての「市民」をめぐる課題は十分に取り組まれることがなかった。

さらに、団体Yの福祉事業化は、X会との活動の緊張を生む要因のひとつとなった。市民活動の展開期においては、教育政策と結びついたX会と、市民活動としての団体Yは、相互に課題を共有し連動しながら活動を展開していた。しかしながら福祉事業化期においては、団体Yが福祉政策のエージェントとなっていくなかで、従来のX会の活動のあり方とは異なる福祉政策の力学を障害者と健常者の関係形成の現場に持ち込むようになる。こうして出現したのが教育システム、福祉システムのそれぞれの制度の抱える合理性の違いに基づく教育と福祉をめぐるジレンマであった。教育政策と福祉政策は、障害者と健常者の関係のあり方をめぐって、金銭的報酬および関係の質をめぐっては原理的には対立しており、この意味で両者は構造的なジレンマを抱えている。そして、団体Yが福祉政策のエージェントとなるなかで、そうした構造的ジレンマが、X会と団体Yの活動の現場に持ち込まれるようになる。こうして、社会運動セクターの現場に、社会政策セクターの生み出す構造的ジレンマが転移されていくこととなった。

以上の経過を踏まえると、社会政策と社会運動の関係を次のように特徴づけることができる。社会政策と社会運動の関係は、それを実際に担う機関や組織といったエージェント間における相互的で偶発的な連関の過程としてあった。社会政策と社会運動は対立やずれや妥協をはらんだプロセスであり、この意味で、両者は必ずしも完全な一致を見たわけでもない。だがしかし、両者は必ずしも無関係なのでは決してなく、実際に両者の持っていた意図の全てが具体的な形として実現したわけではない。むしろ、社会政策と社会運動は、自らの意図を実現するために相互の存在を必要としていた。この意味で、両者の関係は、一定の制約のもとにありながらも、相互の偶発的な連関の過程としてあった。その両者の関係は、その時々において、「対立」、

「対立の相互回避と新しい課題領域への相補的対応」、「相対的自律」、「構造的ジレンマの生成と社会運動への転移」といったそれぞれの段階を経ながら、障害をめぐる新たな構造を生成させた。

第一に、障害をめぐる社会政策の展開は、一貫した意図や計画に基づいて進められたものではなかったが、他方でさまざまなぶれを伴いながら結果として一定の方向に障害者と健常者の関係を枠づけていった。学校週五日制の導入は、障害児の存在を考慮して行われたとは言い難い。この点を厳しく指摘したのが、社会運動であった。そこで社会政策は、一定の資源配分を行い地域社会における自発的な取り組みに対応を委ねることを通じて、社会運動による批判に対処しながら障害児および保護者の抱える課題に取り組んだ。さらに、福祉政策の新たな展開は、市民活動による対応の余地を拡大する一方で、障害者と健常者の関係のあり方を利用者と介助者という福祉政策が求める形へと枠づけていった。この意味で、社会政策に一貫した計画があると言うことは難しい。ただし、このことはそれが「意図せざる結果」であったことを必ずしも意味しない。社会政策は、その時々において限界をはらみながら展開してきたが、とはいえその実現が妨げられたわけでもない。むしろ社会運動による介入の効果を社会政策の変更という側面に限定するならば、社会運動の果たした役割は結果としては極めて限定的であった。

第二に、こうした社会政策の変化と連動した社会運動の展開は、社会政策との対立やずれを含んでいたものの、結果として社会運動が社会政策のエージェントとなっていく過程であったといえる。当初は学校週五日制の反対として展開した社会運動は、行政に働きかけながら資源を獲得することと並行して一定の自律性を獲得しながら活動を進めていくと、次第に学校週五日制の枠を超えた新たな課題を発見しながら取り組んでいく。そのため、社会運動による障害者の課題への取り組みによって、少なくとも学校週五日制の導入以降における障害者の抱える不利益が一部解消されたこと、また障害者と健常者の新しい関係性が生まれたことは重要である。ただし、新しい課題に取り組むことは、資源の面で限界を抱える社会運動が大きな負担を背負うことを意味していた。そのため、政策的変化によってもたらされた福祉事業の担い手の自らを位置づけていく道を選択していった。こうした過程の帰結が構造的ジレンマの社会運動への転移であり、社会運動は結果として教育と福祉のジレンマを抱えるようになった。

2-2　分析課題②：構造化の力学を押しとどめる社会空間の創出

次に、分析課題②について、第4章および第5章で明らかにしたことをまとめよう。1990年代以降の社会政策と社会運動の相互交渉の展開過程は、両者が偶発性を含みつつも相互に連関しながら構造化されていくプロセスであり、その帰結として、障害者と健常者の関係形成にあたって、原理的には解消不可能な「教育と福祉のジレンマ」を抱えることになった。では、そうしたジレンマを抱えながらも、障害者と健常者の関係はどのようにして形成されていたのだろうか。また、なお望ましい関係のあり方はどのようにして可能であるのか。

X会は、教育と福祉をめぐるジレンマを抱えることになった一方で、そうしたジレンマによって全てが引き裂かれることはなかった。X会の活動を見てみると、教育と福祉をめぐるジレンマに捕捉された障害者、家族、指導員、支援者、ボランティアといった多様なアクターたちは、そうした立場の違いや利害の対立を抱えつつ、結びついていた。まずこのことの含意について確認しておこう。

第一に、X会の活動を結び目として形成される障害者と健常者の関係のあり方は、こうした社会政策と社会運動の偶発的な展開の帰結によって支えられていると同時に枠づけられている。X会は、社会制度上は、障害者の生涯学習として位置づけられるとともに、実際の運営においては、その運営に必要な資源の大部分をA市教育委員会による事業委託によって得ている。そして、X会に参加する障害者の生活は障害者福祉サービスの利用によって支えられており、加えて、介助者もまた障害者福祉サービスの提供によって自らの生活の糧を得ている。こうした点から明らかになる通り、障害者および健常者のありようは、こうした社会構造的な付置連関に深く根差している。この点を踏まえるならば、こうした社会政策と社会運動の偶発的連関によってもたらされた以上の帰結は、さまざまな実践を可能とする基盤でありかつ制約条件であるという両義的な性質を有している。

第二に、X会および団体Y（およびその後に続く社会福祉法人Z）は、「教育と福祉のジレンマ」を解消するという方向ではなく、むしろ「教育と福祉のジレンマ」を抱えながらも、障害者と健常者の関係形成を諦めないという立場を選択した。こうしたジレンマを解消する最も素朴な方法は、X会と団体Y（およびその後に続く社会福祉法人Z）を機能分化した別団体として捉えることで、両者の関係を完全に絶つことである。ただし、そうした方法では多様な人が関わりあう場を作るというX会の目的が達成されることはない。そのためX会はそうした選択はせずに、大きな限界ははらみながらも多様なアクター同士の関係性を結び続けることを目指している。それではこうした実践の意義をどのように捉えることができるだろうか。

筆者は、X会の活動を構造化の力学を押しとどめる社会空間を創出する実践として位置づけたい。X会の活動は、１９９０年代以降の社会政策と社会運動の偶発的な連関から生じ、その構造化のプロセスに内在しつつも、そうした構造的な制約を引き受けながら力学を押しとどめながら障害者と健常者の関係形成を行う実践である。X会の実践は、既存の制度的な文脈に置かれたことは引き受けた上で、既存の制度による資源配分を利用して活動を展開しつつも、既存の制度の利用のみでは達成されることのない多様なアクターの参加および音楽活動を通した新しい関係の創出を行なっている。このことは、それぞれアクターの置かれた構造的な力学を引き受けながらも、そうした力を一時的に弱める場を集合的に作り出す実践であるということができる。それでは、こうしたX会の実践のもつ特徴をどのように捉えることができるだろうか。

第一に、そうしたX会の活動に多様なアクターが参加する基盤には、多様なアクターによる広い意味づけを許容する開放性が存在していた。このことを可能としたのが、X会の活動の理念の曖昧さとアクターによる意味づけであった。X会の理念は、「しょうがいのある人たちが地域で楽しく過ごすために活動の機会を設ける。ともに育み合う仲間として、多くの地域の人々と交流できる活動を行う。」（X会2018年4月配布リーフレット「会則」より）というそれだけ取り上げるならば曖昧なものであった。こうした曖昧さは、一方で明確な目標をもつリジッドな組織と比較すると、組織的な基盤の脆弱さ、そして社会変革志向の弱さとしてしばしばネガティブなものと捉えられがちである。ただし、こうした理念の曖昧さは、他方で参加者による柔軟な解釈へと開かれており、結果的に多様な参加者をつなぎとめることにつながっていった。

ここで確認しておくべきは、X会の理念が曖昧であることの両義性である。X会は、多様なアクターを一時的に結びつけることに成功しているが、このことはX会という組織がもつ柔軟な特徴によってのみ可能となるわけではない。そこでは、アクターによる意味づけが大きな役割を果たしていた。X会の理念が多様なアクターによる解釈に開かれているだけでは、X会が常に多様なアクターを結びつけることに成功するとは限らない。とりわけ、しばしば障害者の排除を先鋭的に担ってきたのが「地域」であることを踏まえれば、こうした活動が他者への排除へと容易に結びつく可能性は決して忘れ去られるべきではない。

X会は、強いイデオロギーに依拠した明解な意味づけを参加者に与えることはせずに、多様な参加者による幅広い意味づけによる余地を残している。このことは一方で、X会の理念を参加者に強制しないことで、参加者の多様性と自主性を尊重する柔軟性を確保している。ただし他方では、X会は、参加者に対して活動に関わる意味づけを主体的に見出すことを要求するという性格を持っている。自分自身の経験と他者の関わりを重ね合わせながら自ら活動に関わる意味を立ち上げる必要があることとは、参加者に動機づけに関して一定の負担を強いるという点ではむしろ厳しい面を持っている。自らの経験に根差して活動の意味を構築しながら他者と共有していくことは、時として自らの存在が問われる契機を含み込む。また、自らの経験は、必ずしも他者との意味づけとは一致しない場合だけでなく、常にずれや対立を含んでいる。さらには、そうしたずれや対立は、必ずしも個人の経験の違いのみによるものではなく、むしろ教育と福祉のジレンマといった社会制度的な要素にも起因しているため、参加者はそうした構造的な力学とも常に対峙することを求められることにもなる。こうした点を踏まえると、X会の活動は多くの困難の上に成立していることがわかる。

ただしこうした困難があるなかで、障害者、家族、指導員、支援者、ボランティといった多様な参加者は、それぞれの制度的な位置やカテゴリーを背負いつつも、X会の活動において一時的ではあれども確かに結びついている。こうした営みを支えているのは、それぞれのアクターが自らの経験や他者との関わりのなかでX会の活動に対して自ら見出していった意味づけのありようであった。この点において、それぞれのアクターは、構造的な力学の影響の下に置かれながらも、そうした力学には還元されることはなかった。

第二に、「教育と福祉のジレンマ」を抱えながらも、X会を介して結びついたアクターの関係を創出していくのが音楽活動であり、そうした関係を支えていたのは、障害者と健常者の非対称性を本人に帰属させずに流動化させる実践であった。

音楽活動においてできる／できないをめぐる非対称性を流動化する実践は、それぞれの個別の場面におけるアクターのふるまいに支えられている。その特徴は、一定の形式をもつ制度化された実践でなく、つねにその場その場で生成される状況依存的な点にある。X会の活動の参加者は、多様であるがゆえに毎回同じ参加者が活動に関わるというわけではない。また、活動の場面では、ときに予想しない発言やふるまいが行われることもある。本書が明らかにしたのは、こうした関係形成のあり方を支えている「あえて何もしない関わり」といった指導員のふるまいや笑い、打楽器をもった即興演奏による意識の共有といった極めて微細なふるまいが障害者と健常者の間にあるできる／できないをめぐる非対称性を動態的に作り替えていく可能性であった。

ただし、改めてこうした活動の限界もまた指摘しておかなくてはならない。というのも、こうした活動のあり方は、大きな社会システムおよび主流文化において大きな位置づけを占めることは難しい。とりわけ、障害者の活動は、しばしば発達的な視点を中心として医療モデルな効果として把握される傾向にある（高野・有働 2007）。あるいは、社会政策の観点から政策的根拠を求める評価の対象として捕捉されるようになると、しばしばそうした活動は支援の効果としての発達を求める医療モデル的な価値観として把握されやすく、したがって既成の価値観に対抗するような活動はむしろ排除されていく可能性をもつ（津田 2018）。この意味で、X会の抱える不安定さはX会の組織内在的なものだけでなく、それを取り巻く構造的な力学の産物であるとも言えるだろう。

以上の点を踏まえると、こうしたふるまいは、一見すると社会変革に結びつくことのない極めて脆弱な試みのように捉えられるかもしれない。しかしながら、いかなる権力も微細な関わりを通して作動することを踏まえれば（Foucault 1976=1986）、こうした微細な関わりもまた軽視することはできない。とりわけ、障害者に対する構造的な暴力は社会制度による資源の配分といった公的領域のみならず、しばしば家族および介助関係などの日常生活の場面を通して絶えず微細な形をとって作動する（安積他 1990=2012）。さらに、障害者運動が公的領域へのアクセスおよびそこで権利保障を重視するがあまり、ややもすると私的領域における課題を軽視しがちであったという経緯がある（飯野 2020）。この点を踏まえれば、X会のように、障害者と健常者の関係形成の可能性を、日常における微細な場面に内在しながら異なる方向へと開いていく実践は、さまざまな限界を抱えているとはいえ、なお重要である。

2-3　障害のポリティクス

それでは、以上の分析を通して得られた知見を、本書の理論的な視座である「障害のポリティクス」の含意に立ち返りながらまとめよう。

本書ではアリソン・ケイファーの障害の政治／関係モデルとフーコー権力論の含意を踏まえ、障害を歴史的、政治的な文脈において「批評され、争われ、変形される、実践と連合の配置」（Kafer 2013:9）として捉える理論的な視座を「障害のポリティクス」と呼んだ。こうした理論的視座を採用したのは、障害をめぐる社会学的研究の系譜と障害学における障害の社会モデル批判を踏まえた上で、障害をめぐる多様な実践を構造的な力学とアクターの主体性とともに捉えることを課題としたからであった。そして、本書では障害をさまざまな実践のせめぎあいの場として捉え、障害が介入されたり変更されたりする歴史的、政治的な文脈に埋め戻しながら理解する作業を行なってきた。

本書の成果は、以上の障害のポリティクスを明らかにすることで、障害が社会構造的な力学による介入の場であると同時に、アクティヴィズムの取り組みによって意味が再想像される集合的な場であることを明らかにしたことにある。

分析課題①からは、障害をめぐる不利益や課題への対応が、社会政策と社会運動のその時々における相互的で偶発的な連関の過程におけるせめぎあいの帰結としてなされたことを明らかにした。

以上のプロセスにおいては、それぞれの段階における社会政策と社会運動の関係は偶発的であり、とくにアクターが置かれた状況的な制約からは決して自由ではなかった。その結果、障害をめぐる不利益や課題への対応は、対立のみでなく、自律、妥協、といったさまざまな形をとってなされることとなった。この意味で、障害は多様なアクターによる実践によって争われる関係的で政治的な場であった。

その上で本書としては、障害をめぐる不利益や課題の対応が社会政策による一貫した計画には基づいていないことは強調しておきたい。学校週五日制の導入、行財政改革を背景とした社会教育行政の縮小、社会福祉基礎構造改革を背景とした福祉領域の選択的拡大といった社会政策の変化は、障害者の置かれた状況を出発点としていたわけではなく、障害者は不可視化されるか、変化を被る対象として部分的に取り扱われるのみであった。

さらに、本書を通して明らかとなったのは、社会運動の側が政策の変更という点では極めて限定的な役割しか果たせなかったという事実である。構造化の力学は、確かに逃れ難い。また、社会運動がこうした限界はありつつも地域社会において自生的な関係性を作り上げたことは、障害者と健常者の新しい関係形成の可能性を開いたと同時に、社会運動が新たな負担を自ら背負う契機ともなったという意味で両義的な帰結をもたらした。ただし、この両義性をどのようにして引き受けていくのかに、障害のポリティクスをめぐる制約と可能性がある。このことを明らかにしたのが、分析課題②であった。

分析課題②からは、こうした構造的な力学に巻き込まれつつも、障害者と健常者の関係形成が行われる現場では、構造的な力学を一時的に弱める場を集合的に作り出すためのさまざまな主体的な働きかけを行っていたことを明らかにした。障害をめぐる支援活動は、「地域」という概念を媒介にしながら、障害者、家族、指導員、支援者、ボランティアといった多様なアクターをゆるやかに結びつけていた。また、X会の音楽活動では、「できる／できない」をめぐる非対称性が、「自己紹介」や「セッション」といった実践によって流動化させられていた。

もっとも、ここで生まれた結びつきは必ずしも強固なものではなかった。障害者、家族、指導員、支援者、ボランティアは、自身の経験に基づいてX会の活動を意味づけていたが、このことによってそれぞれのアクターの間にあるずれや対立が直ちに解消されるわけではない。また、X会の音楽実践は状況依存的なコミュニケーションに開かれており、このことはできる／できないをめぐる非対称性を流動化させる可能性をもっているが、そのコミュニケーションが状況依存的である以上、非対称性を固定化させる可能性をもたないわけではない。この二つの意味において、X会の実践は不安性さを抱えてもいた。

ただし、この不安定さは、X会の活動を制約するものとしてのみ捉えられるべきではない。これまで明らかにした通り、こうした不安定さは活動における柔軟性にもつながっており、それぞれのアクターが自らの意味づけによって活動に参加する幅や、音楽活動における即興的な相互作用を許容する基盤ともなっている。したがって、こうした不安定性は、X会の活動の制約と可能性の双方を生み出すものであった。

二つの分析課題を踏まえて、ここでもう一度、社会運動の取り組みに立ち戻ってみよう。X会の音楽活動がこうした不安性がありながらもなぜ続けているのか、音楽活動の位置づけを示す記録を再掲して確認しよう。

音楽指導の方からは「対象者が限られてきているので個々の音楽技術に力をいれてはどうか」と、提案されています。

X会事務局（団体Y）としては、いいえ続けて来た○○（引用者注：個人名）としては、地域に開いた活動の場としての位置づけははずせず、誰に来てもうけいれられる場でありつつ、個人の技術があがっていくには申し分ないことです。しかし、前者なくして後者はなしだと考えます。何故対象者が限られて来たのか？　対象者をどうやって増やすのか？
活動回数は────？

（「定例会議報告書」（団体Y、2003年1月23日）より）

ここで述べられているのは、「誰に来てもうけいれられる場」であることが「技術があがっていくこと」に優先するという言明である。このことの文脈を確認することで、あらためて本書が明らかにした「障害のポリティクス」について述べよう。

X会および団体Yの活動の展開においては、個別の教員の反応、普通校のPTA、ボランティアといった人々との結びつきが積み重なることで活動の展開が広がった場面があり、そのなかで地域社会における障害者の生活がさまざまな限界がありつつも押し広げられた側面があった。また、X会および団体Yの活動は、あらかじめ明確な見通しに基づいて活動を展開しているというよりも、ときどきの社会政策の変化に起因する障害者の生活課題をめぐる困難にアドホックに対応する必要に迫られながら形成された側面が強い。この点を踏まえると、X会の不安定さは社会構造による制約に大きな影響を受けており、同時に利用可能な資源が限られているからこそ、公的な資源を獲得すること、そして誰であれ多様な人々と柔軟に結びつく必要があった。

とはいえ、課題はその先にある。X会および団体Yの展開過程を振り返ると、多様な人が結びつくことで新たな課題に取り組むことができるようになった側面だけでなく、社会運動が新た課題を背負い込むこと、また数ある課題のなかで取り組むものを選択する側面が存在した。実際にこれまで明らかにした通り、学校週五日制の導入における障害児の課題に対する地域活動による対応、その後の取り組みにおける余暇および市民のせめぎあい、さらに福祉事業化の過程において、担い手および組織間のずれや対立が完全になくなることはなかった。また、社会政策の変化が社会運動を通じて具体的な形をとるという側面も併せ持っており、とくに社会運動が社会政策のエージェントとなることは、結果的に社会運動の可能性を広げるだけでなく狭めるという両義的な帰結をもたらした。

こうしたさまざまな力学が働く現場において、実際に「地域に開いた活動の場」であり「誰が来てもうけいれられる場」であることは必ずしも容易ではない。とくに、障害者との参加が「対象者が限られ」るような状況に陥ることもある。この時に、「誰に来てもうけいれられる場」であることに代わる別の意義――ここでは「技術があがっていくこと」――を見出すことも可能である。

ただし、X会にとっては、「地域に開いた活動の場」であり「誰が来てもうけいれられる場」であることは外せない。この時X会は、「できるようになる」ことの手前に「誰が来てもうけいれられる場」であることに活動の基礎があることを確認し、自身の活動から排除される人がいないかを問い続け、呼びかける。ここでは、集合的な営みを諦めずに呼びかけることと同時に、集合的な営みのあり方を自らの置かれた社会的文脈とともに批判的に問い直すという二重の取り組みがなされている。こうしてX会は、障害者と健常者の関係のあり方を異なる可能性に開き続けることに賭けてきた。

　こうした取り組みは、学校五日制における障害児の不可視化に直面し、さらには多様なアクターと結びつくことで課題を解決しようとしてきたX会と団体Yの経緯を踏まえると、「障害のポリティクス」を新たな可能性に開くための重要な契機となっていることがわかる。学校週五日制の導入に対する反対運動、団体Yの形成といったそれぞれの段階において、社会運動が単独の担い手ではなくさまざまな立場の担い手とずれを含みながらも結びついたことはその後の展開を可能にした。また、その結果として、X会の活動を通じて多様なアクターが緩やかに結びつき、できる／できないをめぐる非対称性が流動化させられていた。もっとも、こうした呼びかけがある一方で、これまで述べた通りX会の活動が有している不安定性は必ずしも解消されてはいない。ただし、この不安定さは、X会の活動の制約と可能性の双方を生み出すものであった。

　したがって、こうした呼びかけに対する応答は、明確な形を取らないかもしれない。しかしながら、その時々の呼びかけに対する応答によって、その都度「障害のポリティクス」が開かれてきたことも確かである。どのような呼びかけがなされ、またいかにしてそれが聞かれ応えられるのか。また、こうした呼びかけから誰が排除されているのか。このような呼びかけと応答の過程のなかからこそ、次の新たな「障害のポリティクス」が開始されるのである。

　以上の意味で、障害は、社会構造的な力学による介入の場であると当時に、アクティヴィズムの取り組みによって意味が再想像される集合的な場である。そして、本書が明らかにしたのは、東京都多摩地域における障害者と健常者の関係のあり方が、社会政策や社会運動による動態的な働きかけを通して形成される過程であり、このことを「障害のポリティクス」の視座から分析した。その新たな可能性は、集合的な営みを絶えず呼びかけること、またそれと同時に集合的な営みを特定の枠組みに閉じ込めずに開き続けることに宿っている。

したがって障害は、さまざまな実践による変更のせめぎあいへと開かれている。障害は歴史的に不可視化されたり、あるいは不平等を正当化するために利用されてきた。しかしながら、障害者運動は、さまざまな手段を通じて障害に割り当てられた意味を再想像することを続けてきた。本書が明らかにしたのは、学校五日制の導入における障害者の不可視化、また市民活動の福祉事業化といった間接的な介入を通した影響力の行使を通した障害をめぐる介入の政治であり、社会運動の側による異議申し立て、行政との交渉を通じた資源の獲得、活動に関わる主体による意味づけを基盤とした音楽実践による障害をめぐる意味の集合的な再想像を通じた対抗である。本書が提示したのは、「障害のポリティクス」という視座から、障害をさまざまな実践による介入の場として捉えることで、障害をめぐる制約と潜在的な可能性に対して認識を開き続けること、その重要性である。

2-4　障害のポリティクスの批判的想像力に向けて

最後に、以上で明らかにした実証的な課題から明らかになる障害学理論の課題についても触れておこう。ここまで、障害者と健常者の関係形成のあり方を、社会政策と社会運動の相互交渉の過程として捉えてきた。この視点は、障害学の理論的な動向を踏まえつつ、とくにアリソン・ケイファーの議論に依拠しながら障害のポリティクスを探究することを目指す理論的な視座から導かれた。本書で行った取り組みのねらいは、従来の障害の社会モデルが社会構造的な権力関係を捉えつつも、障害をめぐるダイナミックな関係を捉えづらい構造決定論としての性格を持つという課題に対して、障害を歴史的、政治的な文脈に位置づけながら捉えることで批判的に取り組むためであった。障害学理論が社会構造的な権力関係と現実の複雑性の把握を目指す以上、こうした理論的な視座は、障害学理論の基本的な方向性として維持されるべきであると考える。

それでは、ここまでの実証的な課題を踏まえた上でこうした理論的な視座をどのようにして障害学理論の課題として深めることができるだろうか。ここで提起したい重要な論点は、障害学理論における唯物論の理論的系譜である。そこで、本書の最後の課題として、障害学理論の形成における唯物論の意義について述べておこう。

障害学理論の展開を振り返ると、フィンケルシュタインやオリバーらによる唯物論を基盤とした議論は、障害学の重要な出発点である（Finkelstein 1980、Oliver 1990=2006）。それは、障害の医学モデル／個人モデルを拒否し、障害をめぐる社会構造的な権力を捉える理論的基盤を確保する上で重要な視座であった。ただし、唯物論を理論形成の出発点としてもつ障害学は、それゆえに唯物論がもつ理論的な限界にも直面してきた。とくに1990年代を通じて障害女性をはじめとしたそれまでの障害学において省略されてきた人々から、言語、差異、身体、偏見といった障害者の経験にとって重要な論点を排除するものとして厳しく批判されてきた（Coker 1998、Crow1996、Morris 1991、杉野 2002）。こうした理論的取り組みは、同時代において広まりを見せたポスト構造主義とも結びつきながら、２０００年代にはクリップ理論や批判的障害学といった新たな理論的な動向を生み出した（井芹 2019、辰己 2021、2022a、2022b）。この意味で、唯物論は障害学の重要な出発点であったからこそ、厳しい批判の対象となってきたといえる。

以上の経緯を踏まえると、障害学と唯物論を素朴に結びつけることについては、慎重であるべきである。とくに、唯物論に依拠する理論が排除する差異の問題については、障害学のみならず、障害学と他の学問分野とのつながりを深めていくためにも、重要な論点であるといえる。ただし他方で、唯物論の持つ理論的想像力を踏まえれば、障害学理論と唯物論を切り離すことについても、同様に慎重であるべきであろう。とくに、障害者の地域生活の実現や権利保障において、物質的な基盤は重要である。実際に「知的障害を持つ人が権利を与えられる際には、しばしばそうした権利の行使を実現可能にするのに伴う社会的サポートを与えられない。再三にわたり、多くの知的障害者の物質的・関係的存在にほとんど注意が払われないまま、権利が正式に確立されている」（Carey 2009:31）のである。この指摘を踏まえると、障害者の権利保障を実質的に進めていくためには、物質的な基盤への取り組みは不可欠である。

こうした文脈を踏まえると、唯物論のもつ理論認識はより重要なものとなる。立岩（2013）

によれば、障害学における唯物論的な視座の有用性は、社会構造による障害者の排除を問題化すること、障害をめぐる「心の問題」や「主体性」をめぐる議論から距離を取ること、理論的認識が社会変革の実践の可能性を示すことができる点にある。したがって、障害者に対する不利益をもたらす社会の変革を目標とする障害学にとって、認識論と実践論が理論を通じて結びつくことは重要である（立岩 2013）。[34]

さらに近年では、以上の唯物論の限界と可能性を踏まえ障害学理論を唯物論として深めていく新たな理論的取り組みがある。この新たな動向は、ポスト構造主義が指摘した障害の流動性、差異、言語といった課題を踏まえつつも、ポスト構造主義の障害学が言語に着目するあまり障害者が直面する物質的な制約を看過していることを批判的に継承する点にねらいがある。

具体的には、第一に史的唯物論に依拠した障害学理論の立場であり、この動向において重要な位置を占めるのがニルマラ・エレベレスである。エレベレスは、批判的障害学が新たに提起した撹乱と転覆の可能性の提起（McRuer 2006）を批判的に継承しながら、「人々（障害者）の生に影響を与え、同時にそして人種、エスニシティ、ジェンダー、セクシュアリティ、国家のポリティクスによって仲介される現実の社会経済的条件」（Erevelles 2011:26）こそが障害を生み出す点を重視する。[35]第二に、新しい唯物論の動向と結びつきながら障害学理論を深めていく立場である。この理論動向の中心に位置するマイケル・フィーリーによれば、カテゴリーやアイデンティティの流動性や権力の複雑性を認めつつも、同時に身体やアクセシブルではない物質的な世界への関心を本質主義に回帰しない形で取り戻すことが批判的障害学の課題となる

(Feely 2016: 867)。

以上の2つの理論的動向は、障害学における唯物論を新しい形で取り戻しながら、障害のポリティクスをめぐる批判的想像力を賦活する試みである[36]。障害学理論の系譜と現代的課題を考えるときに、少なくとも障害学理論が唯物論との緊張関係のなかで形成されることは重要である。本書において直接理論形成を行うことはできなかったが、本書が行なった経験的研究から導かれる理論的課題に取り組む一つの方向性として、障害学における唯物論への批判的取り組みの必要性を提起しておきたい。障害を歴史的、政治的、物質的な文脈とともに捉える障害学理論を活かしつつ、いかにして障害者の多様な経験へと開いていくことができるのか。こうした点に取り組むことが障害学理論の課題であり、この時に唯物論の批判的継承は、障害学のひとつの重要な方向性を示している。

3　残された課題

本書は、これまで東京都多摩地域における障害をめぐる教育、福祉、地域社会の再編成について、社会政策と社会運動の相互交渉という観点から明らかにしてきた。最後に、本書では十分に分析できなかった課題について、3点挙げておく。

第一に、本書では、社会政策と社会運動の相互交渉という観点から分析を進めるために、その動きを中心的に担ってきたエージェントである団体に焦点を絞ってきた。こうした視点から作業を進めることは、1990年代以降の障害をめぐる教育政策、福祉政策、地域社会の再編過程のダイナミズムを明らかにするために必要な選択であった。その結果、障害をめぐる社会的過程を、偶発性を含み込んだ動態的な関係として描き出すことが可能となった。しかし現実には、こうした社会政策と社会運動の中心的セクターの周辺には、こうしたセクターを広く取り巻くアクターが分厚く存在しており、中心的セクターの動きを枠づけてもいる。しかし本書では、社会政策や社会運動と一見関わりの薄いアクターの存在は後景化していかざるを得なかった。この点を明らかにするためには、障害をめぐる社会過程をより重層的に把握していくことが必要である。こうした過程の一部については研究に取り組んだが（加藤 2022）、必ずしもまだ十分ではない。この点が第一の課題である。

第二に、他のイシューや地域との比較を交えながら、本書の知見をさらに一般化しつつ深めていく作業が残されている。本書では、あくまでも東京都多摩地域における障害をめぐる内部過程を明らかにすることを目的とした。それは、こうした社会的過程について、素朴な構造決定論を避けつつ制度の規定性とアクターの主体性の両者を視野に収めながら把握するためであり、その結果、社会政策と社会運動の偶発的関係を捉えることが可能になった。ただし、今後はこうした知見をより広い時空間的なスケールに位置づけながら深めていくことが欠かせない。とりわけ、最後の「構造的ジレンマの生成と社会運動への転移」の段階がこれからどのような展開を示していくか。この点を明らかにしていくためにも、比較の視点は欠かせない。

なお、本書の対象とした事例であり東京都多摩地域は、障害者運動による取り組みが歴史的に長く続く地域である。本書が対象とした事例もそうした一定の歴史性の上に展開していることもあり、こうした地域的な影響がある。加えて、東京都の教育および福祉行政は、国家に先行する独自事業を展開するなど、他地域と比較した際には一定の自律性をもった独自の対応を行なっている。この意味で、本書の対象とした事例は一定の特殊な文脈に置かれていることもまた事実である。

第三に、本書の知見を国際的な視点や動向に位置づけながらより深めていくことが求められる。日本における障害者政策の展開それ自体が、国際障害者年におけるノーマライゼーション概念および障害者権利条約といった日本国外の影響を強く受けている。さらに、日本における障害者運動もまた国際的な障害者運動の影響を受けており、とりわけ１９８０年代以降の展開を理解していくためには、今後こうした比較は欠かせない。この点は、本論で述べた通り、社会運動の側がノーマライゼーションの理念を積極的に活用しながら運動を展開したことからも明らかである。加えて、障害をめぐるアクティヴィズムのネオリベラル化ともいうべき現象は、グローバルな展開を見せている。筆者は２０１９年９月にカナダ・トロントにおける支援団体へのフィールドワークをすでに行なっており、この結果、社会政策の展開については国際的には収斂する傾向がありながらも、アクティヴィズムの帰結については依然として各国・地域毎の規定性が強いという見通しを得た（Griffin2016 および鈴木 2019 も参照）。したがって、社会政策と社会運動の展開の帰結は、ある一定の経路が形成されつつも依然として多様な方向に開かれているということが今後の仮説である。各国の事例はそれぞれの偶発的な要因によって規定されているとはいえ、こうしたグローバルな展開の一部として存在していることもまた事実である。この成果を本書に生かすことは十分できなかったが、本書で行った作業とその知見はこうした国際的な研究へと開かれている。

　こうした点を踏まえつつ、単純な比較による一般化を避けながら、本書の明らかにした知見の特殊性と普遍性を同時に明らかにしていくことが、今後の課題である。

あとがき

本書は、2020年3月に一橋大学大学院社会学研究科より博士（社会学）を授与された学位論文「障害者と健常者の関係形成に関する社会学的考察―東京都多摩地域における障害をめぐる教育、福祉、地域社会の再編成」に加筆・修正を加えたものである。とくに、筆者は2000年代以降に展開した批判的障害学の議論と出会うことで、博士論文における理論的枠組みに、批判的障害学の成果をより直接的に反映することにした。そして、「障害のポリティクス」をはじめとする批判的障害学の議論を意識した上で、論文の知見を新たに位置づけ直す等、博士論文から大きな修正を行っている。

こうした研究動向を知った直接のきっかけとなったのが、博士論文提出後に参加した2021年4月のヨーロッパ障害学会（ALTER, European Society for Disability Research）における学会報告とその後の議論である。自分自身の認識が開かれたことも大きなことであったが、これに加えて東京都多摩地域のマイナーどころかほとんど誰も知らない小さな団体が提示する問いと、細々と活動を続けてきたその積み重ねが示す答えが、きっと間違っていなかったと確信をもつことができたことは、非常に大事な経験となった。

本書の成果のもとになった博士論文は、日本学術振興会科学研究費「障害者と健常者の関係形成に関する社会学的研究―個人・制度・社会運動に着目して」（特別研究員奨励費：

19J12630）の助成を受けた成果である。また、本書の出版に際しては、公益財団法人一橋大学後援会武山基金による「令和４年度武山基金出版奨励事業費助成」の助成を受けた。

なによりも、本書のフィールドで出会った方に改めて感謝を申し上げたい。筆者は、学部３年生の春休みからグループホームでのアルバイトを始めた。きっかけは知り合いを通じて誘われたことである。「人がいないから手伝って欲しい。みんなで遊びに行けるし、ご飯も食べられるよ」というこの業界によくあるうまい誘い文句（？）にまんまとのせられた筆者は、そこから博士論文の執筆にいたるまでずっとこの活動に関わり続けることになった。ときに、「加藤さんが辞めたら、ここにいるみんなが大変なんだよ！　どうするんだよ！」と一緒に風呂に入りながら詰められ、あるときには「疲れているね、大丈夫？」とご飯を食べながら丁寧なケアを受け、あるときには外出先でさんざんに互いに「迷惑」をかけあいながらも、大事な時に「ここからは後には絶対に引かない」という強い姿を見せてもらった。有り体に言えば、全てを学ばせてもらった。「共に生きる」という言葉では表しきれない厚みのある日常に関われたことは、なにも代え難い豊かな経験である。これからもぜひ折に触れて「こき使って」いただきたいと思います。

筆者が受けた学恩についても、感謝を申し上げたい。学部から一貫して指導教員を務めていただいた町村敬志先生に、改めてお礼を申し上げます。厳しいコメントをいただいたことしかないが、研究テーマを変更するように求められたことは一切なく、自分自身で研究を進めるよう本当の意味で見守られながら育てていただいた。また、小林多寿子先生にも修士から一貫して指導していただいたことに、改めてお礼を申し上げます。調査のプロセスを共有しながら専門的なコメントをいただくとともに、常に励ましていただいた。とくに、「書くことでしか決着はつけられない」という言葉をいただいたことで、なんとか博士論文および本書を書き上げることができた。さらに、博士論文の審査員を務めていただいた白瀬由美香先生、および中田康彦先生にも改めて感謝を申し上げます。博士論文の執筆時から、福祉・教育のそれぞれの専門性の観点から助言をいただいた。また、多摩地域のフィールドで活動をしていた先輩として、津田英二先生、三井さよ先生にも大きな支えをいただいた。研究分野やスタイルは筆者と異なるが、東京都多摩地域の障害者運動というフィールドに長く関わられた人だからこその専門性、そして実際の経験から培われた他者への開かれた姿勢は、私にとっての憧れである。

また、資料収集に協力をしていただいた市民アーカイブ多摩、そして法政大学大原社会問題研究所環境アーカイブズにも感謝申し上げたい。とくに、市民アーカイブ多摩の江頭晃子さんは、多摩地域の市民活動の文脈を教えていただいたことに加えて、調査にとって重要な人との出会いを与えてくれた。また、法政大学大原社会問題研究所環境アーカイブズの山本唯人さんには、2020年7月というコロナ禍での外出が厳しい時においてミニコミの郵送利用という形で速やかに対応をしていただいた。この対応がなければ、私は博士論文を提出できず、したがって本書はこうして書かれることはなかった。こうした対応以外にも、山本さんからは、事実と構造へのこだわり、そしてアクティヴィズムの厚い経験に裏打ちされた思想を学んだように思う。

本書に関心を持たれた方は、ぜひこの二つの施設を訪れ、東京都多摩地域の市民運動の息遣いが感じられるミニコミや図書に直接触れてほしい。きっとみなさんの関心に応えてくれることと思う。本書が明らかにした通り、私たちが学ぶべきは「グッド・プラクティス」ばかりではない。むしろ、ある活動が経験した妥協や挫折を含む複雑なプロセスを単純化しないこと、その上でそうした経験のひとつひとつをつぶさに検証することに意義があるはずだ。

花伝社編集部・家入祐輔さんにも感謝申し上げます。研究への理解をベースとした素早く誠実な対応はもとより、さまざまな縁を通してこうして本書が編まれている幸運をありがたく思います。

最後に、全ての場所で対話に応じてくれた方に感謝を申し上げます。フィールドはもちろん、ゼミ・読書会・研究会といったアカデミックな場、さらにはそれにとどまらず日常のさまざまな場面において取り交わされた営みが本書を支えています。対話を続けること、そしてそれと同時にその対話の条件を問い続けること、このことを自らの研究および実践の課題として引き受けていく所存です。

2022年12月1日

加藤旭人

注

(1) 本書では、障害者運動との関わりという限定された文脈において、障害者本人、保護者(家族)、教員、支援者、ボランティアを同列に扱う。もちろん、それぞれの日常においては、障害者本人の生活と周囲の人は異なる生活を送り、また周囲の人の障害者に対する関わりもまたそれぞれに大きく異なる。その上で本書は、障害者運動という限定的な文脈において、障害者本人、保護者(家族)、教員、支援者、ボランティアを、当該地域における障害者と健常者の関係形成に役割を果たすアクターとして捉え、それぞれの関わり方を当該の文脈に即して記述していく。

(2) なお、「障害者の生涯学習」が中央政府レベルの政策課題として明確に浮上したのは近年のことであり、従来は、社会教育・生涯学習の政策、実践、研究のいずれにおいても障害者の学習活動は、必ずしも明確な位置づけを与えられていなかった。そのため、「障害者の生涯学習」の理解それ自体には大きな幅があるが、基本的には障害者権利条約(とくに第24条教育)を背景とした障害者の権利保障の取り組みとして、新たに展開している。障害者の生涯学習政策は、2017年4月7日「特別支援教育の生涯学習化に向けての松野文部科学大臣メッセージ」を端緒として展開し、同日には、生涯学習政策局長、初等中等教育長、高等教育長、スポーツ庁次長、文化庁次長の連名で、地方公共団体等に対する通知「障害者の生涯学習を通じた多様な学習活動の充実について」が出された。その後、文部科学省生涯学習政策局生涯学習推進課に設置された「障害者学習支援推進室」は、「障害者の生涯を通じた多様な学習活動の充実について」でその内容を示した。ただし、こうした政策の展開が、障害者権利条約の趣旨とは異なり、特別支援教育の整備、あるいは就労に対する障害当事者への働きかけのみにとどまり、障害者を取り巻く社会的障壁の除去には取り組まない傾向があることも否めない（津田 2019）。また、その後、文部科学省は、２０１９年３月に「障害者の生涯学習の推進方策について―誰もが、障害の有無にかかわらず共に学び、生きる共生社会を目指して（報告）」、また２０１９年４月26日に「障害者活躍推進プラン」を打ち出している。

（3）たとえば、戦後日本における優生保護における不妊手術の件数について、約１万６０００件の優生手術の件数を男女別に見ると、男性が約５０００件なのに対して女性が約１万１０００件と女性が男性の二倍以上の件数である（市野川 2019）。

（4）障害とジェンダー／セクシュアリティについては、とりわけ英語圏を中心に研究の進展がある。障害者は一般に性的能力を欠く逸脱した存在として認識され、性欲を持たない存在として脱性化（desexualized）されるか、逆に過剰な性欲を有する「モンスター」として排除されてきた。こうしたなかで、障害者の性と生殖の権利／正義を求める運動を背景としながら、障害とジェンダー／セクシュアリティの交差を論じる研究や、障害者の性的経験を明らかにする研究が進んでいる（Hall 2011; 飯野 2020; 倉本 2005; McRuer and Mollow 2012; Shuttleworth and Mona 2021）。

なお、日本における障害とジェンダー／セクシュアリティの結びつきをしめす本研究が対象とする同時代の事例として、障害児の性教育については七生養護学校の事例（児玉 2009）があり、さらに性同一性障害（Gender Identity Disorder）と「障害」（Disability）の複雑な関係をはらむ事例がある（山田 2020）。

（5）障害者権利委員会、２０１６、「インクルーシブ教育を受ける権利に関する一般的意見第４号（https://www.dinf.ne.jp/doc/japanese/rights/rightafter/crpd_gc4_2016_inclusive_educatied.html　２０２０年10月６日確認）

(6) さらに補足するならば、障害者差別の文脈において家父長制資本主義が重要でないという主張は、本書の意図するところではない。ただし、家父長制資本主義がもつ構造決定論的な側面や障害学のテーマとの接続も含めた広い課題があるなかで、本書は要田の取り組みを高く評価しつつも、次節以降で述べる要田とは異なる理論的設定のもとで研究を行う。なお、資本制と家族の関係に取り組む理論的な取り組みとして、立岩・村上（2011）がある。

(7)「社会計画」、とは「社会システムについての合理的な知識と体系的な情報収集に立脚し、また整備された社会諸制度を使いながら、社会システムあるいはその一部のあり方を自覚的により望ましい状況に変革し維持していこうという努力であり、主として行政組織によって担われる」（舩橋 2010:133）ものである。

(8)「社会運動」とは、「諸個人が現に体験している（あるいは予想される）不満に基づいて、現存の社会制度や価値体系や規範や財の配分構造を変革しようとする集合行為」（舩橋 2010:135）であり、「既存の社会構造の諸要素を変革しようとする点」（舩橋 2010:135）を特徴としてもつ。

社会運動は、「社会構造内の緊張」と「その志向する変革目標の設定の仕方」によって、多様な形態を示し（舩橋 2010:135）、政治志向的社会運動と共助志向型社会運動に分節化される。政治志向的社会運動は、「その目指す社会変革を、第一義的には政治的決定権の掌握や政治的意思決定への影響を与えることを通して実現することを目指すもの」（舩橋 2010:135）であり、具体的には、公害反対の住民運動やその究極系としての革命運動がある。共助志向型社会運動は、「その目的達成にとって、第一義的には、運動参加者間の協力関係や集団形成が鍵になるような運動」（舩橋 2010:135）であり、具体的には、生活協同組合運動やその究極系として労働共同体やコミューン運動がある。また、両者の性質を持つものとして、労働組合運動がある。

(9) 市場メカニズムは、資源の効率的配分を実現するという長所を持ちつつも、景気の安定、公害などの外部不経済、公共財の供給不足など市場では解決できない問題を生み出している。この「市場の失敗」に対して、社会計画と社会運動の形成する「社会制御システム」が介入する。すなわち、社会計画は、市場の失敗を政策的介入によって克服しようとするものである。
しかしながら、社会計画も「政府の失敗」(舩橋 2010:137) という限界を有している。「政府の失敗」は、「行政組織の本性に根ざした問題解決能力の限界と傾向的な欠陥」であり、「格差と受苦への鈍感さ」と行政機構の「自存化傾向」がその原因である (舩橋 2010:137)。舩橋は、ここに社会運動のもつ役割を位置づける。すなわち、「市場の失敗」と「政府の失敗」に対して、それを批判し更正するのが社会運動であるとする。

(10) 学校週五日制の展開は以下のとおりである。1992年および1995年の実施は、学習指導要領を改正することなく行われた。そのため、週当たりの標準時間数を縮減することなく、学校行事の精選などにより授業時間を平日に確保することで実施されていた。その後、1996年中央教育審議会答申「21世紀を展望した我が国の教育のあり方について」(第一次答申)、1998年教育課程審議会の提言を受けて、文部省は学習指導要領の改定を行い1999年には学校教育法施行規則を一部改正し公立学校に対して毎土曜日を休業日となることを規定し、2002年の完全実施に関わる条件整備がなされた。
ただし、学校週五日制の完全実施以降は、学校週五日制が見直されるなど、新たな変化も起こっている。2008年の中央教育審議会の答申において、確かな学力を確立するために必要な授業時間を確保するという観点から、標準授業時間が増加されるとともに、土曜日の活用が提起される。これを受けて、2013年の文部科学省の検討会議において、土曜授業の実施が提言されるに至り、同年には学校教育法施行規則が一部改正され、「当該学校を設置する地方公共団体の教育委員会が必要と認める場合」(第

61条）に、土曜日等に授業を実施することが可能とされた（樋口 2015）。
(11)「精神薄弱児教育の在籍率」とは、「初等中等教育在学者中、養護学校（精神薄弱）の児童生徒数と特殊学級（精神薄弱）の児童数が占める割合」（原田 2019:60）を指す。
(12) なお、東京都立八王子養護学校は、養護学校であるにもかかわらず共生教育運動の拠点であった。八王子養護学校の実践については、堀（2016）および坂元・柳（2019）を参照。
(13) 日本教職員組合（日教組）と全日本教職員組合連合会（全教）の関係において補足しておこう。日教組は、1970年代まで養護学校を推進する立場として一致して運動を続けていくが、1980年代においては、養護学校反対の声も出てくるなど、日教組内部もまた一枚岩ではなくなる（堀 2016、篠原 1991）。とりわけ、本章でも触れている八王子養護学校は、養護学校のあり方に対して批判的な立場を示す共生教育運動の拠点であった。1989年の日教組の分裂を期に養護学校肯定論者（＝発達保障派）たちは全日本教職組合へと転出していくなかで、日教組は1990年代後半には地域の学校への就学を求める「統合教育」を主張するなど、かつての運動方針を転換していく。このように、東京都立川養護学校における学校週五日制の導入をめぐる取り組みが行われた1990年前後は、こうした教育運動の転換点とも重なっていた。

当該時期における日教組と全教の関係については、本章の直接的な対象とはせず、本章とは別に実証的に検証すべき課題としておきたい。ただし、本章の対象とする立川養護学校の事例において少なくとも明らかなことは、学校週五日制の導入とその対応をめぐる過程において、日教組と全教の対立が先鋭的とはならかったということである。その理由としては以下の2点がある。第一に、学校週五日制の導入については、両者は容認という点において一致している（北川 1992）。第二に、学校週五日制の導入への対応として取られるのが地域活動であるように、障害児を地域社会における関わりを増やしていくという点について、養護学校をめぐる賛否とは別に、両者は一致している。こうした点を踏まえて、本章では、学校週五日制の導入をめぐる一連の過程において、両者の対立が持ち込まれにくかったという解釈をしておきたい。

(14) 議員については、以下の通り。
古賀俊昭：日野市選挙区（日野市）、無所属、２００1年6月選挙では自由民主党から出馬し当選
大西由紀子：北多摩第二選挙区（国分寺市・国立市）東京・生活者ネットワーク
小林正則：小平市選挙区（小平市）、民主党
萩谷勝彦：北多摩第一選挙区（武蔵村山市・東大和市・東村山市）公明
東京都選挙管理委員会ＨＰ（https://www.senkyo.metro.tokyo.lg.jp/election/togikai-all/togikai-sokuhou1997/result/ ２０２０年7月27日閲覧）より

(15) この教員は、「私たちが積み上げてきた地域活動は、青年学級がそうであったように、公的社会教育事業として位置づけられ、国レベルで制度化されるような全国規模の運動を作り上げることが必要である。」（春口 1992a:19）として運動の目標を掲げていた。

(16) １９９7年度末には、「女性のためのリーダー研修」、「女性グループ交流会」、「生涯学習のための番組提供（番組名：ファミリー東京）」、１９９９年度末には「青少年洋上セミナー」、「中国帰国者地域交流事業」が終了した。とくに、①法令等によってその予算支出が義務づけられている事業、②東京都の基本計画の重点事業に位置づけられていること、③担当する部局がその背策の主幹部局であることの3点を満たさないものについては、廃止へと向かう傾向がある（梶野 2016）。

(17) 当初は、社会教育主事の配置を前提に、東京都教育委員会による直営施設として運営することを想定したが、１９９９年7月に公布されたＰＦＩ法（民間資金等の活用による公共施設等の整備等の促進

に関する法律）を受けて、民間手法の採用に方針転換がなされることとなった。その後、２００３年「東京スポーツ文化会館」（江東区）、２００５年４月に「高尾の森わくわくビレッジ」（八王子市）が開設された。

(18) 当時、来年度に卒業を控えていた障害児について、特殊学級に通っていた障害児の児童数が少なくなったため、市内他校の特殊学級と統合しようとしたＡ市教育委員会の動きがあった。そうした動きに対して、その特殊学級の教員とＰＴＡは、その障害児がいままで交流していた子たちと一緒に卒業する権利があるという立場からＡ市教育委員会に働きかけ、その決定に反対し統合を阻止したという運動があった（２０１９年12月19日ＰＴＡに関わった母親への聞き取りより）。

(19) ただし、支援費制度の提言は、96年10月から審議を継続してきた障害者関係三審議会合同企画分科会が99年1月に出した「今後の障害保険福祉施策の在り方について」のなかでなされている。

(20) 支援費制度で提供される知的障害者に対するサービスは、二種類に大別される。一つは、知的障害者居宅支援であり、これには居宅介護、デイサービス、短期入所、そして地域生活援助事業（グループホーム）が位置づけられている。居宅生活支援費では、都道府県が４分の１以内を、国が２分の１以内を補助することができる。もう一つは、知的障害者施設支援であり、更生施設支援、授産施設支援、通勤寮支援などがある。施設訓練等支援費は、都道府県が４分の１以内を、国が２分の１を負担する。

このうち、施設訓練等支援を運営する事業は第一種社会福祉事業として位置づけられ、提供者は国、地方自治体、社会福祉法人である。その一方で、居宅支援を運営する事業は第二種社会福祉事業と位置づけられ、法人格を有しており、人員・施設基準を満たせば、参入が可能である（佐橋 2006）。

(21) ただし、支援費制度の見直し自体は支援費制度への移行前から行われており、障害者自立支援法は、障害当事者と国のせめぎあいのなかで制定、施行された。

「上限問題」を契機として、抗議行動を行った障害者団体・当事者も委員に含む「障害者（児）の地域生活支援の在り方に関する検討会」（2003年5月から2004年7月）が開催され、この検討会に並行して、厚労省内では支援費制度を介護保険制度に吸収しようとする動きが活発化し、04年6月には、次年度の通常国会への提出を前提にして、介護保険制度との統合案が提示された。これに対して、障害者団体・利用者をはじめとして、経済界・自治体も強く反対したため、法案提出は見送られた。

そして、介護保険制度との統合案に代えて、その直後の04年10月に厚労省は「今後の障害保健福祉施策について（改革のグランドデザイン案）」を示した。そして、この案に沿って2005年2月には「障害者自立支援法案」が閣議決定として国会に上程される。この間、障害者団体を中心とする批判が繰り広げられたが、障害者自立支援法は最終的に05年10月に可決し、06年4月に施行される。

(22) 国家レベルにおいては、1970年代半ばまで、地域生活支援志向の生活理念を強調しながらも、実態としては入所施設拡充路線がとられていた。この間、入所施設とは異なる生活の場を求めたさまざまな実践が展開していたが、国家レベルにおいて制度化されるのは、1980年代後半からである。厚生省において、1986年4月に中澤健障害福祉専門官が着任し、1987年9月に浅野史郎障害福祉課長が着任すると、厚生省内で生活寮の制度化に向けた動きがはじまる。とりわけ、浅野は北海道福祉課長時代に重度身体障害者「ケア付き住宅」事業を展開した実績があったため、この制度化を後押しした。1988年10月に中央児童福祉審議会が厚生大臣宛の意見具申「精神薄弱者の居住の在り方についてーーグループホーム制度の創設への提言」を提言すると、1989年1月にはグループホーム事業を盛り込んだ予算案が組まれる。そして、1989年5月に厚生省児童家庭局長通知「精神薄弱者地域生活援助事業」により生活寮が制度化されることとなった。

(23) 通勤寮の制度化の過程は以下の通りである。原町成年寮の取り組み（運営及び都議会への請願）を契機として、美濃部都政初年度の1967年東京都単独事業「精神薄弱者通勤指導施設援護実施要綱」が開始された。ただし、これは原町成年寮のみが対象となった。その後、1970年中央児童福祉審議会意見具申「児童福祉に関する当面の推進策について」において、通勤寮の必要性が述べられると1971年に厚生事務次官通知「精神薄弱者通勤寮設置運営要綱」によって、精神薄弱者通勤寮が社会福祉事業法第二種社会福祉事業として位置づけられた。さらに、東京都は国の通勤寮制度に加えて、1972年に東京都「東京都精神薄弱者通勤寮条例」を定める。これにより東京都は、国の通勤寮制度に加えて、①入所期間を延長して原則3年以内とすること、②規模を拡大し、定員を30〜35人に増員すること、③職場適応を指導内容に追加するといった通勤寮拡充策を打ち出した。ただし、第二種だったため、第一種の措置費と比べて、委託費があまり出ないことから、広がらなかった。事実、14箇所からスタートした通勤寮であったが、5年後の1976（昭和51）年には52箇所、10年後の1981（昭和56）年でも68箇所と、10年間で54寮の増加にとどまっており、同時期に入所型の精神薄弱者援護施設が213箇所から634箇所に増加していることと比較しても、通勤寮の増加ペースが著しく遅いことは明らかであった（角田 2019）。

(24) 東京都福祉保健局HP「東京都福祉改革推進プラン」
https://www.fukushihoken.metro.tokyo.lg.jp/kiban/shisaku/suishin/index.htm
（2020年8月26日閲覧）

(25) 東京都福祉保健局HP「TOKYO福祉改革STEP2」
https://www.fukushihoken.metro.tokyo.lg.jp/kiban/shisaku/tokyo/index.htm
（2020年8月26日閲覧）

(26) Aさんは、20代の女性であり、知的障害を有している。具体的には、言語的なコミュニケーションは可能ではあるものの、抽象的な言語コミュニケーションは、難しい。Bさんは、60代の女性で、Aさんの母親である。本節で用いるデータは、２０１７年1月14にX会の活動へ参加した際のフィールドノートと、２０１７年1月30日にBさんへ行った聞き取りによって得られたデータである。なお、フィールドノートには固有名やその人の固有のしぐさが記述されている場合があるが、ここでは適宜匿名化や省略を行っている。

(27) Cさんは、50代の女性であり、知的障害をもつ子どもをもつ母親である。Dさんは、Cさんの息子であり、インタビュー当事、特別支援学校に在学していた。本節で用いるデータは、２０１５年７月27日に行った聞き取りによって得られたデータである。

(28) なお、一般に介助者は、支援の対象はその利用者個人であるために、その利用者との関係に多くの注意を払うことを制度的に要請されている。とりわけ体を動かす場面において、介助者は安全が気になってしまうため、利用者の近くにいようとする。したがって、利用者と介助者の関係は、「一対一」に収束しがちになってしまう。

(29) Fさんは、40代の男性であり、社会福祉法人Zで介助者として働きながら、X会の活動に支援者としてまたボランティアとして関わっている。本節で用いるデータは、２０１６年８月９日で行われたX会の定例会議へ参加した際に得られたデータである。

(30) Gさんは、10代の女性であり、X会の活動にボランティアとして関わっている。本節で用いるデータは、２０１８年８月６日に行った聞き取りによって得られたデータである。

(31) 参加費について、２０１７年度までは、事業の対象である障害者が受益者負担として２００円を支払い、支援者やボランテイアには、負担を求めていなかった。２０１８年度からは、参加者全員障害の有無にかかわらず同じ資格で参加するということを目的として、障害の有無、あるいは支援者ないしボランティアであるかどうかにかかわらず、参加した人ひとりにつき100円をとすることにした（2018年4月21日X会2018年度総会議議事録より）。

(32) それまでの経緯は以下のとおりである。1992年9月に学校週五日制の導入による第二土曜日の休業にともなって活動を開始したX会は、プール活動およびリトミック教室を月に1度開催していた。その後、1993年8月にA市教育委員会へ要望書を提出し、A市との共催事業としてリトミック教室を開催する。1995年度から学校週五日制が第二・第四土曜日の休業施行となると、第二土曜日をX会の自主活動（プール・レクリエーション）として行い、第四土曜日をA市との共催事業（スポーツ活動）を行うようになった。

(33) ここでは、深田耕一郎と前田拓也による論争を示しておこう。深田（2013）と前田（2009、2015）が対立する点は、介助の供給と関係の実質に関わる問題である。深田は、自立生活センターが介助をサービスと「割り切る」ことで、誰もが介護を利用できる普遍性を獲得したことを評価しつつも、その他者との関係の実質が顧みられないことを批判している。他方で前田は、深田の議論が、深田が対象とした新田勲の個人的カリスマ性による要素が大きいとしてその議論の限定性を批判する。また前田は自立生活センターにおける介助システムにおいても、関係の実質は存在すると主張する。

(34) もちろん唯物論にもさまざまなバリエーションがあり、それらのうち重要なものとして、より厳密なマルクス主義によるものがある（Bengtsson 2017、Gleeson 1997）。
　また、ここで立岩は唯物論を大枠で支持すると述べるが、立岩自身は、労働価値説とそれに基づく搾取の理論について批判している。立岩（1997=2012）によれば、労働価値説やそれに基づく搾取の議論は、労働による取得を認めるが、この議論は自らの働きの結果を自らのものとするという私的所有論の内部の議論に陥ってしまう。そのため、これだけでは「生産しないもの、また個々人の生産性の差に言及しない、あるいはそこに生ずる格差を肯定する論理」（立岩 1997=2012:118）となる。

(35) 新しい唯物論（New Materialism）は、人文社会科学における「物質的転回」を広く指す視座である。このアプローチに共通しているのは、物質的な働きがもつ力への関心と、認識論から存在論への転回への取り組みである。新しい唯物論は、社会的生産（production）に注目することで本質主義と社会構築主義の双方を避けながら、既存の社会科学がもつ文化―自然、人間―非人間、構造―主体といった二項対立的な認識論的前提に挑戦する（Fox and Alldred 2017）。

(36) もちろん、歴史的唯物論および新しい唯物論の障害学にもすでに課題が指摘されている。歴史的唯物論は、ポスト構造主義から見れば本質主義の回帰に近づくように見える。その一方で、新しい唯物論は、歴史的唯物論の立場からみれば、グローバルな資本主義の権力関係への取り組みが不十分である（Erevelles 2011）。

文献一覧

安立清史、2008、『福祉 NPO の社会学』東京大学出版会。

秋風千惠、2013、『軽度障害の社会学——「異化&統合」をめざして』ハーベスト社。

Anesi, Juliann, 2018, "Laughing Matters: Humour as Advocacy in Education for the Disabled," *Disability & Society*, 33(5):723-742.

安積純子・岡原正幸・尾中文哉・立岩真也、1990[2012]、『生の技法——家と施設を出て暮らす障害者の社会学　第 3 版』生活書院。

Bengtsson, Staffan, 2017 "Out of the Frame: Disability and the Body in the Writings of Karl Marx," *Scandinavian Journal of Disability Research*, 19(2):151-160.

Barnes, Colin, Geof Mercer and Tom Shakespeare, 1998, *Exploring Disability: A Sociological Introduction*. Polity Press.（= 杉野昭博・松波めぐみ・山下幸子訳、2004、『ディスアビリティ・スタディーズ——イギリス障害学概論』明石書店。）

Carey, Allison C., 2009, *On the Margins of Citizenship: Intellecual Disability and Civil Rights in Twentieth-Century America*. Temple University Press.

Coker, Mairian, 1999, "Differences, Conflations and Foundations: The Limits to 'Accurate' Theoretical Representation of Disabled People's Experience?," *Disability & Society*, 14(5):627-642.

Crow, Liz, 1996, "Including All of Our Lives: Renewing the Social Model of Disability," Jenny Morris ed., *Encounters with Strangers: Feminism and Disability*. The Woman's Press, 206-226.

Erevelles, Nirmala, 2011, *Disability and Difference: Enabling a Transformative Body Politic*. Palgrave Macmillan.

Feely, Michael, 2016, "Disability Studies After the Ontological Turn: A Return to the Material World and Material Bodies Without a Return to Essentialism," *Disability & Society*, 31(7):863-883.

Finkelstein, Victor, 1980, *Attitudes and Disabled People: Issues for Discussion*. World Rehabilitation Fund.

Foucault, Michel, 1976, *Histoire de la sexualité* Ⅰ *: La volonté de savoir*,

Gallimard.（＝渡辺守章訳、1986、『性の歴史Ⅰ知への意志』新潮社。）
———, 1977, "La vie des hommes infâmes" *Dits et écrits* Ⅱ *: 1976-1988,* Gallimard, 237-253.（＝丹生谷貴志訳、2006「汚辱に塗れた人の生」小林康夫・石田英敬・松浦寿輝編、2006、『フーコー・コレクション6　生政治・統治性』筑摩書房 201-237。）
Fox, Nick J. and Pam Alldred, 2017, *Sociology and the New Materialism: Theory, Research, Action*. Sage Publications.
深田耕一郎、2009、「介護というコミュニケーション――関係の非対称性をめぐって」『福祉社会学研究』6:82-102。
———、2013、『福祉と贈与――全身性障害者・新田勲と介護者たち』生活書院。
舩橋晴俊、2010、『組織の存立構造論と両義性論――社会学理論の重層的探求』東信堂。
Gleeson, B. J., 1997, "Disability Studies: A Historical Materialist View," *Disability & Society,* 12(2):179-202.
Goodley, D, 2016, *Disability Studies: An Interdisciplinary Introduction.* 2nd ed. Sage Publishing.
Griffin, Epstein, 2016, *Making Good: Racial Neoliberalism and Activist Subjects in Toronto's Parkdale Neighbourhood.* Doctoral Thesis, Department of Social Justice Education, Ontario Institute for Studies in Education University of Toronto.
Hall, Kim Q. eds., 2011, *Feminist Disability Studies*. Indiana University Press.
Hughes, Bell and Kevin Paterson, 1997, "The Social Model of Disability and the Disappearing Body: Towards a Sociology of Impairment," *Disability & Society*, 12(3):325-340.
原田玄機、2019、『戦後日本における知的障害者処遇』一橋大学大学院社会学研究科博士論文。
原田峻、2011、「福祉領域における二重の国家介入？――諸セクターの舵取りと個人への健康管理」町村敬志編『評価国家の動態と構造――「新しい介入主義」分析の構想』（平成21年度～平成22年度　日本学術振興会科学研究費補助金・挑戦的萌芽研究「評価国家の構造と動態――『新しい介入主義』分析の構想」（研究代表者　町村敬志）研究成果報告書）108-122。
春口明朗、1992a、「五日制を試行して」『みんなのねがい』285:16-19。
———、1992b、「学校週五日制をテコに障害児の豊かな地域生活を拓く」『月刊社会教育』434:37-44。

――――、1992c、「学校週５日制への対応――学校週５日制の試行を終えて」障害者の社会教育保障を考えるセミナー編『障害者の余暇活動と社会教育』41-47。

――――、1995、「障害児が地域で豊かに生きるために――学校週五日制が提起するもの」小林繁編『君と同じ街に生きて――障害をもつ市民の生涯学習・ボランティア・学校週五日制』れんが書房新社 174-192。

――――、2001、「学校週五日制の完全実施をめぐる動向と取り組みの課題――障害児の学習権保障にむけて」小林繁編『学びあう「障害」――障害者の生涯学習実践』クレイン 113-123。

――――、2003、「ボランティア養成と地域活動」全国知的障害養護学校長会編『広がれ地域活動――子どもたちの社会参加』ジアース教育新社 34-37。

平井威、1992a、「東京都立立川養護学校での試み」『発達の遅れと教育』416:30-38。

――――、1992b、「学校五日制をめぐる三つの道」『月刊社会教育』440:80-87。

樋口修資、2015、「学校週５日制下の土曜授業実施についての考察」『明星大学教育学部研究紀要』5:1-17。

広田照幸、2009、『格差・秩序不安と教育』世織書房。

堀田義太郎、2010、「障害者政策および研究動向について」『保健医療社会学論集』21(1):9-18。

堀智久、2014、『障害学のアイデンティティ――日本における障害者運動の歴史から』生活書院。

――――、2016、「できるようになるための教育から、どの子も一緒に取り組める教育へ――八王子養護学校の 1970/80 年代」『ソシオロゴス』40:41-63。

星加良司、2007、『障害とは何か――ディスアビリティの社会理論に向けて』生活書院。

――――、2008、「当事者主義の（不）可能性」崎山治男・伊藤智樹・佐藤恵・三井さよ編『〈支援〉の社会学――現場に向き合う思考』青弓社 209-231。

――――、2022、「『社会』の語り口を再考する」飯野由里子・星加良司・西倉実季『「社会」を扱う新たなモード――「障害の社会モデル」の使い方』生活書院 15-27。

茨木尚子、2009「社会福祉基礎構造改革の展開と問題点」茨木尚子・大熊由紀子・尾上浩二・北野誠一・竹端寛編著『障害者総合福祉サービス法の展望』ミネルヴァ書房 90–104。

市野川容孝、2019、「優生学の歴史と日本の今の課題」日本障害者協議会編『障害のある人と優生思想』やどかり出版 33-53。

井口啓太郎・橋田慈子、2016、「障害者の社会教育実践の展開」東京都社会教育史編集委員会・小林文人編『大都市・東京の社会教育――歴史と教育』エイデル研究

所 386-403。

飯野由里子、2020、「『省略』に抗う——障害者の性の権利と交差性」『思想』1151: 52-69。

飯野由里子・星加良司・西倉実季、2022、『「社会」を扱う新たなモード——「障害の社会モデル」の使い方』生活書院。

井芹真紀子、2019、「〈不在〉からの視座、〈不在〉への視座——ディスアビリティ、フェミニズム、クィア」『現代思想』47(3):289-298。

岩舘豊、2011、「『自己評価』する労働力の再生産——労働政策の再編成と身体レベルの『介入』構想」町村敬志編『評価国家の構造と動態——「新しい介入主義」分析の構想』(平成 21 年度~平成 22 年度　日本学術振興会科学研究費補助金・挑戦的萌芽研究「評価国家の構造と動態——『新しい介入主義』分析の構想」(研究代表者　町村敬志) 研究成果報告書) 93-107。

Kafer, Alison, 2013, *Feminist, Queer, Crip*. Indiana University Press.

梶野光信、2016、「東京都の社会教育行政史——生涯教育・生涯学習施策の登場以降」東京社会教育史編集委員会・小林文人編『大都市・東京の社会教育——歴史と現在』エイデル研究所。

金沢四郎、1992、「積極的に対応策を検討しよう」『発達の遅れと教育』416:21-24。

兼松忠雄、1991、「『学校週 5 日制』施行と社会教育」東京都立多摩社会教育会館編『生涯教育のなかの障害者の学習機会——「学校週 5 日制」と障害者青年学級』2-8。

———、1994、「そこにいることが当たり前なように——『学校週五日制』が社会教育に問うもの」『月刊社会教育』462:63-69。

加藤旭人、2022、「社会福祉基礎構造改革と放課後等デイサービスの制度化の展開——障害児の放課後をめぐるポリティクス」『大原社会問題研究所雑誌』767・768:55-74。

川越敏司・川島聡・星加良司編、2013、『障害学のリハビリテーション——障害の社会モデルその射程と限界』生活書院。

川口けい子、1992、「学校週五日制と地域活動」『教育評論』537:50-57。

北川邦一、1992、「学校週 5 日制導入に至る経過」『大手前女子短期大学・大手前栄養文化学院・大手前ビジネス学院研究集録』12:1-25。

Levy, Susan, A. J. Robb and D. Jindal-Snape, 2017, "Disability, Personalisation and Community Arts: Exploring the Spatial Dynamics of Children with Disabilities Participating in Inclusive Music Classes," *Disability & Society*, 32(2): 254-268.

倉本智明、1999、「異形のパラドックス――青い芝・ドッグレッグス・劇団変態」石川准・長瀬修編著『障害学への招待――社会・文化・ディスアビリティ』明石書店 219-255。

倉本智明編、2005、『セクシュアリティの障害学』明石書店。

児玉勇二、2009、『性教育裁判――七生養護学校事件が残したもの』岩波書店。

小国喜弘、2019、「養護学校義務化反対運動が提起したこと」『障害児の共生教育運動――養護学校義務化反対をめぐる教育思想』東京大学出版会 1-15。

町村敬志、2009、「市民活動団体の形成基盤――重層する『出来事』の創発性」町村敬志編『市民エージェントの構想する新しい都市のかたち――グローバル化と新自由主義を越えて』(平成17年度～平成20年度　日本学術振興会科学研究費補助金・基盤研究(B)「市民エージェントの構想する新しい都市のかたち――グローバル化と新自由主義を越えて」(研究代表者　町村敬志) 研究成果報告書) 53-82。

前田拓也、2009、『介助現場の社会学――身体障害者の自立生活と介助者のリアリティ』生活書院。

―――、2015、「他人の暮らしに上がりこむ――身体障害者の自立生活と介助者の経験」『理論と動態』8:39-54。

Meekosha, H. and Russel Shuttleworth, 2009, "What's so "Critical" about Critical Disability Studies?," *Australian Journal of Human Rights*, 15(1):47-76.

McRuer, Robert and Anna Mollow, 2012, *Sex and Disability*. Duke University Press.

道場親信、2006、「1960-70年代『市民運動』『住民運動』の歴史的位置――中断された『公共性』議論と運動史的文脈をつなぎ直すために」『社会学評論』57(2):240-258。

三井さよ、2021、『ケアと支援と「社会」の発見――個のむこうにあるもの』生活書院。

Morris, James,1991, *Pride against Prejudice: Personal Politics of Disability*. Women's Press.

村瀬博志、2011、「『東京ボランティア・市民活動センター』の設立過程」山本唯人編『都市空間と市民社会組織の編成に関する研究――首都圏市民活動調査から』(平成21年度～平成22年度　日本学術振興会科学研究費補助金・挑戦的萌芽研究「評価国家の構造と動態――『新しい介入主義』分析の構想」(研究代表者　町村敬志) 研究成果報告書) 35-47。

中條共子、2019、『生活支援の社会運動――「助け合い活動」と福祉政策』青弓社。

仁平典宏、2015、「〈教育〉化する社会保障と社会的排除――ワークフェア・人的資本・統治性」『教育社会学研究』96:175-196。

日本グループホーム学会、2016、『グループホーム設置・運営マニュアル』。

日教組学校週五日制研究協力者会議・海老原治善編著、1991、『学校五日制読本』エイデル研究所。

西倉実季、2009、『顔にあざのある女性たち――「問題経験の語り」の社会学』生活書院。

西嶌和徳、2004、「Ⅴ障害者の福祉」高橋紘一・東京の福祉研究会編『東京の福祉白書――首都東京の福祉実態と区市町別福祉水準』萌文社。

小笠毅編、2019、『新版　就学時健診を考える――特別支援教育のいま』岩波書店。

岡原正幸、1990＝2012、「コンフリクトへの自由――介助関係の模索」安積純子・尾中文哉・岡原正幸・立岩真也『生の技法――家と施設を出て暮らす障害者の社会学　第3版』生活書院 191-231。

重田園江、2003、『フーコーの穴――統計学と統治の現在』木鐸社。

尾上浩二、2009、「支援費制度と障害者自立支援法」茨木尚子・大熊由紀子・尾上浩二・北野誠一・竹端寛編著『障害者総合福祉サービス法の展望』ミネルヴァ書房、121-137。

小野奈々、2003、「単純化されたイデオロギーの機能―― NPO/NGOの考察」『年報社会学論集』16:102-113。

大嶽秀夫、1994、『自由主義的改革の時代―― 1980年代前期の日本政治』中央公論社。

佐橋克彦、2006、『福祉サービスの準市場化――保育・介護・支援費制度の比較から』ミネルヴァ書房。

Oliver, Michael, 1990 , *The Politics of Disablement*. Macmillan.(＝三島亜紀子・山岸倫子・山森亮・横須賀俊司訳、2006、『障害の政治――イギリス障害学の原点』明石書店。)

榊原賢二郎、2016、『社会的包摂と身体――障害者差別禁止法制後の障害定義と異別処遇をめぐって』生活書院。

――――、2019「障害社会学と障害学」榊原賢二郎編『障害社会学という視座――社会モデルから社会学的反省へ』新曜社 152-201。

坂元秋子・柳準相、2019、「どの子も一緒に取り組める授業の追求――八王子養護学校における『総合的学習』」小国喜弘編『障害児の共生教育運動――養護学校義務化反対をめぐる教育思想』東京大学出版会 161-179。

桜井厚、2002、『インタビューの社会学――ライフストーリーの聞き方』せりか書房。

佐藤恵、2002、「障害者支援ボランティアにおけるミッションの再帰性と『支え合い』の技法」『社会学評論』53(2):102-116。

澤田誠二、2003、「養護学校における『能力』と『平等』――教師のストラテジーと、その意図せざる帰結」『東京大学大学院教育研究科紀要』42:139-147。

――――、2007、「戦後教育における障害児を『わける』論理―― 1950 年代から 60 年代の日教組の言説を手がかりに」『年報社会学論集』20:96-107。

――――、2008、「戦後教育思想としての発達保障論と『能力＝平等観』」『東京大学大学院教育研究科紀要』47:131-139。

――――、2010、「教育における日本的平等観再考――障害児教育をめぐる運動言説の社会学的分析を手がかりに」『東京大学大学院教育研究科紀要』49:43-52。

Shakespeare, Tom, 1994 “Cultural Representation of Disabled People: Dustbins for Disavowal ?,” *Disability & Society*, 9(3):283-299.

Shakespeare, Tom and Nicholas Watson, 1997, “Defending the Social Model,” *Disability & Society*, 12 (2):293-300.

Shuttleworth, Russell and Linda R. Mona eds., 2021, *The Routledge Handbook of Disability and Sexuality*, Routledge.

Schutz, Alfred, 1964, “ Making Music Together : A Study in Social Relationship” *Collected Papers II: Studies in Social Theory*, Arvid Brodersen ed., The Hague: Martinus Nijhoff,159-178. (=1991、渡部光・那須壽・西原和久訳「音楽の共同創造過程――社会関係の一研究」『アルフレッド・シュッツ著作集第 3 巻 社会理論の研究』マルジュ社 221-244。)

渋谷望、2003、『魂の労働――ネオリベラリズムの権力論』青土社。

嶋田久美、2012、「『装置』としての表現活動――ラ・ボルド病院、べてるの家を事例として」『美学』63(1):121-131。

杉野昭博、2002、「インペアメントを語る契機――イギリス障害学理論の展開」石川准・倉本智明編『障害学の主張』明石書店 251-280。

鈴木良、2019、『脱施設化と個別化給付――カナダにおける知的障害福祉の変革過程』現代書館。

障害者自立支援法違憲訴訟弁護団編、2011、『障害者自立支援法違憲訴訟――立ち上がった当事者たち』生活書院。

篠原睦治、1991、『共生・共学か発達保障か―― '80 年代日教組全国教研の争論』現代書館。

須田木綿子、2011、『対人サービスの民営化――行政－営利－非営利の境界線』東信堂。

高野美由紀・有働眞理子、2007、「即興音楽活動における知的障害者の行動変容過程——対話行動および楽器演奏の活性化要因」『発達心理臨床研究』13:1-10。

立岩真也、1997=2012、『私的所有論』生活書院。

立岩真也、2012、「共助対障害者——前世紀からの約一五年」安積純子・岡原正幸・尾中文哉・立岩真也『生の技法——家と施設を出て暮らす障害者の社会学　第3版』生活書院 549-603。

————、2013、「素朴唯物論を支持する」『現代思想』41(1):14-26。

立岩真也・村上潔、2011、『家族性別分業論前哨戦』生活書院。

辰己一輝、2021、「2000年代以後の障害学における理論的展開／転回——『言葉』と『物』、あるいは『理論』と『実践』の狭間で」『共生学ジャーナル』5:22-48。

————、2022a、「『障害の社会モデル』以後の現代障害学における『新たな関係の理論』の探究」『思想』1176:46-64。

————、2022b、「交差点へアクセスする——障害者を〈抹消〉する物語に抗して」『現代思想』50(5):124-131。

東京都教育委員会、1977、『心身障害児全員就学——東京都における経過と課題』東京都教育庁学務部心身障害教育課。

東京都教育庁生涯学習部社会教育課、1996、『心身に障害のある児童・生徒の地域活動促進協議会報告書』。

東京都教育庁生涯学習スポーツ部社会教育課、2005、『平成16年度障害のある児童・生徒の地域活動のための指導者養成モデル講座報告書』。

東京都立立川養護学校、1990、『学校要覧』。

————、1992、『社会の変化に対応した新しい学校運営等に関する調査研究（学校週5日制研究報告書）』。

東京都立立川養護学校学校週5日制地域研究会、1990、「東京都立立川養護学校週五日制心身障害者の余暇活動を保障するために」東京都立多摩社会教育会館編『生涯教育のなかの障害者の学習機会——「学校週5日制」と障害者青年学級』4-8。

津田英二、2006、『知的障害のある成人の学習支援論——成人生涯学習論と障害学の出会い』学文社。

————、2013、『物語としての発達／文化を介した教育——発達障がいの社会モデルのための教育学序説』生活書院。

————、2018、「生命の豊かさを支える実践としての知的障害者の音楽活動——社会福祉法人たんぽぽの音楽活動における教育哲学から考える」『教育科学論集』21:27-34。

―――、2019、「障害者の生涯学習推進政策の概念的枠組みと未来社会に関する素描」『神戸大学大学院人間発達環境学研究科研究紀要』12(2):77-89。

角田尉子、2009、「日本の知的障害者グループホーム構想にみる『脱施設化』の特質と矛盾――施設主導型の背景」『特殊教育学研究』47(4):201-212。

―――、2019、「知的障害者通勤寮における滞留問題とは何だったのか――東京都生活寮単独事業化の背景として」『明治学院大学社会学部附属研究所研究所年報』49:137-146。

浮ヶ谷幸代、2018、「生を刻む みる・きく・たたく・かわす――北海道浦河ひがし町診療所の『音楽の時間』から」『コンタクト・ゾーン』10:186-209。

渡邊太、2012、『愛とユーモアの社会運動論――末期資本主義を生きるために』北大路書房。

矢吹康夫、2017、『私がアルビノについて調べ考えて書いた本――当事者から始める社会学』生活書院。

山田秀頌、2020、「トランスジェンダーの普遍化によるGIDをめぐるアンビヴァレンスの抹消」『ジェンダー研究』23:47-65。

山下幸子、2008、『「健常」であることを見つめる――一九七〇年代障害当事者/健全者運動から』生活書院。

―――、2019、「介護サービスの制度化をめぐる障害者たちの運動」『福祉社会学研究』16:135-153。

米澤旦、2017、『社会的企業への新しい見方――社会政策のなかのサードセクター』ミネルヴァ書房。

要田洋江、1999、『障害者差別の社会学――ジェンダー・家族・国家』岩波書店。

全国知的障害養護学校長会編、2003、『広がれ地域活動――子どもたちの社会参加』ジアース教育新社。

全国自立生活センター協議会編、2001『自立生活運動と障害文化――当事者からの福祉論』現代書館。

加藤旭人（かとう・あきひと）

1991 年生まれ。一橋大学大学院社会学研究科博士後期課程修了。博士（社会学）。
現在、一橋大学大学院社会学研究科特任講師（ジュニアフェロー）。

障害者と健常者の関係形成の社会学
――障害をめぐる教育、福祉、地域社会の再編成と障害のポリティクス

2023年2月25日　　初版第1刷発行

著者 ――― 加藤旭人
発行者 ―― 平田　勝
発行 ――― 花伝社
発売 ――― 共栄書房
〒101-0065　東京都千代田区西神田2-5-11出版輸送ビル2F
電話　03-3263-3813
FAX　03-3239-8272
E-mail　info@kadensha.net
URL　http://www.kadensha.net
振替 ――― 00140-6-59661
装幀 ――― 北田雄一郎
印刷・製本 ― 中央精版印刷株式会社

ISBN978-4-7634-2049-7 C3036